「政権奪取」

小沢一郎、三度目の挑戦

Oshita Eiji
大下英治

目次

第一章　友に誓う。三度目の政権奪取

お膝元の岩手県知事選挙

岸田政権vs野党再結集

第二章　小沢一郎、二度目の政権奪取

第三章　混迷する連立政権

第四章　自自連立から自公連立へ

第五章　ねじれ国会の時代

第六章　二度目の政権奪取への戦い

第七章　民主党政権の崩壊

第一章

友に誓う。三度目の政権奪取

盟友羽田孜に誓う

羽田元総理の葬儀

平成二十九年八月二十八日に八十二歳で死去した羽田孜元総理の葬儀・告別式が九月八日、青山葬儀所で営まれ、小沢一郎は友人代表としてあいさつした。

自民党時代から行動をともにしてきた小沢は盟友である羽田のことをしのびつつ、三度目となる政権交代を誓った。

「つとむちゃん。今日はいつもの二人だけのときのように、そう呼ばせてください。昭和四十四年の初当選の同期の友であり、また同志であった二人は、子どものように、つとむちゃん、いっちゃんと呼び合って過ごしてきました。それから半世紀近く経ちましたが、僕の脳裏にある君は穏やかな笑みを浮かべ、物おじもせず部屋に入ってきたつとむちゃんであり、緊張して座っていた僕は、しばらく前まで大学院の学生だった田舎者のいっちゃんでした。

その二人の出会いは、政治の師である田中角栄先生の事務所が対面の場でありました。つとむちゃん、君は父上が病に襲われ、父が急逝した僕と同様、思いもよらず政治の世界に足を踏み入れることになりました。田中先生に『戸別訪問三万軒、みんなと握手をしろ』。そう命じられ、来る日も来る日も選挙区を歩き回って、ようやく当選を果たした二人に、先生は同期当選の名を一人ひとり挙げて、『県議会議員、県知事、中央官庁の役人等々、みんな政治や行政のプロだが、おまえたち二人はズブの素人だ。他の同期生と一緒になってぼんぼんとその日を過ごしていたら、おまえたちの将来はない。命がけで勉強しろ。がんばれ』。そう叱咤激励されたことを、いまでもはっきり覚えています。

僕はともあれ、つとむちゃんは終生、その教えを守りました。郵政の問題であれ、農政であれ、知らないことは知らないとはっきり言い、〝三人歩めば必ず我が師あり〟とばかりに謙虚に教えを請い、ついには誰からも一目置かれる存在になりました。君の周りにはいつも人があふれ、笑いに満ちていました。来る者は拒まず、去る者はそっと見送り、再び来る者は何もなかったかのように迎える。包容力によるものだと思います。

僕は生来の口べたで、無用な敵をつくったり、あつれきを生んだりすることがしばしばありました。そのたびにつとむちゃん、君は『いっちゃんはシャイで人見知りなだけなんだ』と、取りなしてくれていたと聞いております。百術は一誠に如かず。まさにこの言葉を実践された政治人生でありました。

二人の政治生活には山もあり谷もありましたが、肝心なときにはいつも一緒にいました。恩師である田中先生の誤解を生んだ、そして先生の逆鱗に触れながら田中派の中に竹下（登）氏を中心とした新しい勉強会も結成いたしました。しかしまたその後、政治の改革をめぐる基本的な理念、考え方の相違から、自民党を離党し、新党を結成しました。節目になるといつも二人でとことん話し合いました。失敗すればもう政治生命はないだろう、というときになっても、つとむちゃん、君はそれこそ結婚式の仲人でも引き受けるような調子で『わかった、わかった、一緒にやろうや』と言ってくれました。正直に言って、『この問題の深刻さが本当にわかっているのだろうか』と、いぶかったこともありました。つとむちゃん、君はいつでも、わかっていました。わかった上で、自分の信じる道、自分の思う道を選んだに違いありません。

先月の二十八日、突然の悲報を聞き、ご自宅にうかがいました。君を苦しめた病気の気配などかけらもなく、大事を成し遂げた人だけが持つ、穏やかで満足感に満ちたお顔でした。君が身命を賭し、全身全霊をかたむけた二大政党制は、いったん芽が吹きかけたように見えましたが、わずか二年余りでついえてしまいました。僕もその責任を痛感しております」

小沢は誓った。

「あと二十年現職でいるわけじゃないから、次の選挙はあらゆる手段を尽くしても勝つ。そうしないとなんのために自民党を離党したのか。来年、岸田総理が再選したあとに選挙をするだろうから、こちらも来年九月の代表選で新体制を作る。老荘青、みんなが協力する体制づくりをやれば絶対に勝てる。新しい代表のもとで我々ベテランはそれを支えればいい。僕は全国を命かけてまわるから絶対に勝つし、いまの若い議員たちも、そのくらいの気力を持ってやってほしい」

小沢は、これまでに自民党を二度下野させ、細川非自民連立政権と民主党政権を誕生させている。現在、立憲民主党に所属している小沢一郎、三度目の政権奪取に挑戦している……。

安倍晋三長期政権

自公連立政権の成立

民主党の最後の政権となった野田佳彦政権は、消費税率を現行の五%から一〇%まで段階的に引き上げる消費増税関連四法案を含む社会保障・税一体改革関連法案を閣議決定し、自民党、公明党との合意のもとで法案を実現させた。これは平成二十一年の総選挙で民主党が掲げた「この四年間は消費税を上げない」とした公約に違反するものであり、国民に対する裏切り行為であることは明白であった。

その後、野田総理は代表選で再選されると、解散総選挙に踏み切り、その結果大敗し、政権を失った。民主党は選挙前の二三〇議席から、五七議席と一七三議席減で壊滅的な敗北を喫した。

いっぽう、選挙前の平成二十四年六月二十六日に衆議院で採決された社会保障・税一体改革関連法案に反対し、民主党を離党していた小沢一郎たちは、七月に新党「国民の生活が第一」

を結党。

その後、衆院選の目前の十一月二十七日に「脱原発」、「反増税」、「反ＴＰＰ」、「地方分権」などの政策実現を目的として、嘉田由紀子滋賀県知事が結党した日本未来の党へ合流する。日本未来の党は、この衆院選で一二一人の候補者を擁立するが、現有六十一議席から九議席と減少した。

この衆院選では、安倍晋三が総裁に返り咲いた自民党が現有一一八議席から二九四議席へと圧勝。公明党とともに、与党に返り咲いた。

それ以降、日本では自民党と公明党による自公連立政権がつづいている。

宣伝上手な安倍政権

野田政権が下野したあとに発足した第二次安倍晋三政権は異例の長期政権となった。

小沢は当初は、第二次安倍政権は長期政権になるとは思わなかったという。

「最初は思わなかったが、周りの飾り付けが良かったのだろう。憲法問題でもなんでも、国民に人気がないとわかるとパッと選挙では言わなくなったり、都合の悪いときはひっこめた。その押し引きが上手だった。制度改革的なことには踏み込まないし、ワーディングも巧み。株価上昇や円安が、国民にとって良いことであるかのように宣伝するのも上手かった。だが実態はなんにもいいことはない。経済成長は低いし、国民所得も下がるいっぽう。それに国民も気が付かなかったし、野党側も攻め手を欠いていた」

小沢は、安倍政権の一番の問題点は、経済の悪化以上に安保法制の制定だと指摘する。

「非常に強引に制定したが、国民に直接関係するものではないから多くの人が無関心だった。あの法案は、個別的自衛権の行使を制限なしに出来るようにしたものだ。要するに、政府の判断のもとでどこにでも自衛隊を派遣できるようになった。過去の戦争を見ると、戦争のきっかけは集団的自衛権で起きることはなく、個別的自衛権の行使で起きることがほとんど。日本だって過去には大陸で日本人が殺された、あるいは日本人の資産が奪われたなどということを理由に出兵してるわけだが、安倍さんは簡単にそういうことができるようにした。これはおじいさんの岸信介には喜ばれているかもしれないが、安倍さんの最大の罪だと思う。二十一世紀の平和の論理に逆行する行為だ」

吹き始めた解散風

日本未来の党は、平成二十四年十二月二十七日に分党することになり、日本未来の党に加わる前に「国民の生活が第一」に所属していた小沢一郎ら衆議院議員七名と参議院議員八名が「生活の党」に党名を変更して存続し、阿部知子衆議院議員一名による政治団体「日本未来の党」が新たに設立されることになる。

「生活の党」はその後、平成二十六年十二月の衆院選で政党要件を失ったが、十二月二十六日に無所属の参議院議員である山本太郎が入党し、政党要件が回復し、党名を「生活の党と山本太郎となかまたち」に改めることになる。

平成二十八年十月十二日には、「生活の党と山本太郎となかまたち」から「自由党」に政党名を改名する届を総務省に提出する。

第二次安倍政権は、発足以来、平成二十五年夏の参院選、平成二十六年十二月の衆院選、平成二十八年夏の参院選と乗り切り、長期政権を築きつつあった。

だが、平成二十九年の通常国会で、森友学園問題と加計学園問題が発覚したことで政権の支持率が著しく低下していく。

通常国会閉会後の都議会議員選挙でも、自民党は惨敗。そのいっぽうで、平成二十八年の都知事選挙で当選していた小池百合子東京都知事が率いる都民ファーストが大躍進し、小池知事への注目が高まりつつあった。

このときも、小沢一郎は、安倍政権を打倒するために、野党共闘を推進していた。当時、自由党の代表だった小沢は、九月一日の民進党代表選で当選し、代表に就任した前原誠司と定期的に接触をつづけていた。


九月中旬、米国大統領ドナルド・トランプが十一月五日の日本訪問が取りざたされ始めると、にわかに解散風が吹き始めた。トランプを迎える前に衆院選で勝利を収め、「国難」への対処を大いにアピールしたいという官邸の思惑が透けて見えた。

九月二十八日には第一九四回臨時国会が召集される。だが、質問などさせていては、スケジュールに狂いが生じてしまう。

「安倍は冒頭解散に打って出る」

そんな観測がほぼ確実視され始めると、野党の動きも加速していく。

野党共闘の模索

九月十七日には国会内で前原と小沢、社民党党首の吉田忠智が会談。統一会派結成の方向で意思統一が図られた。

連休明けには民進・自由・社民の三党が「オリーブの木」方式で共闘。共産党は比例区を独自に戦うが、小選挙区では徹底して協力するという構図が固まりつつあった。

だが、この体制は離陸直前で頓挫する。いったんは了承した社民党内部から一夜明けて反対の声が上がったからだ。

〈反対の声が上がったとき、押し切れないのが社民党という組織なんだろう〉

小沢はそう思ったが、ここで諦める小沢ではない。野党が協力しなければ、自民・公明を倒すことなど夢のまた夢だ。

九月二十五日から二十六日にかけて、「前原が二十八日の民進党両院議員総会で自由党との合流を提案する意向」との報道が永田町から全国へと駆け抜けた。これも小沢の仕掛けだった。社民党抜きで「第二の民由合併」。小沢の悲願が身を結ぶまで、あと一歩というところまで来ていたのだ。

だが、この構想も実現には至らなかった。背景には民進党の一部に根強く残る「小沢アレルギー」や「共産党アレルギー」があった。

小沢は、「たられば」の話をしても仕方がないが、小沢が四月から進めて来た四野党の協力が実現していれば、衆議院選挙の結果は全く違うものになっていたという。

希望の党への期待

九月二十五日。小池百合子東京都知事が記者会見で「希望の党」の結成だけでなく、自らの代表就任まで発表した。結党メンバーには小池の他に、民進党を離党していた細野豪志や、若狭勝ら現役の国会議員九人が顔をそろえた。

小沢には寝耳の水の出来事で、まさに青天の霹靂と言っていい。

〈前原君は、このことを知っていたんだろうか〉

七月の東京都議会議員選挙で、小池が率いる「都民ファーストの会」は四十九議席を獲得し、大勝をものにした。前回選挙で候補者全員が当選を果たした自民党は「森友加計問題」や閣僚の失言が災いし、議長をはじめ多くの候補が枕を並べて討ち死にし、二十三議席の惨敗に終わった。

この勢いをかって、小池知事は勝負に出ようとしていた。世論の反応も上々であった。

衆議院選挙を目前に控えながら、「反安倍」の旗の下、なかなか一つにまとまれない野党勢力にとって、小池新党はまさに「希望」のように見えていた。

九月二十六日、小沢一郎は前原と会った。

「人気も出てるようだし、じゃあ、希望を中心に一つでやるか。それもいいかもしれん」

ここで希望の党のもとで野党が結集することが決まった。

「行くときは、必ず三人でやろう」

小沢は前原にそう提案した。今後の方向性については前原、小沢、小池の三人で話し合い決めていくという意味だ。

「そうしましょう」

前原も同意した。

〈小池君とぶつかるには、前原一人では危ない〉

小沢はそう思い定めていた。

民進党前原誠司代表の独断専行

九月二十六日午後五時頃、小沢は前原と別れた。ここから流れが急速に変わっていく。小沢が何度連絡しても、前原からの反応が返ってこなくなったのだ。

翌日の報道で小沢は、二十六日の夜に、小池と前原、さらに連合の神津里季生会長の三人が緊急に会談したことを知る。

小沢の申し入れは反故にされたのだ。

小沢が、当時の事情について語る。

「前原君とは、二人で小池都知事と会おうと話していたけれど、急に連絡がとれなくなり、一人で話し合いの席に向かったようなんだ」

結局、前原は、小沢を外して臨んだ小池との会談の場で、小池サイドに相当な譲歩を強いられたようであった。小沢の危惧していた通りの展開であった。

神津会長は、小沢代表も参加すると聞いていたのに小沢がいなかったので驚いたという。

もっとも重要な候補者の公認をめぐっても、小池サイドの要望を呑み、東京や大阪などの都市部の選挙区を中心に民進党から公認を受けていた候補者が外されることになった。この候補者の公認を不明瞭にしたことは、直後の衆院選で大きな混乱が起きる要因となった。

当時は直前の都議会議員選挙に圧勝したこともあり、小池都知事の人気は絶頂であった。小池知事は、居丈高の姿勢を隠そうとすらせず、強気の姿勢を見せていた。


小沢は、このときの前原の交渉の稚拙さについて嘆く。

「結局、前原君は騙されてしまったようなもの。当時の民進党は人気はイマイチだったけれど、政党としての組織力や資金力は、結党から日の浅い希望の党とは比較できないほどの力があった。だから、交渉をするにしても対等以上の条件で相手と話をつけることは出来たはずなんだ。それなのに、希望の党側に言われるがままにされてしまったからね」

なぜ、前原は独断専行したのか。

小沢によると、直前まで前原とは意思疎通を十分にとっていたという。

「前原君はあのとき、感覚が少しおかしくなっていたんだろうね。一人で行くにしても、普通なら自分に相談してから『最初は、一人で行ってきます』とか言ってくるはずなんだけれど、なぜか何も言わないままで、会談に行ってしまった。しかも、そのあとに失敗したという感覚がなくて、いまでも『あのときの判断は間違っていなかった』とまで発言している。ちょっとかれは感覚が違うんだろうね」

九月二十八日、安倍晋三総理は、臨時国会の冒頭で、衆議院を解散した。

この日の民進党の両院議員総会。本来であれば、自由党との合流を提案するはずだった席で、前原は希望の党との合同案をはかった。前原の案は総会で了承され、ほとんどの議員が反発をすることはなかった。

小沢にも異存はなかった。

「民進党がそういう方針・方向に向かうのなら、わが党もそうしよう」

自由党の仲間にそう呼びかけ、共同歩調を取ることを決めた。

トップである前原と小沢は無所属で出馬。民進・自由両党は公認候補を立てず、希望の党の公認候補として立候補する。小沢が根回ししてきた形とは違うが、今度こそ野党が一致協力できる素地ができつつあった。紆余曲折あったが、小沢はほっとしていた。

〈小池─前原会談の中身はわからんが、こりゃいけるかもしれんな。このまま民進・希望・自由の三党が一つになって戦えるのならば悪くない〉

希望の党の急失速

前原が合流を提案した九月二十八日、小池は日本記者クラブでの記者会見で語った。

「『希望の党で戦いたい』という申し込みがあって、初めて候補者として選ぶかどうかだ」

小池は、早くも候補者を選別する意向をちらつかせた。

この日、希望の党のチャーターメンバーの一人の細野豪志もテレビに出演し公言していた。

「三権の長を経験した方は、ご遠慮いただく」

どうやら小池サイドの反応からも明らかなように、前原の言った通りには事態は進まなそうだった。

しかし、希望の党への期待の追い風はある出来事を境に、急激に失速していく。

九月二十九日午後、毎週金曜日に行われる小池都知事の定例会見が、東京都庁六階にある記者会見室でおこなわれた。

定例会見後には、同じ場所で非公式の取材のかたちで政党関係の質問を受けることになっていた。

事件が起きたのはそのときだった。フリージャーナリストの横田一が、小池に問いかけた。

「前原代表が昨日発言した『公認申請すれば排除されない』ということについて、前原代表を騙したのでしょうか。共謀して、リベラル派大量虐殺とも言われているんですが…」

横田のテーブルにはマイクが入っていなかった。そのため小池は、「音声入ってないの?」と質問を遮る。

横田が応じた。

「最初から(言いますか)?」

横田の質問の表現が過激だったこともあり、他のメディアからは笑い声も漏れた。

形上は非公式の場ということもあり、記者会見室には、弛緩した空気が充満し、小池自身も上機嫌で笑いながらの対応であった。


小池が笑みを浮かべながら、発言した。

小池がのちに後悔することになる一言は、この瞬間に飛び出した。

「わかりました、お答えします。前原代表がどういう表現をされたか承知をいたしておりませんけれども、排除をされないということはございませんで、排除いたします」

民進党からの合流組の一部を排除すると笑顔で言い切った小池の姿は、この日のニュースだけでなく、選挙戦中ずっとテレビを通して繰り返し報じられた。

小池や希望の党のイメージは、この映像が流れるたびにどんどんに悪化していった。笑いながら「排除いたします」と言い放つ小池の姿は、清々しいチャレンジャーではなく、傲慢な権力者の姿として有権者に認識されていった。

小沢はこの発言を聞き、危機感を強めた。

〈「リベラルはいらない」なんて言い出したら、票を減らすだけだ。この主張は安倍晋三と何ら変わりがない。小池君がだんだん本性を現し始めたか〉

小沢は小池の「知恵袋」とも参謀とも言われる人物に意見をした。

「全国で戦う衆議院選挙は、違うよ。都議選では小池君の人気一つで誰でも通ったかもしれん。だが、国政選挙ではそうはいかん。だいたい、東京以外の地方では小池君のブームなんて起きてはいないんだから」

小池百合子都知事の慢心

小沢は、当時の小池都知事の慢心を指摘する。

「小池都知事がなぜダメになったかと言えば、結局、本人の志が大きいものではなかった。彼女自身が総理になろうという大志を持って行動していれば、『排除』発言なども言うはずはなく、選挙の結果も全然違ったはず。やはり、自身は捨て身にならずに、都知事のままで中途半端な姿勢のままで選挙にのぞんだ。それゆえに有権者に見透かされてしまったんだね」

また、希望の党の中心メンバーだった若狭勝や細野豪志にも、国政選挙を取り仕切るだけの力量はなく、混乱をもたらしただけであった。

小沢が当時をさらに振り返る。

「本人が総理候補として出馬していたら、全然違ったはず。都知事を投げ出したという批判は一部で起きたろうが、それを上回る支持を得られただろう。また、小池都知事の周りに人物がいなかった点も問題だった。政治、そして、選挙に精通した人間がまったくと言っていいほどいなかったからね。あのときは安倍政権を倒せるチャンスだったから、その点は残念だった」

小池自身も、当時は小沢の存在を警戒し、前原との会談に小沢が同席することを拒否したと報道された。

小沢がさらに語る。

「結局、小池都知事は、自分が天下人になるという意識がなかった。僕を話し合いに入れることで、自分が主導権を奪われると警戒したように、目先のことばかりに捉われてしまったんだろう」

希望の党の惨敗

十月三日、希望の党が衆院選の第一次公認候補を発表した。これを見て、小沢は驚き、呆れた。

〈めっちゃくちゃな候補者を立ててきたな、これは。これじゃあ、将棋で遊んでいるようなもんだ〉

小沢の助言は希望の党の参謀の耳には入っていなかった。そこから希望の党と野党の協調路線は坂道を転がり落ちていく。

〈小池君は夢を見てしまったんだな。すっかりいい気分になり、余計なことを言い出した〉

こうなってしまうと、挽回は難しい。小池の「排除発言」一つで夢は破れたのだ。

小沢の危惧は現実のものとなっていく。小池はテレビの討論番組に次々と出演し、政策論議の中でさらに尻尾を露わにしていく。

〈小池君はもともとライトの人だ。ただし、外交・防衛政策の中身をよく理解しているわけじゃない。安保だ、憲法だなんてことは、言わなきゃいいのに〉

不得意な政策を振り回さなくても、小池人気を持続させる道はあった。何も難しいことではない。意味のないパフォーマンスを繰り返し、カメラの前でにこにこしていればそれでよかったのだ。これで政治家の人気が保たれるとは、日本人の意識の低さの証明に他ならない。小沢もそう思うが、現実の日本人の意識はその程度のものだ。

結果的に、平成二十九年十月二十二日投開票の衆院選で希望の党は失速する。二三五人もの候補者を擁立しながらも、選挙前の五七議席を下回る五十議席と惨敗した。

いっぽう、小池都知事の一声で排除された枝野幸男や辻元清美らが中心となり急遽結成された新党の立憲民主党は、希望の党の五〇議席を上回る五五議席を獲得。選挙前の一五議席から大幅に躍進し、野党第一党となった。

野党の大同団結はなぜ実現しなかったのか。小池百合子人気が急速に下火になったのはなぜか。

希望の党の発足以前から野党共闘の必要性を訴えつづけ、表と裏で動いてきた小沢一郎は野党の敗因をこう分析している。

「全部、小池君にやられてしまった。なにしろ、小池君自身が調子に乗りすぎた」

小池は民進党代表の前原誠司、連合会長の神津里季生と結託し、希望の党中心の野党再編を狙った。小沢は蚊帳の外だった。

共産党の重要性

じつは、小沢は前原とは定期的に会談していた。

野党が結集、それが無理でも「オリーブの木」方式で一つの塊として与党にぶつかる構図の実現を模索していた。小沢の構想は「第二の民由合併」と呼べるものだった。民進・自由・社民の三党が合流。そこに共産党が選挙協力するというものだ。

だが、野党各党には抵抗感が強かった。「小沢アレルギー」「共産党アレルギー」にはまだ根強いものがある。小沢はこうした考え方に強い反発を覚えた。

〈何も共産党と連立政権を組むわけじゃない。共産と一緒になるなんてことはないんだ〉

現実問題として、衆議院選挙が現行の小選挙区比例代表並立制を取っている限り、共産党が持つ票は頼りになる。細川護熙連立政権で選挙制度改革を実現した小沢は誰よりもそのことをよく知っていた。

どこか気取ったふうを装って、「共産党候補と並ぶのは嫌だ」などと口にする野党議員は保守系の中には少なくない。

小沢はそうした議員の振る舞いに憤懣やる方ない思いを抱えていた。共産党と並びたくないのなら、「共産票はいらない」とはっきり言えばいい。本音ではみんな票がほしいに決まっている。ほしいくせにかっこつける奴らは好きになれない。政治家としても、男としても最低の部類だ。

自公政権の強みは自民党の基礎票に加え、小選挙区で公明党が選挙協力をしている点にある。公明党が手を引けば、当選を果たせない自民党議員は少なくない。いまや両党は一蓮托生の関係にある。

小沢は自民党時代、豪腕幹事長として選挙実務を取り仕切ってきた。公明党と連立を組み始めてから、選挙での自民党の足腰は確実に弱くなっている。

一歩踏み出した共産党

ともあれ、平成二十九年十月二十二日の衆議院選挙で共産党は大きな一歩を踏み出した。背中を押したのは小沢だ。共産党委員長の志位和夫に小沢はこんな活を入れている。

「どうせなら、もう一歩踏み出せ。もう後戻りはできないんだから」

共産党アレルギーは有権者の中にも確かにある。だが、その中心は六十代以上。六〇年安保、七〇年安保で共産党がどう立ち回ったかを知っている世代だ。小沢の見るところ、それ以下の世代では共産党への忌避感はそれほど強くはない。

共産党が二の足を踏んでいるのには理由がある。いくら柔軟になったとはいえ、党名変更には党内でも反対の声が大きい。そこまで行かないにしても、「オリーブの木」の傘の下に入ることにも慎重な姿勢を崩していない。

「オリーブの木」に加われば、比例区は野党各党の統一名簿で戦うことになる。候補を立てるいくつかの小選挙区を除けば、選挙中、共産党の名前が表に出ることはないのだ。

小沢は共産党との会合でいつも持論をぶち、幹部たちの尻を叩いてきた。

「『オリーブの木』方式で衆議院選挙を戦うことになれば、一番得するのは共産党だよ。統一名簿は比例区がメイン。共産党が候補者を十人立てたとして、一人あたり四〇万~五〇万票は取れるだろう。そしたら、もう全員当選だ。あなた方のところが一番得する話なんだよ。だから、やるべき」

共産党が一気にガラッと変われるとは小沢も思っていない。これだけ歴史があり、支持者もついている政党だ。いっぺんに急激な変化を求めるのには無理がある。

小沢が何より評価しているのは、共産党支持者の手厚い支援だ。一言で言えば、誠実で熱心。日本でこれだけ選挙を必死でやる組織は、他には公明党の支持母体である創価学会があるくらいではないか。

小沢自身、平成二十九年の衆院選では、岩手県三区で共産党支持者から応援を受けた。選挙期間中、小沢後援会のメンバーが共産党支持者から、

「あんたら、しっかりしろ。頑張れ」

と叱咤されていたようだ。十七回連続当選を下支えしてきた小沢後援会だが、いつの間にか「常勝」に慣れ、安心しきって動けなくなっていたようだ。組織の常かもしれない。共産党と組むことで、後援会にも再び一本筋が通ることになった。

松木謙公の政界復帰

現在、北海道二区選出の松木謙公は、小沢一郎に長年師事する政治家の一人だ。

松木が現在、政治家をつづけているのも小沢の存在によるところが多い。

松木は、平成二十九年十月二十二日の衆院選で希望の党から北海道二区で出馬した。

が、小池百合子による「排除」発言もあって、党勢は伸びなかった。

松木は七万四四二五票を獲得するが、一〇万四八二四票を獲得した自民党公認の吉川貴盛には及ばず、さらに比例復活もかなわずに落選した。

このとき、松木は五十八歳という年齢もあって、引退を考えた。

小沢一郎にあいさつに行った。

「オヤジさん、おれも五十八ですから、もう次は出ないかもしれません」

すると小沢は表情を変えて、熱っぽく言った。

「お前、政治家が簡単に辞めるなんてことを、軽々しく言うんじゃない！」

松木と小沢は普段は阿吽の呼吸でやりとりすることが多く、長く話すことはあまりなかった。が、その日は違った。

珍しく小沢は、松木を説得するように一時間ほど色々な話をしてくれた。

「おれは七十五なんだぞ。お前なんてまだ若いじゃないか」

松木は最後には根負けしたように言った。

「じゃあ、やりますよ。オヤジさんが言ったことはわかりましたから」

すると、小沢がさらにダメ押しをした。

「お前、おれに言われたからといって、やるんじゃダメだぞ。やるならば自分で本気になってやれよ」

松木は、小沢の励ましもあって腐ることなく、政治活動をつづけた。

その後、松木は、現職の吉川の議員辞職によりおこなわれた令和三年四月二十五日の補欠選挙で見事に当選し、政界に復帰した。

さらに、その半年後の衆院選でも小選挙区で当選を飾り、選挙区で二連勝を果たして政治家としての地盤を強化しつつある。

松木が振り返って語る。

「あのとき、小沢さんが止めてなかったら、自分は政治家をやめていたかもしれない。自分を説教してくれる小沢さんを見て、小沢一郎という人間の政治に懸ける情熱にあらためて触れた気がしました」

小泉純一郎元総理と脱原発で共闘

小沢は、「原発ゼロ」の実現を目指して活動する小泉純一郎元総理を自らが塾長を務める政治塾の講師として招請している。

平成三十年七月十五日、小泉元総理は、東京都内のホテルで開かれた小沢が塾長を務める政治塾で、講演を行なった。この政治塾は、新しいリーダーの発掘を目的に平成十八年に開講されていた。

小泉は講演で語った。

「思いがけないお招きで。これ、間違いじゃないかな。『小沢先生の了解とってあるのか』と聞いたんです。『もちろん、とってあります』。そうか、それじゃ、行くかということで今日、来た」

小泉は、小沢との過去の繋がりや、かつて敵、味方に分かれたいきさつを語ったあと、次のように表現した。

「しかし考えてみると、政界で敵味方、しょっちゅう入れ替わりますから。昔から権力闘争というのは親子、兄弟、友人。そんなんで驚いていてはいけない。鎌倉幕府を倒すために足利兄弟が協力した。足利尊氏があの北条幕府を倒す。弟の直義、その部下の高師直、これ両翼だった。高師直が殺された後、今度は弟の直義と兄貴の尊氏とけんかして、尊氏は弟を殺してしまう。

幕末でもそうですね。薩摩と長州はあの頃、鎖国の時代、尊皇攘夷だといって英国と戦ってみて、こてんぱんにやられて気づきました。これはもう鎖国じゃだめだと。全然、かなわない。わずかな艦隊なんだけど、武器が比較にならない。それで、薩摩、長州は協力した。そういう中で西郷隆盛と大久保利通は歴史上に残る薩摩の英雄ですよ。明治維新、立ち上げた。その二人の盟友も十年たつと明治一〇年、西南戦争。大久保利通が西郷隆盛を追い詰めた。だからわかりませんね、歴史というのは。しょっちゅうそういう争いを繰り返している。ま、いま、これは余談なんですけど、たまたま、小沢さんと味方になったり敵になったり。いまはもうわだかまりはまったくない。だからわたし、来たんだから。そんなの権力争いの中ではしょっちゅうある。ただ、人間の考えは変わる。わたしは総理のとき原発必要だといっていたんです。いま、辞めて、無責任じゃないかという批判があるが、人間の考えは変わる。二〇一一年の三月、あの事故が起こらなかったら、いまだに原発は必要だと言っていたのではないか」

講演で脱原発の必要性を訴えた小泉は、講演後に語った。

「原発ゼロの国民運動を盛り上げるには、保守と呼ばれたわたしたちが、声を上げていくことが大事だ」

小泉は、原発再稼働を進める安倍晋三総理についても講演後、記者団に語っている。

「総理が原発ゼロにかじを切れば、与野党一緒に実現できるのに、チャンスを逃しているのは惜しい」

小沢も、小泉と脱原発に向けて協力していくことを確認し、語った。

「わたしも野党も原発ゼロを最大の政策目標として掲げていきたい。総理、（自民党）総裁をした方が、原発ゼロを国民に話すことだけで大変心強い」

原発については、小沢はどのように考えているのか。

「これも原発が政財官学の四者の利権になっているだけだから、やめさせることはできる。段階的に廃炉を実施しているドイツを参考にすればいい。原発に関連して附言すれば最近しばしば日本の核武装の話をする人がいるが、いまの時代に、日本が核兵器の保有を検討することは、政治的にも軍事的にもまったく意味がない。もし、日本が核武装すると言い出したら、アメリカもそして近隣諸国も警戒するだけなんだから」

国民民主党を支持し、傘下に電力総連や電機連合を抱える連合には、脱原発に否定的な意見も強い。

小沢がそのあたりの事情について語る。

「企業組合だから、どうしても会社のことを慮っている。でも、政府が明確な方針を示せば、電力会社とはすぐに話がつく。原発だって、政府がやれと言うからこれまでやってきただけ。新エネルギーについての研究開発などで、政府からの支援があれば電力会社のスタンスも違ってくるよ」

現在、野党には支援を受けている労働組合の顔色を伺う議員が増えてきている。

「いまの野党の議員の多くは組合のことばかり気にかけているけれど、自分だったら、電力会社に行き、原発問題にも話をつけることができる。『我々の党の方針は○○』と明確に示せばいいんだ。国が全面的に廃棄も責任をもってやると言えば、電力会社も労働組合も理解はするはずだよ」

小沢は、労働組合の集票力の低下を指摘する。

「選挙での票で考えたら、労働組合も問題にするほどの存在ではなくなっている。連合の傘下の組合員は七〇％が自民党に投票すると言われているからね。日常活動をさぼって手足がない議員や候補者は連合を頼っているけれど、本来、地道に活動して自前の後援会なり組織があれば問題ないはずなんだ。公認されたら、政党から交付金の支援を受けるわけで、それでスタッフを雇って活動すればいいいんだよ」

小選挙区が導入されて以来、かつてとは政界の構造も変わってきた。

小沢が語る。

「中選挙区時代と異なり、いまは自分で政治資金を集めなくていい。昔は必死に集めていた。自民党が強かったのも、資金集めに必死だったから。やっぱり、政治資金を提供した側は必死でその相手に投票するからね。そのあたりは野党も毛嫌いせずに自民党に学べばいい。イギリスの労働党や、アメリカの民主党も、資金集めは積極的にやっているんだから。企業献金はもらわないというのは全くナンセンスだ。企業も社会的存在なんだから」

沖縄の基地問題

平成三十年九月三十日の沖縄県知事選挙に当選し、沖縄県知事に就任した玉城デニーも、小沢との関係は非常に深い。

小沢は沖縄の基地問題をどのように考えているか。

「政権をとればアメリカと話ができるからうまくいく。鳩山（由紀夫）総理が失敗したのは、アメリカと話をせず、誰かの話に乗って県外移設を言い出したから。アメリカと話をして進めればその可能性はある。いま、海兵隊の基地を作っているが、海兵隊は沖縄にほとんどいなくて、グアムに移っているから、アメリカ政府も望んでいない。実態は原発と同じで、一種の利権になっているだけなんだ」

国民民主党との合流

平成三十一年一月二十二日、自由党代表の小沢一郎は、国民民主党代表の玉木雄一郎と会談し、両党を合流させる方針であると報じられた。

二日後の二十四日、小沢は玉木と会談し、衆参両院での国民との統一会派結成について合意し、この日の国民民主党の両院議員総会でも了承されたことから統一会派を結成した。

その後、自由党は、国民民主党との合併を巡り、四月八日に小沢代表に対応を一任することを決定。国民民主党が四月二十六日の未明に両院議員総会を開き、賛成多数で自由党との合併を了承した。

この日、合併手続きをおこない、山本太郎を除く六人の自由党の衆参議員は国民民主党に入党し、自由党は総務省に解散を届け出た。

立憲民主党の変化

小沢は、平成二十九年の衆院選後、立憲民主党の枝野幸男代表と何度も会談し、野党を再結集させるために動いた。

が、枝野代表は、政党の合併については頑なに拒否したままだった。

令和元年七月二十一日の参院選でも、一人区を中心に野党間での選挙協力こそ成立したものの、立憲民主党と国民民主党がそれぞれに戦うかたちとなり、結果的に立憲民主党が十七議席、国民民主党が六議席に終わり、自公の合計で七十一議席を獲得した与党を利するかたちになった。

小沢は、今後の野党の動きにどのようなビジョンを抱いていたのか。

「平成二十九年の衆院選後、わたしは、枝野代表に『野党第一党の代表のあなたが中心になって野党をまとめて選挙にのぞむべき』と何回も話をした。だけれど、枝野代表は立憲民主党として独自路線で参院選を戦うという姿勢を変えなかった。結局、そのときはわからなかったんだろうね。一度、選挙の結果を見ないとね」

参院選後、枝野は、それまでの姿勢を変えた。

立憲民主党は、令和元年夏の参院選で比例区での得票は、二年前の衆院選から三〇〇万票以上減らし、七九一万七七一九票という結果に終わった。

枝野は、この選挙結果から独自路線の厳しさを実感し、八月五日、国会内で国民民主党の玉木雄一郎代表、衆院会派「社会保障を立て直す国民会議」の野田佳彦代表と相次いで会談し、衆院での統一会派結成を打診した。

その後、国民民主党側が衆参両方での統一会派を提案し、八月二十日には党首間での合意に至った。

小沢は枝野のこの姿勢の変化について語る。

「自分は参院選の結果をある程度予測していたから、選挙前から『参院選後に枝野代表は必ず君主豹変する。間違いない』と言いつづけていた。やっぱり、本当に選挙のあとに君主豹変したね」

立憲民主党と国民民主党は、統一会派を結成し、国会では辞職した大臣や、「桜を見る会」への疑惑追及などで共闘を深めはじめた。

小沢は、この段階からさらに一歩進み、一つの政党として選挙を戦うべきだと訴えていた。

「やっぱり、一つの政党にしないと国民にわかりにくい。『オリーブの木』方式でもいいけれど、やはり一つの政党で選挙を戦った方がわかりやすい。今年の年末がカギになってくる。衆院選がいつになるかわからないから、なるべく早く動いて態勢を整えていかないといけない」

安倍総理は、閣僚の辞任や、自らの関与が発覚した「桜を見る会」の問題などで追い詰められたこともあり、解散総選挙を打つ可能性を見せはじめていた。

れいわ新選組と山本太郎

いっぽう、令和元年七月の参院選では山本太郎代表が立ち上げた新党「れいわ新選組」も、約二〇〇万票を獲得して、代表の山本は落選したものの比例で二議席を獲得した。

山本は、新党を結成する直前まで小沢とともに行動をし、自由党の一員であった。

小沢が語る。

「山本君が『新党をやってみたい。どこまで行けるかわからないけれど、まずは準備させてください』と言ってきたから、『いいよ、好きなだけやってみなさい』と言ったんだ。それと『野党が結集しようというときには、分派行動にならないように気をつけてほしい』ということは注意したんだ。結局、新党には思っていた以上に資金も集まったみたいで、それなりに得票ができた。やっぱり野党が分裂していたから、行き場のない無党派層の票がれいわ新選組に流れたんだろうね」

代表の山本太郎も、メディアを活発ににぎわせている。

小沢は政治家山本太郎をどう見ているのか。

「山本君は、演説もうまいし、頭もいい。でも、立憲民主党の人気が少しずつ下がってきたように、新党は一定の時期をすぎると人気が下がってくる。だから、そこは注意した方がいいと思っているし、そのときはアドバイスを辞さないつもりだよ。野党が結束すればするほど、それわ新選組に流れる票は減るだろうから、その点にどこかで気付かないといけない。もちろん、いっしょにやっていきたい気持ちはある。この間、親しい議員仲間で食事をしたときも、山本君は忙しい合間をぬって駆けつけてきてくれたよ」

安倍政権が国民から奪ったもの

安倍政権による権力私物化

安倍一強がつづいていた原因は何か。

小沢は言う。

「やはり、野党が弱いのがいけない。自分もその意味では経緯があるとはいえ責任を感じている」

安倍総理には四選論すら出ていた。

が、小沢は「それはない」と断言していた。

「安倍総理は、東京五輪を花道に引退するしかない。もし四選したら、自分で選挙をしなきゃならなくなる。衆院選に負けて引退したのでは格好悪いから、五輪を花道にして引退するのではないか」

第二次安倍政権では、官僚が官邸の顔色を伺い、政権に忖度した行政運営をおこなうことが問題になっている。

小沢は、この状況をどう見ているのか。

「モリカケ問題でも明らかになったように、官僚が官邸の顔色を見て、忖度ばかりしている。官僚機構の改革を長年訴えてきたけれど、やはり中央集権的な仕組みを改めた方がいい」

小沢は、「桜を見る会」に関する安倍総理の疑惑について鋭く批判していた。

令和元年十一月十一日には、Xに次のように投稿した。

《ある意味で「権力の私物化」の最終形態だろう。地元後援会八五〇人を、飲食をともなう政府主催のお花見に御招待。全部税金。証拠はきれいに隠滅。たまたま各界の功績ある方々が地元後援会にいたと。この総理の感覚は麻痺している。問題は、国民の感覚まで麻痺したら、この国はついに終わりということである。》

さらに、十二月二日にもXに、「桜を見る会」にマルチ商法企業の元会長や反社会勢力が招待されていたとされる問題について投稿した。

《マルチ商法の役員や反社会勢力のどこにどういう功績があったのか？「社会に功労があった方々を呼んだから問題ない」と答弁していたではないか。自分の後援会だけ早めに会場に入れて全部酒を飲ませてしまう。「買収」に、更に輪をかけた醜いおこない。全部税金。総理は、予算委員会で説明できないなら、即刻辞任を。》

消費税増税による格差拡大

令和元年十月一日から消費税の税率が八％から一〇％に上げられた。小沢は消費税についてはどう考えているのか。

「一番良いのは下げればいい。ただ、いまの財政の問題もある。赤字国債の発行はダメだと言われているからね。特別の決議をしないと発行することはできない。でも、健全財政をふりかざしていたんじゃ何もできない。社会保障経費は膨らんでいくいっぽうなんだから、緊縮だけでは景気がよくなるわけがない。だから、健全財政論を転換しないといけない時期に来ていると思い始めている。ただそのときも、インフレになる危険性があるときはやめるという仕組（景気条項）を入れないといけない。消費税のときはその逆で、景気が良くなるときは上げてもいいけれど、景気が悪くなったら下げる。そうすれば、かなり柔軟な財政経済政策をとれるようになる」

小沢は、消費税という制度そのものに反対ではないという。

「直接税と間接税の割合があまりにも日本はいびつだから、消費税によって間接税の比率を増やすことは悪いことではない。ただ、消費税は庶民の生活を直撃するから、増税する際には、かなり慎重にしないといけない。安倍総理は今回増税したわけだけれど、この判断によって相当景気が悪化する可能性は高い。結局、消費税を上げたことと格差を拡大させたことだけが安倍政権のやったことになるんじゃないか」

憲法改正は進まない

安倍総理は、憲法改正を推進したい考えを表明していた。だが、実際にはうまくいかなかった。

小沢が語る。

「現状、参議院では改憲に必要な三分の二の議席を確保できていない。衆参で三分の二の議席があるわけじゃないから、憲法改正はできないと思う。それに国民の関心が憲法改正にないし、何がなんでも変えなくちゃいけないというものでもない。安倍総理は、九条に自衛隊を明記することにこだわっているけれど、意味がない。なぜなら自衛隊は固有名詞にすぎず、法律上は戦力や軍隊という言葉で記述される。自民党の草案でも、自衛隊については国防軍と位置づけて戦力と明記していて、安倍総理の言いだした案とは異なっている。

それと何よりも、公明党と創価学会がいまの状況で憲法改正に向けて積極的に動くことに応じるわけがない。公明党は与党だけれど、『自民党と二党だけでは憲法改正はしない、他の野党の賛同も得る形でならばいい』と言っている。現実的に公明党が同意するのは難しいだろう」

安倍政権の外交姿勢

安倍政権では、日本と韓国との関係が悪化していた。小沢は、これをどう見るのか。

「たまたま、日本と韓国の両方の指導者が最悪だったわけで、すぐに解決するのは難しい。韓国には反日感情が強く、日本にも韓国人を蔑視する風潮が強まっている。最悪の事態で、なにか事件が起きたら、一触即発になる可能性もある。安倍総理の考え方には、祖父の岸信介総理のときのような意識が強く、韓国や北朝鮮を低く見ているところがある。欧米に対しては必要以上にペコペコしているのに、アジアに対しては偉そうなのは岸さんのときと同じ。かつての大日本帝国そのものだよ」

安倍総理は、時折、自身が維新の元勲を生んだ長州に自らのルーツがあることに言及している。

「安倍さんはよく長州に言及するが、イデオロギーというほど立派なものでもない。お祖父さん（岸信介）の影響で、大国神話への憧れみたいなものが自然と刷り込まれているんだろうね。どうしようもないよ。しかも、それが成功したわけではなく、日本は覇権主義を推し進め、アジアに進出した結果、大失敗したんだからね。かろうじて成功したのは、台湾の統治くらいなんじゃないかな」

小沢が外交姿勢について語る。

「韓国だろうがどこだろうが、大衆の心をつかまないといけない。韓国にもいまは反日意識の強い国民ばかりではないのに、いままでの大統領はそれを煽っている。しかし、いまの韓国の大統領は、従来とは違い、非常に前向きに対日政策を進めている。いまこそ日本は過去を乗り越えて、日韓両国の友好発展のために積極的に行動すべきだ。両国が、両国民が、本当に信頼関係で結ばれたなら、〝こわいものなし〟のコンビになるだろう。こういう行為は時代錯誤の一時代前のリーダーの姿で、安倍総理も同じことを日本国内でやっている。でも、本来なら政治家は、強硬的な政策をとるまえに、大衆に語りかけることをしなければいけない。もし、本気で解決する気があるなら、韓国に自分で行って、大衆の前で語るなりすればいいんだよ。平和友好のための熱意を見せればいい。安倍総理にそのくらいの覚悟や度胸があればいいけれど、そんなことはできないだろう」

安倍政権とアメリカの関係

アメリカのトランプ大統領や、日米関係についてはどう見ていたのか。

「トランプ大統領が出現したのは、アメリカ社会の矛盾を現している。自分の目先の利害で政策や主張がすぐに変わるからひどい。アメリカの格差社会がいかに病んでいるかを現しているかのようだね。トランプ大統領が率いるアメリカが、最大の政治力と経済力を持っているから危なくてしょうがない。なぜトランプが支持されたかといえば、もともとアメリカには孤立主義の傾向もある。わざわざ他の国のためにお金を使うことに否定的な考え方があるから、その考えを根底に持っている国民の意識と格差社会が、トランプ支持につながったのだろう」

安倍総理は、アメリカとの友好関係を外交の成果であるかのように頻繁にアピールしていた。この点についても、小沢は批判的だ。

「ただトランプに利用されているだけでみっともない。安倍さんは、大統領選挙のときは、ヒラリー・クリントンが当選するもんだと思っていたみたいで、予想外の結果で慌ててトランプに媚を売るようになったね」

安倍政権と中国の関係

いっぽう、膨張をつづける中国とは、どのように向き合うべきなのか。

「中国はアメリカとは違うところがあるが、日本はもともと中国の文化圏だから、もう少し内輪の付き合いをしないといけない。ただ、中国人は煮ても焼いても食えないところがあるから注意する必要はある。でも、一度深い信頼関係を結べばかれらは約束は守る。胡錦濤や江沢民は、来日時は必ず日中国交回復に道をつけた目白（田中角栄邸）に足を運んでいた。かれらには、最初に井戸を掘った人を大切にするという義理固いところがあるんだ。習近平はそういうことはしないようだけどね。だから、お互いに信義を守って付き合えば、かれらも約束は守る。でも下手な付き合い方をすると騙されるから、そこは注意しないといけない」

小沢は、中国政府の要人と食事する際などには活発に意見を交換するという。

「自分はそういうときは、いつも本音を言っている。『いずれ共産党政権は終わりになる。お前たちも蒋介石といっしょで、腐敗と不平等が蔓延して、共産党による独裁は崩壊するだろう』って話している。かれらも個人的会話のなかでは『その通りだ』と応じている。党幹部でも何百億円の大規模な汚職が発覚しているし、国民も、中国の不公平さに気付き始めている。

文化人を弾圧するのも、政権が弱くなってきている結果だろう。最近の習近平の人事、李克強の死とそれに対するかれの態度を見ると、余計にその感じを深くする。

それと中国は、過去の歴史をみればわかるようにもともと覇権主義だから、腹を割って付き合いをしないとダメだ。中国は日本のことを内心では恐れているから、そこをうまく逆手にとるくらいじゃないといけない。安倍総理も、ちゃんと話をすればいいのに、お世辞と揉み手ばかりだから、何も解決しない」

拉致問題と北方領土問題

第二次安倍政権は、拉致問題に全力で取り組むと言いつつ、実際には何も動いていない。小沢はこの点も批判する。

「拉致問題は、北朝鮮の背後の中国と話をつけないと難しい。トランプ大統領を当てにしてみても始まらない。米中会談よりも日中会談の方が影響力を持つくらいにならないと、うまくいかないだろう。中国は、北朝鮮の核武装は好意的に見ていないけれども、現在の政権を維持したいという気持ちは強い。韓国との統一には反対の立場だ。だから、その中国と話し合いがつかないと、拉致問題も、北朝鮮問題も見えないだろう」

安倍総理は、北方領土問題についてもロシアと交渉を進めていた。

「わたしは、ゴルバチョフ大統領の時代に北方領土の返還について交渉したことがあった。が、それは当時のソビエトが経済的に困窮していたからなんだ。結局、そのときは相手がレームダックになったこともあって、話がうまくいかなかった。だから、ロシアの経済が厳しくなったら、かつてアラスカをアメリカに売却したように、北方領土についても可能性が起きるかもしれない。安倍総理は『二島だけでも返ってくればそれでいい』と思って交渉しているのかもしれないが、相手に足元をみられているだけ。恥さらしもいいところだよ」

少子化問題

日本は少子高齢化問題も抱えている。

小沢はそれについても語った。

「少子高齢化は自然現象などではなく、自民党長期政権の結果だと思っている。なぜ、子供を作らないのか。それは政治が作りやすいような環境整備をしていないから。小泉進次郎環境大臣が『悲観的な考えしか持てない人口一億二〇〇〇万人の国より、将来を楽観し自信に満ちた人口六〇〇〇万人の国の方が、成功事例を生み出せるのではないか』などと発言していたけれど、人口が減ることに対する想像力が無さすぎる」

野党再結集のハードル

野党再結集に向けて

小沢は、かつて民主党時代に「国民の生活が第一」を掲げて、政権交代を成し遂げた。次の衆院選では、どのようなキャッチフレーズを考えていたのか。

「同じ言葉を使っていいかという問題はあるからまた考えるけれど、基本は同じ。ある勉強会で講師が『日本はバブル以降も経済成長し、世界中で利益を上げているけれど、国内での格差は拡大するいっぽうだ』と話していた。まさにその通りで、お金がまわるのは企業と銀行だけだ。一般国民の懐にはいまだにまわっていない。そんな状況で、経済が活性化されるわけがない。普通に生活する人が豊かにならないと、経済がよくなるわけないよ」

小沢は、野党の再結集に向けて、さまざまな場でメッセージを発信し、動いていた。

小沢は、令和元年九月二十三日、東京都内で開いた自身の政治塾でも、国民民主党と立憲民主党が衆参両院での会派合流にとどまらず、次期衆院選に向けて合併すべきだと強調した。

「一番国民にわかりやすいのは、単一政党になることだ。年末年始に皆で考えなきゃならないときが来る」

また、会派の合流についても語った。

「非常に大きな前進をした。次の総選挙は政権交代。それほど大きな動きだ」

小沢は、十月三十日の夜、立憲民主党の枝野幸男代表と東京都内のホテルで会談した。

この会談は、枝野代表が呼び掛けたもので、小沢が主張する年内の新党結成をめぐって意見交換をしたと報じられた。

小沢は会談後、記者団に語った。

「新党の具体的な話をしたわけではない。枝野代表も野党が一丸となって安倍内閣と対峙し、衆院選を戦わなければいけないという思いは共有している」

小沢は、十一月十八日に愛知県安城市で開かれた国民民主党の大西健介衆院議員のパーティーでも講演し、野党の再結集について語った。

「いま、年明けの解散・総選挙がささやかれている。しかし、その解散権を持つ総理大臣をみていると、もうこれは政策以前の問題だ。日本のトップリーダーとしての資質を問われている現状だ。長い権力が、なおさらかれの本性を現れさせた。

しかし、『安倍晋三総理はけしからん』と野党で言っていても始まらない。総選挙で勝って政権を獲り、そして国民、地域のために働く。それが政党政治家の役割だ。そのためには党として野党が一つにまとまり、自民党に代わる政権の受け皿を作り上げることが必要だ。わたしども旧自由党が国民民主党に入れてもらったが、それは野党結集の一歩にすぎない。年明けの解散・総選挙がささやかれている今日において野党結集は急務だ」

野党共闘のポイントは共産党

共産党との選挙協力は今後どうなるか。

それについても、小沢は語る。

「共産党は野党共闘のなかでは、友軍、別働隊的な立場になる。『共産党とも連立政権を組むのでは』という声もあるが、そのためには、もう一歩共産党にも踏み出してもらわないと難しい。わたしは何か機会があるたびに話しているけれど、安全保障の問題、日米関係、天皇制。このあたりの共産党のスタンスがはっきりしないと、連立政権を組むことは難しい。でも、選挙で協力できるところは当然協力を進めて、こちらから遠ざける必要はまったく無い。共産党も高齢化しているけれど、組織はしっかりしているからね」

小沢は、野党の組織力低下が問題だと訴える。

「自民党も最近は似てきたけれど、野党は根っこのところが弱い。いつも言うけれど、自民党はロクなことをしないけれど、選挙運動だけはひたすら熱心にやっている。それを少しでも見習うべきだ。あと、野党の候補者やメディアには、選挙運動を地道にすること自体を馬鹿にする傾向がある。それは大きな間違いなんだ。有権者と人間的な信頼関係を持つことは、政治家にとって非常に大事なことであり、民主主義の基本だ。何をとぼけたことを言っているんだと思うよ」

民主党政権に対して、世間はいまだにマイナスイメージを持っているところがある。これはどのように払拭することができるだろうか。

「マイナスのイメージはあるけれども、たいしたことはない。むしろ、民主党という名前が国民に浸透しているから、そのプラス面の方がはるかに大きい。野党の結集がうまくいった場合は、民主党という党名が一番いいとさえ思う。みんなが知っているということは重要。結局、国民民主党も立憲民主党も、略称は民主党だからね」

新・立憲民主党の発足

小沢が推進していた立憲民主党と国民民主党の合流話は、令和二年七月になり、再び動き出す。

七月十五日、半年ぶりとなる両党の合流協議が行われ、立憲民主党の福山哲郎幹事長と国民民主党の平野博文幹事長が国会内で会談した。

このなかで立憲民主党側は従来主張していた「吸収合併」方式から転換し、両党を解党した上で新党を設立し、結党大会で党代表選を実施するなどの提案をおこない、国民側に譲歩した内容となった。

いっぽう、新党の名称は「立憲民主党（略称・民主党）」とする意向を示した。また、同日に枝野は野田佳彦、岡田克也、小沢一郎とも会談し、国民側への提案に理解を求めた。

これに対して国民民主党側は新党名に「民主党」を推す意見が多数を占め、七月二十二日の幹事長会談では新党構想におおむね賛同するとしつつ、党名については投票などを念頭に「民主的な手続き」での決定を要請する逆提案をおこなった。

また、玉木雄一郎は、

「新党を作る以上、（政策の）一致点があるべきだ」

と述べ、消費税率の時限的な減税や憲法改正に関する方針の一致についても、立憲側に賛同を求める意向を示したが、平野は「共通認識の形成を」と口頭で求めるにとどめた。

党名の扱いを巡っては、立憲民主党内のリベラル系グループである赤松グループが党名堅持を強く求めていることもあり、協議が膠着していたが、八月六日、国民民主党の小沢一郎が枝野と会談し、党名について投票での決着を要請する。

立憲民主党側は、翌八月七日の幹事長会談でこの方針を受け入れる考えを示した。

八月十一日、国民民主党は臨時執行役員会を開き、四時間近く協議したが、最後まで意見がまとまらなかった。この日、玉木は記者会見し、国民民主党を「立憲民主党への合流組」と「残留組」に分党すると表明し、自身は合流に参加しない意向を示した。

八月二十四日、立憲民主党、国民民主党と、統一会派内の無所属議員グループである「社会保障を立て直す国民会議」、「無所属フォーラム」の各幹事長が国会内で会談し、合流新党結成に向けた基本合意書に署名した。

九月一日にはＵＡゼンセンや、電力総連など国民民主党を支持する六つの産別が、合流新党の綱領案に「原発ゼロ」の文言が入ったことや、「改革中道」の表現が盛り込まれなかったことを理由に、組織内議員の合流を見送ると決定し、これを受け国民民主党内の九人の組織内国会議員が合流新党への不参加を決めた。

九月三日に合流新党への参加届出が締め切られ、翌四日に立憲・国民両党が合流新党への参加者を発表。立憲民主党では東京都知事選挙の対応を巡り離党を表明していた須藤元気を除く八十八名が新党に合流することとなった。九月十日に代表・党名選挙が実施され、枝野が新党の初代代表に選出、党名には枝野が掲げた「立憲民主党」が選ばれた。

九月十一日に立憲民主党の両院議員総会が開かれ、十四日に同党を解党し、合流新党（新・立憲民主党）へ移行することを承認した。

いっぽう、新・立憲民主党が発足する直前の令和二年八月二十八日、安倍晋三総理が健康問題を理由に辞任を表明。後任の総理総裁には第二次安倍政権で官房長官を務めていた菅義偉が就任した。

岸田文雄政権の誕生

令和二年九月の総裁選に勝利した菅義偉の総裁任期は、安倍前総裁の残した期間であったため、令和三年九月には任期三年の正規の総裁選が予定されていた。

菅総理は、令和三年九月三日午前十一時半すぎ、自民党本部で開かれた臨時役員会で総裁選への不出馬を表明し、再選を諦めた。


九月二十九日午後、自民党総裁選の投開票がグランドプリンスホテル新高輪でおこなわれた。

総裁選は岸田文雄前政調会長、河野太郎行政改革担当大臣、高市早苗前総務大臣、野田聖子幹事長代行の四人が立候補し、三八二人の国会議員票各一票と党員・党友票三八二票の計七六四票で争われた。党員票は党員・党友による投票結果を党本部で全国集計し、ドント式で各候補者に割り振られた。

一回目の投票では、一位の岸田文雄が議員票一四六票、党員票一一〇票で合計二五六票、二位の河野太郎が議員票八六票、党員票一六九票で合計二五五票、三位の高市早苗が議員票一一四票、党員票七四票で合計一八八票、四位の野田聖子が議員票三四票、党員票二九票で合計六三票であった。

過半数を獲得する候補者がいなかったため、一位の岸田と二位の河野による決選投票がおこなわれた。

決選投票の結果、議員票二四九票、党員票八票で合計二五七票を獲得した岸田が、議員票一三一票、党員票三九票で合計一七〇票を獲得した河野をやぶり、第二十七代自民党総裁に就任した。

岸田は、総理就任直後に衆議院を解散。

十月三十一日に投開票が行われた衆院選では、自民党は、小選挙区で一八九、比例区で七十二、合計二六一議席を獲得。選挙前よりは十五議席減らしたものの、事前の議席予測以上に伸び、絶対安定多数を単独で維持した。

いっぽうで枝野幸男が代表を務めていた立憲民主党は、現有一〇九議席から一三議席減の九六議席と伸びなかった。

選挙後、枝野は代表を辞任。後任には泉健太が選出された。

日本の凋落

小沢は、現在の岸田政権をどう見ているのか。

「岸田政権が出来たとき、海部政権が生まれたときのような棚ボタみたいな印象があった。こういうのは案外長続きすると思った。なんとなく人が良さそうで悪いふうに見えない人が、日本人は好きなんだ。日本人は変化を嫌うから、何もしない人が好き。ただあまりにも幼稚なスキャンダルが多すぎるね」

　岸田政権は異次元の少子化対策を表明している。

「自民党は人口減少を良しとしているから、これが問題。学者や政治家も官僚も人口減少は止めようがないという前提に立っている。だが、僕は人口減少は政（まつりごと）すなわち自民党長期政権の失敗だと思う。女性が子どもを産まないとか、若い人が結婚できないのは制度的、政策的、人為的な問題でしょう。現在の社会の環境が、子育てに適していないから産まないというのが現状なのだから。僕はいろんな意味で変えなきゃいけないことがいっぱいあると思う。男女間の所得の格差も問題だし、未婚の母親でも育てやすい環境を作らないといけない。未婚の母親の子供は社会的差別を受けやすいから、そういうことも変えていかないと子どもを産んで育てようとはならない。経済的な話をすると、東京のサラリーマンが持ち家を持つというのは非常に困難。持てる人は持てるけれど、ほとんどの人は無理だ。ところが田舎なら大きな家を持てる。東京への一極集中を解消し、田舎に若者が住んで、家庭を持てるような社会にしないといけない。これが根本的な日本の国の制度の改革案だよ」

　小沢は経済界のありかたも問題だと批判する。

「日本は経済界も悪い。労働力が減り、少ないから外国人を受け入れようというのが正論になっているが、外国から来た人に技術を習得してもらうことは良いことだが、いまの財界は単純な労働力がほしいだけ。非正規でいつでも解雇できる労働力を欲しがるのは、奴隷の輸入と一緒だ。だから日本に来る外国人が少なくなった。きつい仕事ばかりさせて、都合が悪くなれば解雇するのでは、来てくれなくなるに決まっている」

小沢は日本の凋落について、強い危機感を持っている。

「先端産業でも負けているから、日本は沈みゆく舟みたいになっている。僕は、だからこそ『政権を変えろ』と言ってるんだ。何か新しい物事をやろうとするときは必ず既得権にぶつかる。既得権は長ければ長いほど強固なものになるから、何かやろうとすると、結局反発を受けてできない。原子力だっていまだに利権があってつづいているし、それが学者も官僚も政治家も絡んだものになっている。その強大な利権に対抗するには、利権まみれの自民党ではダメ。そのためには政権交代が必要なんだ」

一清会の発足

令和五年六月二十一日、小沢を中心とする国会議員約十五人が、新たな政策グループの「一清会」を発足させた。

会長代行の牧義夫は、国会内で記者会見して発表した。

会長は小沢一郎、会長代行は衆議院の比例東海ブロック（愛知県四区）で当選七回の牧義夫。民主党政権時には小沢と行動を共にしていた。

事務局長には、衆議院の鹿児島県三区、当選三回の野間健。

顧問として名を連ねている松木謙公が言う。

「小沢さんに近い議員たち十五人ほどのグループですが、増やす気になれば、二十人以上にすることはいつでもできる」

泉健太体制になった立憲民主党

小沢は、令和三年十月の衆院選の敗北後におこなわれた枝野幸男代表の後任をめぐる立憲民主党の代表選で、四人の候補者の中から当選した泉健太を支援した。

松木は、大西健介選挙対策委員長のもとでの選対委員長代理への就任を要請され、承諾したが、参院選に負けたこともあって、参院選後に選対委員長代理のポストを辞任した。

小沢は、野党との連携を模索しない泉体制を批判し、いまこそ野党が幅広く連携し、政権交代を勝ち取るべきだと主張している。

松木もその通りだと思う。

「自民党は公明党と組んでいるわけですから、我々も全部の政党をターゲットにするくらいじゃないといけない。共産党も維新の会もれいわ新選組だってそうです。かつて民主党が政権を獲ったときに、わたしの選挙区ではいつの間にか共産党が候補者を降ろしてくれました。自分たちだけの力で勝とうという発想は大間違いです。そこは自民党の懐の深さを見習わっていかないといけません」

四月の補欠選挙で全敗するなど支持率が低迷している立憲民主党だが、小沢は、党を立て直して政権交代を目指すことに強い意欲を持っている。

「まずは野党第一党の立憲がしっかりすること。僕は水面下でぶつぶつ言ってもダメだから、みんなの気持ちを表に出そうということで、今回の有志の会を作った。党執行部を除く、八十人に声かけて、七割ほどが賛成してくれている。所属議員の大半が野党の一本化が必要だと思っているのに、リーダーはやらないと言っているわけでしょう。リーダーがその事実を見て、みんなの気持ちを汲んで、どう判断するかということだ」

泉代表はこれまで野党共闘に積極的な姿勢を見せていない。次の衆院選で、

「一五〇議席を獲得できなかったら代表を辞任する」

との発言も、政権交代を目指す野党第一党の党首としては、不見識な発言として批判を浴びていた。

小沢は野党が一本化し、政権を狙いにいく気概を見せることが、いまこそ必要だと訴える。

「まず、我が党が他の政党の人たちから信頼を得てみんなで協力しようという党にならないといけない。それが第一歩。あとは泉代表の決断にかかっている。きちんとした体制が出来れば、他の党も安心して話し合いをすることができるが、いまの立憲の姿勢では誰も信用してくれない。野党第一党を維持することを目標にするのではなく、政権奪取を目標にしないといけない」

岸田総理の思惑

令和五年六月の通常国会の会期末では、岸田総理は解散を選択しなかった。

小沢はどのように見ていたのか。

「解散は総理の心理次第だけど、岸田君がそろばんを弾いたら絶対に解散はしないと思っていた。今年の秋も、解散したい心理が勝れば総理だからできるけれど、令和六年九月に総裁選なので、もし解散して議席減となれば再選されにくくなる。黙っていれば再選される可能性があるのだから、そろばん勘定すれば解散はしない」

小沢の読みは当たった。

小沢一郎と橋下徹の議論

現在、各種の選挙で好調な日本維新の会だが、野党第一党を目指すとは言うものの、政権を獲得するとは公言していない。

小沢はその点を指摘する。

「維新だけでは政権は取れない。いまは調子が良いが、立憲の調子がよくない分、支持を増やしているだけで、維新だけで自公には勝てない。維新も、野党の第一党で喜ぶくらいではダメで、政権を目指さないといけない」


立憲民主党の小沢一郎は、令和五年七月十五日のＡｂｅｍａ『ＮｅｗｓＢＡＲ橋下』にゲスト出演し、現在の党や代表のあり方について、橋下徹と議論を交わした。橋本は、かって「維新の党」の共同代表であった。

六月に「野党候補の一本化で政権交代を実現する有志の会」を、自身が中心となって立ち上げた小沢は語った。

「現状、『野党みんなで協力しよう』と言っても、他の野党から全く相手にされない。それこそ維新も、国民民主も、共産党に至ってもそうで、これでは協力体制が作れない。〝みんながこう思っている〟という気持ちを内外に示して、代表も幹事長もちゃんと考えてくださいと。野党が協力すれば間違いなく勝つ。政権を目指さない政党は政党じゃないし、政権を獲らなければ何もできないという意味で、〝いまの自民党政権はちょっとまずいんじゃないの？〟と思う人たちが力を合わせようとしている」

橋下は尋ねた。

「自公を過半数割れに持っていくことが、政治に緊張感をもたらすというのは大賛成だ。ただ維新としては、政権交代を目指すにしても、立憲とそのまま手を組むのは無理だという意見が多数ですが、そこはどう考えておられますか？」

小沢は、

「一緒になるということではない」

とした上で、答えた。

「いまの立憲は政局論であれ政策論であれ、結論がはっきりしない。泉代表が〝野党と協力することにする〟とちょっと方針を変えたように見えるが、具体的にこうする、こう話し合いたいというような雰囲気ではない。維新は賛否あるが、きちんと結論を出す。立憲は結論が出ない」

さらに、橋下は投げかける。

「小沢さんは自民党のど真ん中にいらっしゃったので、わかりすぎているぐらいだと思うが、自民党はものすごく幅があって、対極の考え方もあるが、なんやかんやまとまって執行部を最後に立てる。泉さんは〝やろうとしていることができない〟という壁にぶつかっているのではないか」

これに小沢は応じて、語った。

「代表として、何をやっているのかわからなくなるのがいけないことだと思う。たとえ反対の人がいても、〝わたしはこうやりたいからみんなついて来てくれ〟と言うべきだ。リーダーがそう決めたのなら、みんながどう言うかは別問題として、それでいいと思う」

橋下はさらに投げかける。

「自民党がやはりすごかったのが、最後は一任取り付け。政治家同士〝この人に言われたらもうしょうがない〟という人間関係を築いた人が最後、『おれの言うことを聞いてくれ』でまとめていく。立憲はそういう人間関係でまとめられないのなら、多数決でやればいいのではないですか」

小沢も「ここが一番の問題点」との認識を示し嘆いた。

「立憲民主党、というか民主党は多数決をしない政党。日本社会の〝和を以て貴し〟で争わない、その悪い面を持ち合わせてしまった」

いっぽうで、与党と野党の立場の違いを指摘し、語った。

「胸の内をさらけ出したら自民党もみんなバラバラだし、自公なんてもっと違う。それでも政権という権力を離したくないから、最後は〝あいつが言うならしょうがない〟でまとまる。野党もそうならなければいけない。多数決をやるべきだ。多数派工作は別に悪いことではなく、良いことだと思う。正々堂々とやればいいから。民主党にそういう文化を僕は植え付けたい」

これに橋下は、

「それ（多数決をしない）では与党になれないですね」

とうなずくと、小沢は呼びかけた。

「これは泉君ではなく、民主党の性格。〝一定の議論をしたら多数決をやる。それが民主主義じゃないか〟と主張するが、なかなか、しみついた性格は変わらない」

お膝元の岩手県知事選挙

岩手県知事五期目を目指す達増拓也

岩手県知事を務める達増拓也は、昭和三十九年六月十日、岩手県盛岡市に生まれた。岩手県立盛岡第一高校を卒業後、東京大学法学部を経て、外務省に入省。平成八年の衆院選に出馬するため、外務省を退官し、新進党公認で岩手県第一区から出馬し、小選挙区で勝利し初当選を飾った。

達増は、同じ岩手県を地盤とする小沢一郎と深い親交を持っている。そもそも新進党の新人候補者として政界入りした達増にとって、小沢は政治の師だ。

その後、四期連続で選挙区での当選を重ね、平成十九年四月におこなわれた岩手県知事選挙に出馬し、初当選。四五万票（得票率五九・七％）を獲得し、次点の自民党の推薦候補の柳村純一に三倍の差をつけて大勝した。

令和五年二月二十二日、九月の任期満了にともなう岩手県知事選をめぐり、現職の達増拓也知事は、岩手県議会の二月定例会の代表質問で、知事職の継続の意志を尋ねた菅野博典県議に答える形で、立候補する意向を明らかにした。

達増は、東日本大震災からの復興や少子化対策、新型コロナ対策といった四期十六年の成果を説明し、さらに、新年度から始まる県総合計画の「第二期アクションプラン」について次のように語った。

「自ら主導して実現するため、次期選挙に立候補する決意だ」

今回の出馬について現職の達増に迷いはなかった。すでに四期十六年知事を務めていたが、この十六年はひたすら激動の時期でもあった。平成二十三年三月に起きた東日本大震災と震災からの復興、さらに新型コロナウイルス対策と、県知事として目まぐるしい日々を送ってきたからだ。

達増の出馬理由

過去の岩手県政を見ると、昭和三十八年から昭和五十四年にかけて四期十六年務めた千田正知事が最長で、五期も県政を担う知事はいなかった。

だが、達増自身は、震災やコロナ対応に追われたこともあり、これまでの四期十六年を決して長いとは感じていなかったという。

達増が語る。

「この十六年で落ち着いていたのは最初の三年くらい。そういうこともあって『四期は長い』という気持ちはありませんでした。復興の成果として、震災前にはなかった高速道路の完成や、様々なインフラ整備が進み、震災の被害が大きかった沿岸市町村も目を見張るような新しい中心市街地が出来てきた。いよいよこれからというときですから、さらに復興を進めていきたいという気持ちもありました」

さらに、ここ三年猛威を振るっていた新型コロナウイルスが落ち着いていたこともあり、令和五年に入って、多くの外国人観光客が岩手県を訪れつつあった。

令和五年一月には、米紙ニューヨーク・タイムズの「二〇二三年に行くべき五十二カ所」という海外旅行の特集で、岩手県の県庁所在地である盛岡市が、イギリスのロンドンに次いで、二番目に紹介されていた。

鎌倉市在住のアメリカ人で、写真家兼作家のクレイグ・モドの手によるその記事は、日本の中堅都市の良さについて言及し、とりわけ盛岡市の活気や生活文化の豊かさの素晴らしさを紹介してくれていた。

盛岡市内に根付いている喫茶店文化や、観光客に評判のわんこそば、BOOKNERDという個性的な本屋、大正時代に建てられた多くのレトロな建築物が残っている雰囲気の良さについても言及されていた。

この記事も、五期目に挑戦しようとする達増の気持ちを後押ししてくれたという。

「『地方が主役になれる新しい日本を作っていきたい』と思っていたので、復興やコロナ対策から、さらに次の段階へ、という気持ちを後押ししてくれました」

さらに、達増の周りの支持者たちも、「五期目に挑戦してほしい」という声が非常に多かった。そのことも後押しになったという。

自民党は女性候補

今回の岩手県知事選は激戦となることが予想されていた。

達増の対立候補の千葉絢子は、小沢の小選挙区である岩手県三区にある県南の平泉町出身の前岩手県議。達増が卒業した盛岡第一高校のライバル高校である一関第一高校の出身で、地元の岩手めんこいテレビのアナウンサーだったこともあり、知名度抜群の候補者だった。初当選を飾った平成二十七年の県会議員選挙では定数十の盛岡市選挙区でトップ当選を飾っており、二期目の令和元年の県会議員選挙でも二位であった。

これまでの対立候補のなかでは、もっとも強力なように思えた。

しかも、ここ数年、達増の支持基盤である岩手県内の非自民勢力はかつてない逆風を受けていた。

令和三年十月の衆院選では岩手県三区で小沢一郎が小選挙区で落選し、比例復活当選となっていた。

さらに、令和四年七月の参院選でも、かつて達増の政務秘書を務めていた立憲民主党の現職の木戸口英司が落選していた。

この二つの選挙で負けたショックは大きく、達増の五選を危惧する声も高まりつつあった。

自民党としては、参院選と同様に現職に新人女性が挑む構図を作り、衆院選からの三連勝を狙っていた。

六月四日、岩手県陸前高田市の高田松原津波復興祈念公園。四十九年ぶりに地元・岩手で開かれた全国植樹祭の式典に出席した小沢は、二カ月後に迫った知事選の告示を睨み、同席した達増拓也知事に呟くように声をかけた。

「相手は女性候補なんだ。油断できない戦いだぞ」

小沢の焦りが滲み出るには十分であった。

達増が、

「地元の野党と選挙協力の話をじっくりやれています」

と報告すると、小沢はうなずいた。

選挙戦前の集会

令和五年七月十三日、選挙戦が始まるほぼ一カ月前、達増の支持団体は、政党や後援会のような政治団体の主催ではなく、実行委員会の主催による「いわて県民集会」を開催した。メインゲストが明石市で画期的な子育て施策を実現した泉房穂だったこともあって、このイベントはおおいに盛り上がった。

今回の達増の選挙は、「希望郷いわてを実現する会」を中心に、立憲民主党、国民民主党、共産党、社民党、無所属、参政党、れいわ新選組、日本維新の会と多くの野党系の議員が参加するかたちの総力戦となった。

岩手県は、小沢一郎のお膝元ということもあり、元々、野党共闘が活発であった。

達増が三選を果たした平成二十七年の知事選でも、野党共闘の枠組みが機能し、勝利していた。

しかし、木戸口が敗れた令和四年の参院選では、その枠組みがうまく機能しなかった。連合や国民民主党は、共産党と組むことについて否定的で、選挙協力がスムーズにいかなかったのだ。


達増が七月の集会を振り返って語る。

「明石市長の泉房穂さんが来てくれたこともあって、とても盛り上がりました。この会に来れなかった人たちも、聞きたかったと言うほどでしたから。すべての党が参加できるようなプラットフォームが出来たことで、かつての野党共闘以上に広がりがある態勢が出来てきたことを実感しました」

泉房穂の人気は凄まじいものがあった。

じつは、達増は以前から泉と親交があった。泉がかつて民主党の衆院議員だったとき、議員会館の部屋が隣どうしだったのだ。

泉は、選挙期間中にも忙しいなかで二泊三日ほど応援に来てくれた。

「泉さんの応援は、有権者の六割近くを占める無党派層の人たちにおおいにアピール出来たと思っています。自民党も嫌だけど、野党も頼りないという人たちに良いアピールになったはずです」

さらに玉城デニー沖縄県知事、中村時広愛媛県知事も応援に駆けつけてくれた。二人とも小沢一郎との親交が深い知事である。

「知事仲間からも応援されているというかたちを作れたことも、良かったですね」

両陣営の主張

この県知事選では、千葉陣営は「政府や与党との太いパイプがなければ、岩手県民は幸せになれない」という主張をメインに訴えていた。与党系の知事でなければ、国から予算が降りないという言説だ。

だが、達増はその主張自体が誤りだと批判する。

「同じような批判は過去の知事選でも繰り返し言われましたし、国政選挙などでもよく言われます。しかし、実際にそんなことはまったくありません。もし政府与党が予算の配分について依怙贔屓していたら大問題ですから」

令和四年の参院選でも、七月三日に、山際大志郎経済再生担当大臣が青森県八戸市でおこなった街頭演説で、

「野党の人からくる話はわれわれ政府は何一つ聞かない。生活をよくしようと思うなら、自民党、与党の政治家を議員にしなくてはいけない」

と発言し、批判にさらされている。

小沢は八月六日、知事選と同時におこなわれる岩手県議選候補の決起集会に出席するため、地元岩手三区内にある奥州市に入った。

自らマイクの前に立ち、県議選の立候補予定者だけでなく、同席した達増の知事選への支援も訴えた。

地元の元国会議員は「県議選の応援で表に出てくるなんて珍しい。危機感の表れだろう…」と指摘する。

岩手ではまとまった野党

長く地元に姿を見せなかった小沢だが、知事選告示を二カ月後に控えた令和五年六月、その

動きは風雲急を告げる。

今回の知事選では、達増は各政党への推薦要請はしなかったものの、立憲民主党の岡田克也幹事長、共産党の小池晃書記局長、れいわ新選組の山本太郎代表が応援に入るなど、支援を受けた。

国会では反目し合っている野党各党だが、岩手においては達増支持でまとまった。達増の個人的な人気と、小沢の人脈による求心力が背景にはあった。

中央では立憲民主党と対立する場面が多い国民民主党でさえ、八月一日に、玉木雄一郎代表が県議選の応援に盛岡市を訪れた際に、記者団に達増支持を表明した。

「県連としての活動がしやすい知事に当選していただくことを期待している」

八月二十三日の花巻市での達増の街頭演説では、日本維新の会の参院議員の石井章がマイクを握った。石井の応援は、党としてではなく、小沢の友人としての応援だったという。その場には同じく日本維新の会の衆院議員の早坂敦も駆けつけてくれた。

八月三十一日には、小沢とれいわ新選組の山本太郎代表が達増の応援で盛岡市の街頭に立った。

山本は語った。

「将来的には、与党を打ち倒すような野党の大きな塊が必要になる。わたしは自民の手の内を全て知っている小沢一郎さんの出番だと思っている」

地元行脚する小沢

達増と関係が深い小沢一郎は、達増と同じ場でマイクを持つことはなかったが、自身の選挙区を中心に支持を訴えた。

小沢は、選挙戦の序盤から地元入りし、各地で独自に達増への支持を語った。

達増が語る。

「わたしは基本的に自分の選挙カーで回って、小沢先生は確認団体の『希望郷いわてを実現する会』の車で移動して、それぞれ相補うような計画で街頭演説をやりました。わたしと小沢先生が一蓮托生なのは多くの人が知っていますから、一緒に並ぶのではなく、別々で行動をして支持を訴えていこうと。小沢先生にはかつての中選挙区を中心に回ってもらいました」

小沢は二年前の衆院選で敗れて以来、頻繁に地元に足を運んでいた。これまでならば出席しないような地域の行事にもマメに顔を出していた。

前回の衆院選で小沢は十万九三六二票を獲得し、約一万票の差で十一万八七三四票を獲得した藤原崇に敗れていた。

この衆院選のときにも、小沢は長年そうであったように地元には入らずに、全国各地の同志の元を応援に回っていた。また、後援会の高齢化による弱体化なども指摘されていた。

いっぽうの藤原は若さをアピールし、四十歳以下の青年会議所世代にネットワークを広げていた。さらに「政権交代より世代交代」というスローガンを起用し、若い世代を中心に訴えを広げていた。

危機感の中での大激戦

小沢はネット上での誹謗中傷にもさらされていたという。

今回の達増の知事選でも、ネットを使った誹謗中傷は起きていたという。

「デマを広められるというのは、わたしの選挙でもありました。『知事が達増だから岩手には国の予算がつかない』とか攻撃されるわけです。実際には、復興事業や、インフラ関係の補助事業など全国平均以上に予算がついているところとかもありますが、そういうデマ作戦がおこなわれていました」

いっぽうで自民党サイドにも知事選に影響する大きな失策があった。

昨年、木戸口を破った自民党の広瀬めぐみ参院議員が、七月下旬に自民党女性局の一員としてフランス・パリを訪問していたのだ。

フランスの少子化対策や子育て支援を研修するためということだったが、女性局長の松川るい参院議員らが、エッフェル塔の前でおどけたポーズで撮影した写真をＳＮＳにアップしたことによって、大炎上。

次長の広瀬も、宿泊先のホテルや料理の写真を投稿したため、「観光旅行ではないか」と批判を浴びていた。

達増は、結果的にこのニュースも自民党側に逆風になったという。

「達増陣営危うし、という雰囲気を払拭することになったと思います。自民党の勢いが削がれたような気がしますね」

勝利した達増陣営

令和五年九月三日、岩手県知事選の投開票がおこなわれ、現職の達増拓也は、三三万六五〇二票を獲得し、二三万二一一五票を獲得した前県議の千葉絢子を破って、五選を果たした。

当選確実が伝えられると、達増の事務所では集まった支持者から歓声があがった。

達増は、五期目の岩手県政で何に力を入れていきたいのか。

「マニフェストの政策を着実に推進したい。人口減少対策をしっかりやり、地域の魅力を全国や海外に発信していきたい」

達増は語った。

「ニューヨークタイムズが紹介してくれた、地方の良さを強力にアピールしていきたい。盛岡のさんさ踊りなど、地域の住民が日常的にやっていることを、外国人旅行者が経験できるような体験旅行を広めたい。さらに盛岡だけでなく、農村漁村山村にも来てもらって、岩手県全土の良さを伝えていきたい」

達増は、当確後、小沢にも電話をしたという。

「午後八時に大河ドラマが始まったところにただちに当選確実と出たので、電話したら『お疲れ様』と喜んでくれました」

小沢一郎は、この選挙では、自ら岩手県内を積極的に回り、達増への支持を呼びかけた。小沢は今回の達増の勝利をどう見ているのか。

「負けるとは思っていなかったけれど、欲を言えばダブルで勝ちたかった。ただ十万票以上は離したからね。達増知事が頑張っていることが僕にとっても、地元のみんなにとっても支えだから、勝ったことはとても良かった」

岸田政権VS野党再結集

小沢一郎と原敬

小沢一郎の知恵袋的存在である平野貞夫元参議院議員は、岩手県が輩出した原敬について近年研究を重ねているという。

平民であり、爵位をもたなかったことから「平民宰相」とあだ名された原は、立憲政友会の総裁として総理大臣となった大正デモクラシーを象徴する人物だ。

平野はよく口にする。

「原敬こそ野党から政権交代を実現した日本の政治家だ。小沢一郎は現在の原敬なんだ」

達増もその点には同感だという。

「『地方が中央の言いなりになる必要はない』というのがわたしの知事選のテーマだったのですが、令和の自由民権運動のように、日本のデモクラシーを活性化させて、政権交代可能な日本政治の実現を地方からやりたいと思っています。そのためには、まだまだ小沢さんに力を発揮してもらいたい」

小沢の執念

最近の小沢は、次の衆院選に向けて意気軒高だ。立憲の党内に新たな議員集団「一清会」を発足させて、政権交代を目的に国政選挙で野党候補の一本化に向けて再び動き出している。

「次の衆院選で政権を獲るために、野党で協力する態勢を作らなくてはいけない」

達増と会うたび、小沢はそのように言っている。小沢は、自公政権に対抗するため、野党各党が団結して政権交代を目指して、協力することを訴えつづけている。

達増は、次の衆院選でも小沢の小選挙区勝利に向けて支援を惜しまないという。

「小沢先生の選挙区では、わたしは小沢後援会にお世話になりっぱなしだったので、若手経営者などにはわたしが独自で声をかけて、支援の輪を広げていきたいと思っています。小沢先生の後援会の役員の代替わりの時期でもあるので、そこにもネットワークを広げていきたいと思います」

小沢の政権交代への執念は凄まじい。

「ときも前のめりに倒れ込んで死んでいくという例えがありますが、そのくらいの執念を感じます」

達増は、小沢のことを春秋戦国時代の孟嘗君のようだと言う。孟嘗君は、中国の戦国時代の政治家で、斉の威王の孫にあたる戦国四君の一人だ。孟嘗君は、中国の戦国時代、強国に対し、それ以外の各国が協力して攻める「合従軍」を呼びかけた有力者だ。

達増も小沢が訴えるように、野党で幅広く結集する必要があると語る。

「共産党と協力するかどうかが問題になっていますが、岩手では被災者の医療費免除をやっていたこともあり、共産党は県政では復興与党。国政全体を考えても、物価高騰など喫緊の課題がありますから、共産党がどうこうなどと言っている場合ではありません。小沢さんが訴えるように、野党には幅広い力を結集して政権交代の選択肢を示してほしい」

低迷する岸田政権

令和五年十月二十二日には長崎県四区の補欠選挙の投開票がおこなわれた。自民新人の金子容三が、立憲民主党の小沢のかっての秘書で現職の末次精一に挑んでいた。

その選挙の直前の十月二十日、二十一日、小沢はXで、末次を援護するかのように岸田政権を激しく攻撃しつづけている。

《食費が圧迫、細る家計　エンゲル係数四十年ぶり二六％超

岸田総理が明日は明日の風が吹くみたいな呑気なことを言っている間にこの惨状。この二年の岸田政権下で確実に進んだのは物価高、実質賃金下落、貧困化。これからミサイル増税が家計を直撃。いま倒すべきは、岸田総理その人。》

《自民党は長年、統一教会の活動にお墨付きを与え、国民を苦しめてきた。家族崩壊に追い込まれ、恨んだ被害者家族が、教団の最大最強の庇護者であった安倍氏を殺害した。だが、岸田総理は安倍氏の死を理由に調査を拒否。国葬までした。そして、自民党は待っている。国民が忘れるのを。》

《自民党は楽しみ、国民は苦しむ。

長男の秘書官に税金を使って外務省に案内までさせて優雅な海外旅行をプレゼント。官邸は「観光地の写真撮りが業務」と言い訳したあと、「写真は公開できません」でおしまい。国民を馬鹿にし、税金を無駄にする自民党政治。いつまで許しますか？》

《自民党は楽しみ、国民は苦しむ。

いつでも選挙の前には必ず思い出すべき。》

《自民党＝利権の党。そして、差別の党。国民が汗水垂らして納めた尊い税金を利権化し、醜い政治献金として自民党へ還流させ、豪華に日々を楽しむ党。国民の生活をぶち壊し、あざ笑う党。それが自民党。そんな党を3割の人が支持し、多くは選挙に行かない。だから国は崩壊寸前。このままでいいのですか？》

十月二十二日におこなわれた衆参の補欠選挙では、参議院の徳島・高知選挙区で無所属の広田はじめが自民党公認で公明党推薦の西内健に勝利したものの、衆議院の長崎県四区では、立憲民主党公認の末次精一が自民党公認の金子容三の前に敗れてしまった。事前には大接戦と報じられていたが、結果は、金子が五万三九一五票、末次が四万六八九九票と予想以上に開いてしまった。

かつて小沢の秘書を務めていた末次は、小沢グループの一員の現職議員だった。小沢はこの結果をどう分析したのか。

「あれは完全に勝てる選挙だった。末次に対して色々注意していたけれど、立候補が決まる直前まで揉めていたから、僕も長崎に入って、関係者たちに頭を下げて回った。ただそのためにスタートが遅くなったし、末次本人の努力も足りなかった。もっと本気になってやれば絶対に勝てる選挙だったから残念だよ」

衆参補選の結果は一勝一敗となり、支持率の低迷に苦しむ岸田文雄総理も、立憲民主党の泉健太代表も痛み分けという微妙な結果であった。

原口一博が唱える野党戦略

現在、立憲民主党の衆院議員で、かつて民主党政権で総務大臣を務めたこともある原口一博は、小沢一郎のことをどの党に移っても「党首」と呼び慕い、政治的な行動を共にする同志の一人である。

約八万人ほどの登録者を抱える自らのＹｏｕＴｕｂｅチャンネルを持っている原口は、活発に情報を発信する国会議員の一人だ。

小沢一郎は、次の衆院選での勝利を目指すために野党が幅広く結集し、多くの選挙区で与党と一対一で対決する構図を作るべきだと訴えつづけている。

原口もその点については同じ考えだという。

「僕も、野党で選挙協力を積極的におこなうことは非常に大事だと思っています。党首が訴えていることは、実現出来るかどうかではなく、実現させないといけないことだと思っています」

そのいっぽうで、立憲民主党の泉健太代表は、野党共闘の推進や政権交代に対して消極的な発言をつづけている。

令和五年五月には、泉代表は衆院選に関する方針を表明し、日本維新の会や共産党と選挙協力をせず、単独で一五〇議席以上の獲得を目指し、獲得できなければ代表を辞任すると発言した。

さらに十一月四日には、東京都内の講演で泉は、

「五年で政権交代と考えている。党の再生には手順が必要だ」

と語り、次期衆院選での政権交代を目指さない発言として批判を浴びている。

小沢は、この泉発言について、危機感を強めて、批判している。

「野党第一党が次の選挙で政権交代を目指さないなら、支持するやつなんかいなくなる」

泉執行部では次期衆院選に向けた候補者の擁立も捗っていない。二八九小選挙区のうち、内定したのは現職を含めて一六三人。目標の二〇〇人に達する見通しは立っていない。

原口は、いまこそ政権交代に向けて本気で動くべきときだと訴える。

「各種の世論調査を見ると、自民党の政党支持率も、岸田内閣の支持率も相当低い。底が抜けています。底が抜けているのに、野党第一党が五年も待っていたら、それこそ自民党政治によって日本が無くなってしまいます」

原口が指摘するように、岸田政権の支持率は低調だ。共同通信社が十一月三日から五日にか

けて実施した全国電話世論調査では、二八・三％と過去最低を更新している。

原口も泉代表の発言に危機感を覚えたという。

「泉代表は五年以内と釈明したようですが、残念ながら、この発言は総理になる覚悟が出来ていないと同義ではないかと批判を受けています。これでは立憲民主党そのものがもたない。現在の選挙制度で政権交代を目指さないというのは、立憲民主党が国民に対して野党第一党としての責任を放棄していることになる。それならば、政権交代のための何か新しい体制を作らないといけません」

総選挙はいつなのか

小沢一郎は、次の衆院選の時期について、来年の自民党総裁選で岸田総理は再選され、令和七年夏に衆参ダブル選挙を仕掛けてくると見立てている。

いっぽうで、原口は、令和五年の年内に衆議院の解散がおこなわれる可能性もあると仮定する。

じつは、原口は、かつて自民党に所属する佐賀県会議員だった時代、宏池会の一員として活動していたという。

「宮沢喜一内閣の時代、僕は宏池会の一員として岸田さんの横で勉強していたことがあるんです。そのときの岸田さんの印象は、あくまで状況対応型のリーダーでした。自分の戦略で何かをやるよりも状況に合わせて動く。公明党が年内の選挙を希望しているなかで、それをはねける力はないと見ています。小沢党首が言うように衆参ダブルまで動かないというのが永田町の常識的な判断だと思いますが、岸田さんには常識がきかないと思うので、年末もしくは年初に総選挙になるかもしれません」

原口は、早期に解散総選挙が行われた場合、野党結集のために自ら動くことも辞さないと語る。

「いまのまま解散となったら、立憲民主党を脱皮させることも考えています。野党の間を取り持つような触媒型となる政党を作って、野党共闘のために動きたい。それをやらないと日本が持たないと思っています」

原口はさらに語る。

「立憲民主党を変えることができないのであれば、二人体制の政党を作って、僕ともう一人誰かが代表になっても良い。その人が総理になっても良いわけですから。わたしは新党は多くなくてもいい。五人集まれば十分だと考えています」

原口がそのように決意するきっかけは、令和五年の一月から悪性リンパ腫にかかり、闘病したからだという。

原口は、一月末に病院で受けた検査で悪性リンパ腫が判明。入院して抗がん剤治療を受けたという。今年四月には自身のX（旧ツイッター）で闘病の事実を公表。

「病気を恐れて日々を生きるのではなく、恐れはするけれどそこから自由であることも大事だ。温かい声援をいただき、逆に励まされている」

と心境を語っている。

原口が語る。

「悪性リンパ腫で生きることが難しいと思ったとき、自分の政治生活についても振り返りました。そのときに『二十五年以上国会議員をつづけてきてこれで終わるのか。いまのままの日本を残して終わるのだったら、国民の皆さんに申し訳ない』と思い、政権交代のために何が出来るのかと考えて腹を決めました」

当面、早急に解散がない場合、原口は、立憲民主党を変えていくために動くと語る。

「早急な解散がない場合は、党を変えていけばよいと思っています。やるべきことははっきりしていますし、やるべきことをはっきり言わないといけません。いまの泉体制のままでは他の野党も協力できないでしょうから。泉体制を変えて、きっちりした党になれば他党と協力ができる可能性はあるし、現在、落選中の仲間たちも救うことが出来るかもしれません」

原口は、野党共闘のために自らがこれまで政治家として培ってきたパイプを使うこともいとわないという。

日本維新の会は、現在の泉体制との共闘には否定的だが、原口は個人的には親しい議員も多いという。

「元々、日本維新の会は、民主党政権時代に僕が作った政治団体です。維新のメンバーも結党当初に比べて、だいぶ変化しています。僕が民主党の代表選に出たときに推薦人になってくれた空本誠喜さんや杉本和巳さんはいま、維新の衆院議員ですから。他にも藤田文武幹事長や遠藤敬国対委員長、足立康史さんなど個人的に信頼できる議員が少なからずいます」

また、原口は、国民民主党とも協力関係は作れると語る。

「民進党と希望の党が合流し、国民民主党が出来たときに基本政策や綱領を作ったのは、僕や階猛さん。穏健保守からリベラルまでを包括する政党を作ろうと結成されたのが、国民民主党ですから、一緒になれないはずはない。玉木代表が国民民主党の代表選に出たときは、僕が選対本部長を務めましたし、古川元久国対委員長とも同期当選で親しい仲。国民民主党の立場もありますが、かれらにもこの指とまれで賛同してもらえるような動きを作りたいと思います」

泉執行部や連合は、共産党との共闘に否定的だが、原口は選挙協力そのものを否定する必要はないと語る。

実際に、原口の選挙区である佐賀県では野党共闘は順調で、佐賀県一区の原口も佐賀県二区の大串も勝利を重ねている。

「敵の敵は味方なのですから、協力を断る必要はありません。別に連立政権を作るわけではないし、そもそも共産党さんのおかげで勝てた選挙区も少なくはありません。過去二回、市民連合の方とブリッジを組んで戦ったとき、共産党の方からは『負けない選挙を戦うのがこんなに嬉しいとは思わなかった』と言ってもらいましたよ」

原口の小沢一郎評

原口は、先日、同僚の松木謙公の娘の結婚式に出席した際、来賓で来ていた小沢一郎と話をした。

原口は小沢に訊いた。

「党首から見た田中角栄さんはどんな人でしたか？」

小沢は言った。

「自分の敵でも面倒を見る人だった。裏切者みたいな人でさえ大事にしたんだよ」

小沢は懐かしそうに、喜色満面の笑みを浮かべて語ってくれた。

原口は田中角栄と小沢の師弟関係に思いを馳せた。

〈一番良い人に、一番良い人がついて勉強していたんだな〉

原口はこれまで折に触れて、政治家小沢一郎の包容力を感じてきた。

かつて原口は、鳩山由紀夫内閣で総務大臣だった時代、財務省をねじ伏せて、地方交付税の一・一兆円の増額を勝ち取ったことがあった。

そのとき、財務官僚でのちに事務次官を務める香川俊介が、幹事長を務める小沢の元に足を運び、原口について抗議をしていったという。

香川はかつて小沢が竹下内閣で官房副長官を務めたときの秘書官で、小沢とは親交の深い官僚の一人だった。

原口が小沢の元に行くと、香川の話になり、小沢が言った。

「香川君が総務大臣がきついんでなんとかしてくれって言いに来たぞ」

原口は、小沢に言った。

「そんな財務官僚はやっつけるしかありませんね」

すると、小沢は諭すように言った。

「いやいや、そういうことを言ってるんじゃないんだ。ああいう男もちゃんと自分になびかせるような、そういう大臣になりなさい」

原口は小沢の懐の深さに驚いたという。

原口は思う。

〈小沢さんのような人こそ、日本を再生するための中核になるんじゃないだろうか〉

岸田総理の空虚な政策

十月二十三日、岸田文雄総理は、国会で所信表明を行なった。

「経済、経済、経済、わたしは何よりも経済に重点を置き、そして直面する課題を先送りせず、必ず答えを出す、との不撓不屈の覚悟をもって取り組んでまいります」

それに対して小沢はXで岸田総理を「大嘘つき」呼ばわりして、批判した。

《令和の所得倍増だの、新しい資本主義だの、分配重視だのと散々大風呂敷を広げて、全部大嘘で、この二年、実質賃金は一貫して下落している。何が今更「経済、経済、経済」なのか。完全な経済オンチ。これ以上、この人にやらせたら滅茶苦茶になる。利権、利権、利権の自民党にいまこそ鉄槌を下すべき。》

《「経済ダメ、経済ダメ、経済ダメ」が正解。いま経済が一番ダメ。一ドル一五〇円の円安→物価高→実質賃金下落。総理がつづける異次元緩和が原因。ダメな経済の元凶がもはや何を言っても無駄。総理は妄想ではなく現実を見るべき。》
《所信表明演説。「わたしの頭にいまあるもの、それは『変化の流れを絶対に逃さない、つかみ取る』の一点だ」。もはや全てが意味不明な総理の妄想。ポエムの他は中身ゼロの官僚の作文。この内容ではますます社会は壊れ、人口は減る。日本を滅ぼす岸田自民党内閣を一日も早く終わらせる必要。》

岸田総理はつづいて令和六年秋の健康保険証廃止について、

「さらなる期間が必要な場合は必要な対応をおこなう」

と述べた。

それに対して、小沢はXで総理に目を覚ませ、と手厳しい。

《わかりにくい。総理は誰のために政治をやっているのか？　自民党利権のためか？　これだけの国民が不安に思っている。保険証廃止を撤回すれば済む話。総理は目を覚ますべき。》

《岸田総理の「妄想」とは真逆に「明日は今日より良くなる」と誰一人思えないのがこの二年の結末である。最近の総理は現実逃避で通常の思考がどうにかなってしまったようにも見える。日本の現実も全く見えていないし、国民の声も聞こえていない。空疎なスローガンを連呼する

だけ。総理は目を覚ますべき。》

菅前総理が拒否した、日本学術会議の会員候補六人の名前開示で、「外すべき者」と文書に手書きがあったとされることについてもXで触れている。

《独裁権力は必ず学者を弾圧する。古くは始皇帝の焚書坑儒。ナチスもそう。戦前の日本も徹底的に学者を統制、学問の自由なんて無かった。そんな国に戻りつつある。目を覚ますべきとき。》

岸田総理が九月におこなった内閣改造は完全な失敗に終わった。

十月二十六日には女性との不適切な関係を報じられた山田太郎文部科学政務官が辞任し、その五日後の三十一日には、東京都江東区長選を巡る公職選挙法違反事件に関与した柿沢未途法務副大臣が辞任した。

さらに十一月十三日には、度重なる税金滞納などが問題となった神田憲次財務副大臣が事実上更迭された。

小沢はこのことをXで鋭く批判した。

《この短期間で不祥事によりこれだけ多くの政務三役が辞職に追い込まれるということは相当

な確率。つまり、まだまだ岸田内閣には問題を抱えた大臣や副大臣、政務官がいるということになる。適材適所、人材の宝庫などではなく「問題人物の掃き溜め」が正しい。これでまともな国になるわけが無い。刮目を。》

令和五年十一月三十日、国民民主党の前原誠司代表代行が同僚の斎藤アレックス、鈴木敦、嘉田由紀子とともに離党を表明した。

前原たちは、すでに立憲民主党を離党していた徳永久志衆院議員も含めて五人で新党「教育無償化を実現する会」を結成。

前原はこの日の記者会見で、持論である「非自民、非共産」の野党結集を目指す考えを繰り返した。

「政策本位で『非自民、非共産』の野党協力、連携を進めたい」

結束できない野党

就任以来、衆参二つの国政選挙に勝った岸田政権だが、ここのところ支持率は低迷しっぱなしで、各紙の世論調査では三〇％前後という体たらくである。

小沢はどのように見ているのか。

「かなり脆い。本来、野党に力があればいつでも倒せるような状態だ。しかし、野党側の足並みが揃っていないことに助けられているところがある」

実際、岸田政権は低迷しつつあるのに、野党の支持率もさほど上がっていない。無党派層が増えているだけである。

しかも、次期衆院選に向けて、立憲民主党と日本維新の会、国民民主党などとの連携は進んでいるようには見えない。


令和五年の五月には、立憲民主党の泉健太代表は衆院選に関する方針を表明し、日本維新の会や共産党と選挙協力をせず、単独で一五〇議席以上の獲得を目指し、さらに獲得できなければ代表を辞任すると発言をした。

泉がこの方針を採用した背景には、日本維新の会が選挙協力に否定的な姿勢を崩さないうえに、立憲民主党を支援する連合が共産党を敵視していることなどがあった。

だが、小沢は、野党第一党の立憲民主党が音頭をとり、政権交代に向けて、野党各党との連携を深化させていく必要があると訴えつづけている。

「泉代表は、二五〇議席を目指すのならばわかるけれど、一五〇議席を目指すとわざわざ公言するのはおかしい。最初から『ずっと野党でいます』と宣言してるようなものだ。野党ボケもいいところだ。現在の立憲民主党の執行部の体制では、日本維新の会も、国民民主党も、相手にしない。共産党ともまとまらないだろう。こちらが本気でまとめる気持ちを示さないと、相手もこちらの話をちゃんと訊こうとはしない。ただし、立憲民主党がしっかりした方針を定めて、話し合いをすれば協力体制はできる」

小沢は、野党各党との連携に意欲を示さない泉執行部について批判的だ。

「いまのトップが変わらないとダメ。考え方を変えましたと言うならば、良いけれど。泉代表は『共産党とも協力しない、他の政党とも協力しない』と言った。しかし、そのあと批判に晒されたら、意見をコロコロ変えている。一貫しないのでは支持は増えないし、相手にも信用されないだろう」

新たに有志が集う

令和五年六月十六日、小沢は、手塚仁雄や小川淳也ら十人の議員とともに、「野党候補の一本化で政権交代を実現する有志の会」を結成し、国会内で記者会見を開いた。

会の賛同者には立憲民主党に所属する衆院議員（執行部等を除く）八十人の七割を超す

五十七人もの議員が名を連ねた。

小沢はこの試みについて語る。

「有志の会を作ったのも、それだけ野党各党と話し合いを進めて、協力体制を作っていこうという意見が党内に多いからなんだ。泉代表に『変わってほしい』という気持ちを持っている議員がそれだけいるということを。ただ泉代表には〝大変身〟してくれることを願ったが、どうもピンと来ていないようだ。いまのままではどの政党からも相手にされないだろう」

令和六年の九月には立憲民主党も代表選がおこなわれる。

小沢は、そのときに野党各党の連携を掲げる候補者を擁立することが立憲民主党を変え、そして政権交代を実現する最後のチャンスだと見ている。

次期自民党総裁選

令和六年九月には自民党の総裁選もおこなわれる。小沢は、現職の岸田文雄が再選される可能性があると見ている。

「自民党内でいま、岸田総理に変われるような人はいない。菅義偉前総理は体調の問題があるし、河野太郎もデジタル担当大臣として、マイナンバー問題で躓いて、さらに側近の秋本真利が逮捕された。動けないだろう。このままいけば、何もしなくても岸田総理が再選される。岸田総理は、理念や哲学とか主張がないから結果的に長持ちしやすい。ただ安倍さんや小泉さんのようなパフォーマンスの上手さはない」

小沢は、次期衆院選は、総裁選で岸田総理が再選されたのちにおこなわれると見ている。

さらに、その場合は令和七年の夏の衆参ダブル選挙の可能性が高いと見ている。

「だからこそ来年の九月に我が党は新体制を作って、岸田政権を倒せるようにしないといけない。総裁選まで解散はない。下手にいま解散したら自民党は減らすし、再選は決まっているようなものだから、まず解散はやらない。なぜリスクを犯す必要があるのか。来年の九月に再選されて、そのあと一年あるから、その間に解散すればいい。僕は衆参ダブルの可能性が高まっていると思っている」

公明党の弱体化

自民党と連立を組む公明党も、ここ数年、自慢の集票力に翳りが見えつつある。

平成十七年の衆院選では八九八万票もの比例票を獲得した公明党だが、令和三年の衆院選では七一一万票、令和四年の参院選では六一八万票と低下しつづけている。
公明党の弱体化は、イコール小選挙区での自民党候補の弱体化へと繋がりうる。

小沢が語る。
「公明党は選挙運動を一生懸命にやるから、極端に集票力が減らないだろうけれど、今後も徐々に減っていくだろう。公明党も若手が増え、世代交代が起きて、若手は選挙運動も先輩たちのように熱心ではない。それと自民党との連立が長くなって公明党の内部も緩んできている。政権交代の風がそよ風でも吹き始めたら、おそらく公明党は自民党から離れるよ。創価学会だって、池田大作氏というカリスマを失い、その組織運営は容易ではなくなるだろう。いまのような状況がどこまでつづくかは決してわからない」

立憲民主党と連合の不協和音

現在の立憲民主党の執行部は、支持団体である連合との関係もうまくいっていないように見える。特に芳野友子会長は、共産党との選挙協力にとても批判的で、会見でたびたび槍玉にあげている。

かつて民主党の代表時代、小沢は当時の連合会長の高木剛と強固な信頼関係を作り、二人三脚で全国をまわり、民主党への支持を拡大し、選挙での勝利に導いた。

小沢は連合との関係について語る。

「いまの執行部が連合に相手にされていないだけで、やる気になればちゃんとした関係を作ることはできるはずだし、いくらでも話はできる。連合の鼻息ばかり伺うのではなくて、こちらの主張もビシッと言えばいいんだ。喧嘩しろとは言わないが、言うべきことを言って、お互いの領分を心得て、納得できる話し合いをすればいい。連合は応援団なんだから。組合員六百数十万人といっても大企業だから、組合員の七割は自民党支持と言われている。ただ状況が良くなれば、こちらを熱心に応援してくれる可能性はある」

三度目の政権交代へ

平成二十一年に民主党が政権交代を果たした衆院選は、六九・二八%と小選挙区制が施行されて以来、もっとも高い投票率だった。このときは多くの無党派層が投票に向かったのである。

小沢は、野党が協力体制を作り、国民に訴える必要性を語る。

「野党は、しっかりした協力体制をつくって『政権が変わるかもしれない』という気持ちを国民に持たせないとダメだ。我が党の代表とそれを支える幹部がしっかりすれば、他党も話に乗ってくる。そういう雰囲気を作れたら、有権者も投票に来るし、圧勝するはず。だから、政権交代が起こりそうだという機運を作るしかない」

小沢はそのためにこそ一対一の構図を作る重要性を説く。

「その構図を作ることが大事で、野党と与党の一騎打ちならば絶対に勝つ。国民も腹の中ではいまの自民党政権で良いとは思っていないんだから」

三度目の政権交代実現に向けた小沢の執念は凄まじい。

政権交代後、どのような日本を作るのか。

「小泉政権以来、一人あたりのGDPは下がりつづけていて、貧困率もOECD各国のなかで最悪。人口減少のスピードも凄まじい。これは全部自民党の政治の結果だ。だから、自民党と逆のことをやらないとダメ。競争で勝った人が生き残ればいいという新自由主義的な発想ではなく、富の再配分をしっかりやる。国民の生活をレベルアップをしなければいけない。国民の所得が上がらないと、消費需要が増えないんだから、景気が良くなるわけはない。一部の強い人だけが勝って儲ければいいというのではなく、国民みんなが豊かになることを考えないと、国が滅びてしまう。市場原理を優先した自民党の政策の結果が、いまの日本なのだから、その逆をやる以外にない」

各指標を見ると、日本の経済的凋落は著しい。経済規模を示す名目GDP（国内総生産）は、日本はこれまで世界三位だったが、五十五年ぶりにドイツに抜かれて四位に転落する見通しとなっている。さらにIMFの令和五年の統計によると、一人あたりのGDPは、市場為替レートではなく、各国のモノやサービスの価格を基準に換算した場合、日本は世界三十六位であり、十五位の台湾や三十一位の韓国を下回っている。

政治に対する国民の意識改革

小沢は日本の政治を変えるためには、国民の意識も変わらなければならないと語る。

「長崎県四区の補選の投票率は過去最低の四二・一九％だったけれど、投票率が上がれば勝っていた。このままだと、本当に国民は茹でガエルになってしまう。いまの自公政治ではダメだと言うならば、選挙に行って自分たちの力で政治を変える意欲を持ってほしい。そのための民主主義なんだから」

小沢はこれまでに二度の政権交代を実現しているが、羽田政権が平成六年に倒れてから民主党政権が実現するまでに十五年もの歳月がかかっている。

その民主党政権が下野してからすでに十一年が経っているが、日本で野党が政権を獲るのはそのくらいの時間が必要だという。

「民主党が政権を獲るまでにかかった年月を考えれば、このくらいかかる。次の選挙では絶対に政権を獲って、『国民の生活が第一』という原点にかえって、庶民のための富の再分配に力を入れて、日本を復活させたい。自分はそのためならばなんだってやるつもりだ。さらにそれで自分の仕事は終わりではない。これまで政権を奪取したときの政権は短期で終わった。今度は長期で本格的な政権にしなければいけない。そのためには、命がけで我が身を削ってでも日本のために闘う」

第二章

小沢一郎、一度目の政権奪取

存在感を大いに示した若き小沢一郎

自民党最大派閥の総裁候補

平成三年十月七日正午から、経世会（竹下派）緊急総会が開かれた。若手たちを中心に、自民党総裁選の独自候補擁立の声があがった。

「党内最大派閥で、しかも、これだけの人材が揃っているんです。独自候補を立てましょう！」

金丸信経世会会長も了承し、言明した。

「同志のみなさんが納得できる候補を出せるよう、全力で努力する」

その後、経世会は、最高幹部会議を開いた。竹下派七奉行の一人の渡部恒三が発言した。

「経世会から独自候補を出すなら、まず金丸会長だ。金丸会長が出られないなら、小沢会長代行しかない」

むろん、金丸ははじめから出る気はない。小沢一郎に白羽の矢が立った。

渡部は、そういったあとで、小沢を直接、説得した。

「政治家は、つねに国のために命を捨てるものだ。もし、総理を引き受け、病気が再発して倒れたとしても、男子の本懐というべきじゃないか」

面と向かっていわれた小沢は、「その通りだ」とうなずいた。

健康を理由に辞退する気持ちは、さらさらなかった。

「ただし……」

小沢は、腕を組んだ。

「四十九歳という、おれの年齢があるからな。若くして出れば、上の人たちの出番をなくしてしまう。そうなると、怨念が生まれる。党内の一致結束が得られなくなる……おれは、そのことのほうが心配なんだ」

衆議院議員三九〇人のなかで、小沢より年上は、三〇〇人以上もいる。小沢が総理総裁になれば、世代交代が一気に進む。宮沢喜一や渡辺美智雄、三塚博の芽を摘んでしまえば、あとあとまで世代間抗争が尾を引くことになる。

渡部は、説得しつづけたが、小沢の固い決意をひるがえすことは、ついにできなかった。それでも、渡部はあきらめなかった。政治家としての小沢の能力は、自分より年下であっても、素直に認めざるをえなかった。信念の強さ、決断力、度胸、そして粘り強さ、人によく思われようなどとはまったく思わず、信念のためには平気で泥もかぶる。

小沢の総理としての資質

海部内閣時代の湾岸戦争で、多国籍軍に九十億ドルの支援金を出すことになった。円建てでは約一兆二〇〇〇億円であったが、ドル建てだと一兆七〇〇〇億円になる。アメリカ側が、ドル建てを求めて揉め、結局、ドル建てを呑んだとき、渡部が衆議院の予算委員長で、小沢が幹事長だった。五〇〇〇億円プラスする修正を大蔵省に出すことになったが、裏で大蔵省に根回しし、修正させたのは、小沢であった。

東京都知事選で、現職の鈴木俊一をはずし、あえて元NHK特別主幹の磯村尚徳を担いだとき、小沢は党内から激しい非難を食らった。「独裁者」とまでいわれ、悪者にされながら、それでも磯村で貫き通したのは、公明党との国連平和協力法案の三党合意覚書を優先させるため、公明党の担ぐ磯村に乗ったのである。

結局、磯村は負けたが、別に社会党に都知事の座を奪われたわけではない。長い眼で見たときの日本の将来を考えて、小沢はあえて泥をかぶった。渡部は、そう評価していた。

『三国志』の中に登場する蜀の宰相、諸葛孔明は、勝ち戦であろうと、負け戦であろうと「男子は弁疏せず」といっている。渡部は、小沢を見ていると、その言葉を思い出す。

〈こんな男こそ、一国の総理にふさわしい〉

渡部は、そう確信していた。

総裁候補を固辞した小沢

じつは、渡部よりも前に、金丸は早々と小沢に出馬を迫っていた。

「海部を断念した限りは、わが派は独自候補を立てるしかない。おまえが出ろ」

小沢擁立へ向けた金丸の情熱は、鬼気迫るものがあった。そのあまりの凄まじさに、さすがの小沢も、側近の中西啓介にいった。

「会長が、本気なんで困るよ。もう、まいったよ」

小沢が、心臓病のことを理由に辞退を口にすると、金丸は小鼻をふくらませていった。

「そんなもん、神さまというのはちゃんと見ていてな、いつか適当なときにお迎えがくるもんだよ。大丈夫だ」

十月八日の午後三時すぎ、赤坂の日商岩井ビル十九階の高級フランス料理店「クレール・ド・赤坂」には、金丸、竹下登元総理、小沢、渡部恒三、竹下派事務総長の奥田敬和が集まっていた。

金丸が、ぼそりといった。

「一郎が、どうしても受けてくれないんだ……」

金丸は、最後の説得を試みたが、小沢はひたすら頭を下げるだけだった。

ここにおいて、経世会は、ついに小沢擁立を断念したのである。

総裁候補の擁立断念

「それでは、だれがいますか」

奥田が、水を向けた。

やはり竹下派七奉行の一人で選挙制度調査会長の羽田孜の名前があがった。政治改革を最先頭に立って推し進めている羽田は、政治改革推進派の若手に圧倒的な人気があった。かれらのあいだから、羽田を推す声がわいていた。だが、羽田はいまや政治改革推進の権化のような捉え方をされている。かれを総裁候補として立てれば、政治改革反対派と真っ向から対決しなければならなくなる。現在の党内事情からして、羽田は無理だろうということになった。

奥田は、事務総長として、会談をまとめた。

「金丸会長もダメ、小沢代行もダメ、それじゃ、派内から他にだれを出そうかと、まるで品物みたいに入れ換えるようなわけにはいきません。事ここにいたっては、宮沢喜一、渡辺美智雄、三塚博の立候補三人のうちから、ふさわしい人物を選ぶしかありませんな」

四人は、それぞれにうなずいた。こうして経世会は、自派候補擁立まで断念したのである。

宮沢喜一の総理就任

金丸が、小沢を見た。

「そういうことなら一郎、おまえが、三人の候補者のだれがふさわしいか検討しろ。三人の政策について、じっくり聞いてみろ」

小沢は渡辺美智雄、宮沢喜一、三塚博とも十全ビル三階の小沢事務所で会って、政策を聞いた。

結局、経世会は、国民に支持されるもっとも常識的な線として、宮沢喜一を選択した。

十月二十七日、宮沢喜一は自民党総裁選に勝利をおさめ、十一月三日、悲願の内閣総理大臣に就任した。

だが、一連の総裁選で、最大に国民にその名を知らしめたのは、総理総裁となった宮沢ではなく、小沢一郎であった。

はじめて経世会の総裁候補として、会長の金丸みずからに出馬を要請されながら固辞しつづけた。まだ四十九歳の若き政治家は、明らかにつぎの総裁候補として、その存在を広く認知されたのである。

深刻化する小沢系と反小沢系の対立

東京佐川急便事件

平成四年八月二十二日、この日、政界を揺るがすにたる一つのスクープ記事が報道された。朝日新聞朝刊の一面に「東京佐川急便の渡辺元社長『金丸氏側に五億円』と供述」と大きな見出しが躍った。

そこには、商法の特別背任罪で起訴されている東京佐川急便元社長の渡辺広康は「平成元年七月の参議院選挙を前に、竹下派会長の金丸信から十億円の資金提供を求められ、金丸の秘書生原正久に五億円を渡した。と東京地検特捜部の取り調べで供述していたことが明らかになった」と報じられていた。

九月二十八日午後、検察当局は、金丸を政治資金規正法の量的制限違反の罪で、東京簡易裁判所に略式起訴した。最高刑ながら、罰金二十万円で決着を見た。

小沢は、無念でならなかった。虚脱感で、体がうちひしがれる思いであった。じつは、二日前の二十六日、小沢は、金丸に会長代行の辞表を提出していた。「会長を支える立場の者として、責任を痛感している」というのがその理由であった。金丸は、小沢を強く慰留した。辞表は、保留のままになった。が、小沢は、いつでも会長代行を辞めるつもりでいた。

反小沢系の攻勢

十月七日、竹下派は拡大常任委員会を開いた。この会で、小沢の会長代行留任が了承され、一応は、金丸—小沢体制の継続を確認した。それを受けて、竹下派顧問で、長老格の原田憲が発言した。

「これからは、代行を中心として、みんなでこの難局を乗りきっていこう」

その瞬間、常任委員の一人から声があがった。

「ちょっと、待ってよ！」

小沢は、ちらりと声のあがった方向を見た。声の主は、竹下派七奉行の一人橋本龍太郎であった。小沢と橋本は、ライバル関係にあるといわれて久しい。それぞれの名前の一字をとって、「一龍戦争」と呼ばれていた。

橋本は、眉根をよせ、ひときわ険しい表情でいった。

「いや、代行中心ではなく、会長中心にでしょう。代行とは、あくまでもいっしょにやろうということでしょ」

いまや反小沢の急先鋒となったやはり竹下派七奉行の一人の梶山静六も、それにつづいた。

「小沢代行は、金丸会長に辞表を出した立場だ。会長と同様に、自重の気持ちを持たれることが望ましいんじゃないか」

小沢と梶山の関係は、「一龍戦争」に対抗して、「一六戦争」と呼ばれはじめていた。いずれも、小沢を批判したのである。


翌八日におこなわれた派内の四～六回生の集まりである「一心会」でも、小沢批判は凄まじいものがあった。

六回生の中村喜四郎、村岡兼造、五回生の佐藤信二、四回生の野中広務といった反小沢系の議員が、小沢が眼の前にいるにもかかわらず、つぎつぎと小沢の個人批判を繰り返した。

それに対し、小沢側近で、五回生の中西啓介が猛然と反論した。一時は、両者がつかみかからんばかりの険悪な雰囲気となった。

このとき、派内には、小沢系と反小沢系のふたつのグループが形成されていた。竹下派七奉行といわれる幹部たちも、旗幟を鮮明にしていた。

小沢系には、小沢をふくめ、渡部恒三、奥田敬和の昭和四十四年初当選組が集まった。対する反小沢系には、小沢らより二期上の橋本龍太郎、小渕恵三、そして梶山静六がいる。

ただ一人、中立といわれたのが、羽田孜であった。羽田は、バランス感覚に優れている、といわれる。それだけに、羽田のスタンスに注目が集まった。が、当の羽田は、そういわれることに憤慨した。

〈冗談じゃない。おれは、中立ではなく正道だ〉

金丸信の政界引退

十月十四日、金丸は議員辞職願いを衆議院議長に提出した。自民党の首領として君臨した金丸は、ついに政界を引退することになった。

党内最大派閥の竹下派は、これまで金丸という重石があって、はじめてまとまってきた。言葉を換えれば、金丸の存在しか、竹下派をまとめることができなかった。その金丸が、派閥を去る。自然、後継会長の座をめぐって、激しい内部抗争が繰り広げられることになった。

他派閥からの横やり

反小沢系は、執行部の総退陣を要求し、新しい態勢をつくることを主張した。むろん、かれらの狙いは、小沢の追い落としである。

そればかりではない。他派の議員からも、小沢批判が渦巻いていた。渡辺派の山崎拓、宮沢派の加藤紘一、三塚派の小泉純一郎のいわゆる「ＹＫＫ」は、その急先鋒であった。

反小沢急先鋒の中村喜四郎も、堂々と加藤たちの会合に顔を出すようになった。マスコミは四人のことを、中村の名字のスペルをとって、「ＮＹＫＫ」と呼ぶようになった。

小沢は、経世会の後継者と見られてきた。それゆえ、加藤らは、その手法について異議を唱えていた。小沢は、経世会の持っている権力のなかで悪い面を被らされてきた。

なかでも、「竹下派を二〇〇人にしてみせる」という発言が、加藤らの神経をいたく過敏にさせていた。

「竹下派だけが突出するのは、いかがなものだろうか」

「それは、やっぱり問題だよ」

「二〇〇人なんて、実現するのかな」

「小沢さんのことだからな、わからないよ」

かれらは、何度となく、こんな会話を交わしてきたのである。

が、加藤らは、小沢個人に対してなんの恨みも持っていなかった。みずからの理念を信じてぐいぐい、人を引っ張っていく理念型である。このタイプは、もっとも総理にふさわしいんだ。が、本人は、金丸型のキングメーカー、幹事長タイプだと思いこんでいる。そこに大きなギャップがある。

〈小沢さんは、どちらかというと総理タイプの人だ。加藤は思った。

小沢さんは、経世会の分裂前に「自分は総理タイプだ」としっかりと自分に言い聞かせていたなら、あるいは派の分裂は避けられたかもしれない。総理候補なら、いろんな人と堂々と公の場所で会わなければいけない。いろんな意見を聞いて、調整しなければならない。しかし、小沢さんには、これまであまりそういうことがなかった。竹下派のなかで、いちばんの力を持ちながら神輿を目指さなかったから、今日の問題が起きたのであろう〉

無慈悲な竹下登

一度は、会長代行の辞任を決意した小沢であるが、あらゆる罵詈雑言を浴びせかけられてからというもの、しだいに怒りが湧いてきていた。

〈独断だ、権力主義者だ、といわれるのは仕方ない。ただ、あいつは生意気だ、顔が気にくわない、といった類の発言は許されない。それは、ただの個人攻撃で、政治家としての問題ではない。批判するなら、天下国家の議論でこい。おれは、逃げはしない〉

だが、なによりも今回小沢が許せなかったのは、竹下登であった。それまで小沢と親しかった竹下であったが、金丸が窮地に追いこまれているのに、手を差し延べなかった。反小沢系の動きの背景にも、つねに竹下の影が見え隠れしていた。

小沢は、竹下に、強く詰問するほどであった。

「皇民党事件は、金丸会長の問題ではありません。あなたの問題です。これだけ、会長が大変なときに、他人事みたいな顔をしていていいのですか」

右翼団体日本皇民党が竹下登を「日本一金儲けの上手い竹下さんを総理にしましょう」と「ほめ殺し演説」をしてまわる。中曽根康弘総理はこの動きを止めなければ後継総理にはできないと竹下に迫る。金丸は東京佐川急便社長の渡辺広康に仲介を依頼し、渡辺は広域暴力団稲川会の石井隆匡会長に皇民党との仲介を依頼する。

稲川会と皇民党との会談で、「造反した竹下が田中角栄邸に直接謝罪に行くこと」を条件に、ほめ殺しをやめることで両者の話し合いがついた。

竹下は、小沢一郎と共にマスコミが詰めるなか、目白にある田中邸を訪問した。長女の田中眞紀子が家にあげなかったため田中角栄には会えなかったが、この訪問を境に嫌がらせは止まった。竹下は中曽根の後継になれた。

東京佐川急便の渡辺社長が金丸に五億円の資金提供をおこない、金丸が失脚したのも日本皇民党事件と関連があるのだ。

竹下派の分裂

竹下派会長の座

十月十六日の竹下派緊急総会では、次期会長を選任するための最高幹部会の設置が決められた。金丸の議員辞職願いが衆議院議長に受理される十月二十一日までに、後継会長を選出することとなった。

最高幹部会の座長には、顧問の原田憲が就任し、会長代行の小沢、副会長の内海英男、坂野重信、小渕恵三、橋本龍太郎、事務総長の佐藤守良、事務局長の船田元がメンバーとなった。

このうち、小沢系は、昭和四十四年初当選組の佐藤、小沢調査会の事務局長の船田のふたりである。反小沢系は、橋本と小渕、残りの三人は中間派という構成であった。かれらは、十八日夜から、断続的に選考作業に入った。小沢系は小沢を、反小沢系は小渕を後継会長に推し、話し合いは堂々めぐりとなった。

が、佐藤らから推された当の本人の小沢は、まったく会長になるつもりはなかった。小沢は、後継会長問題が起きたとき、すでに会長にふさわしいのは羽田孜だと考えていた。

羽田は、大蔵大臣である。現職の閣僚は、原則として派閥を離脱しなければならない。それゆえ、羽田はいっさい閥務にはタッチしておらず、中立派と色分けされていた。羽田は、選挙制度調査会長として、政治改革を推進してきた。派内の人望も厚く、なによりも政治改革を通して、竹下派以外の若手議員からも信頼を寄せられていた。

羽田が、いずれのグループにつくかで派内の情勢ががらりと変わる。現に反小沢系の中心人物の竹下から、「小沢と行動をともにするな」と忠告されていた。が、小沢は、その話を聞かされても平然と構えていた。小沢は、羽田を信じきっていた。

〈会長は、つとむちゃんしかいない。つとむちゃんは、かならずおれの意見に賛同してくれるはずだ〉

羽田孜の擁立

十月二十一日午前八時すぎ、ホテルニューオータニ「桂の間」は、異様な雰囲気に包まれていた。この日、小沢を中心とする「経世会有志の会」、すなわち小沢系衆議院議員による決起集会が開かれた。出席者は、代理出席をふくめて三十六人。経世会の全衆議院議員は、六十七人である。

じつに、その過半数を超えていた。しかも、おどろくべきことに、参議院議員経験者をのぞく当選一～三回の議員二十八人のうち、二十一人が参加した。

午前八時十五分、小沢は、いくぶん緊張した面持ちであいさつに立った。

「昨日、幹部会で新会長の人選を具体的におこなうことになり、わたしもいろいろ考えました。その結果、せっかくの推薦ではありますが、わたしは心に決めていた通り、金丸会長とともに第一線を退こうと思い、昨日の幹部会で羽田孜さんを推挙しました」

小沢をはじめ「経世会有志の会」に集まったメンバーは、その後、羽田を推薦する文書に署名をし、正式に羽田を擁立することを決めた。

午前八時四十八分、羽田が「桂の間」に姿をあらわした。その瞬間、ふたたび割れんばかりの拍手が沸き起こった。羽田は、会長候補への推薦を受諾することを表明した。

二回生の北村直人は、羽田の受諾表明を聞き、いつになく興奮していた。北村は、羽田と小沢の存在を、太陽と月のように感じていた。

〈これで日本の政治は大きく変わる。羽田さんは、太陽のような輝きを持って、われわれを引っ張っていってくれる。小沢さんは、月のように目立つことなく、縁の下の力持ちに徹する。そのもとで、われわれ同志が結束し、新しい政治をつくりだしていく。金丸会長は、今日、正式

に議員を辞職する。経世会の使命は、これで終わった。経世会は、解散したんだ〉

納得できない小渕恵三の新会長就任

平成四年十月二十一日午後二時、最高幹部会がはじまった。小沢系は羽田を、反小沢系は、小渕を推したが、話し合いは平行線をたどった。

小沢系の議員は、キャピトル東急ホテルに、小渕系の議員は赤坂プリンスホテルに陣取った。両陣営とも、気がかりなことがあった。中立を表明している「参経会」が、どちらの陣営を支持するか、ということであった。「参経会」は、参議院竹下派の集まりで、四十二人が名を連ねていた。

午後七時二十五分、この日三度目の竹下派最高幹部会が開かれた。が、またもや話し合いは平行線をたどっていた。

午前零時九分、座長の原田憲は、席を立った。記者たちに声をかけると、そのまま座長見解を発表してしまった。

「わたしは、座長として取りまとめをしてきた。その責任として、国民の前にわたしの意見を述べる。経世会の会長には、小渕恵三君が適任と考える。羽田孜君という推薦もある。羽田君はすばらしい人材であり、これからの国家のために活躍してもらえるものと考える。が、経世会の会長には小渕君に就任してもらう。この座長としての見解は、あくまでも、ほかの七人の了解のうえに出したものではない。これから説明するつもりだ。二十一日までに円満に解決する努力をしてきたが、結論を得られなかったので、座長としての責任を感じて申しあげた」

原田見解は、十分で終了した。

原田の突然の見解を聞いた記者たちが、いっせいに竹下派事務所から飛び出してきた。

口々に大声で叫ぶ。

「新会長は、小渕だ！」

砂防会館前は、騒然としてきた。

午前二時五十五分、小沢は、キャピトル東急ホテルで記者会見に応じた。小沢系議員二十五人も、その場に同席した。中央の席に座った小沢は、一字一句をたしかめるようにいった。

「原田座長のやり方は、円満な話し合いによる会長の選出とは、まったく相いれない。一部の報道機関では、新会長以外の人事についての要求がおこなわれたごときの報道がおこなわれましたが、わたくしどもは、そのような要求をいっさいおこなったことはございません。訂正をお願いいします」

小沢は、原田見解をいっさい認めないことを明言した。小沢系は、座長見解に激しく反発し二十二日の最高幹部会をボイコットした。

だが、小沢系が欠席したまま開かれた最高幹部会では、中立の立場であった参経会会長の坂野重信が、小渕支持を表明した。大勢は、これで決まった。

改革フォーラム21の立ち上げ

小沢は、羽田とともに新政策集団「改革フォーラム21」を旗揚げすることになった。事実上、竹下派の分裂である。小沢は、心中期するところがあった。

〈おれは、田中のオヤジ、金丸会長には、世話になりっぱなしだった。それなのに、ろくな恩返しもしてやれなかった。それを思うと、無念でいっぱいだ。おれは死ぬまで、感謝して過ごそうと思う。が、おれは竹下さんについては、何の心の負担もない。たしかに先輩としていろいろな恩は受けた。が、竹下さんが総理総裁になるまで、おれなりに全力で尽くしてきたつもりだ。貸し借りはない、というと誤解を受けるが、心の負担はない……〉

平成四年十二月十八日、「改革フォーラム21」が正式に発足した。代表は羽田孜である。小沢は、派の幹部として、羽田を支える立場となった。

〈いまの政治は、国民の理解を得られなければ、うまく実行できない。その点、つとむちゃんは最適な政治家だ。だれよりも、懇切丁寧に説明し、けっしてあきらめることをしない。おれには、それができない。その代わり、僕は組織の運営や選挙といった自分の得意な分野でつとむちゃんを支えていく。舞台の主役は、つとむちゃん。僕は、主役を助ける脇役で充分だ〉

選挙制度改革をめぐる政争

小選挙区制のゆくえ

平成五年度国会の焦点は、選挙制度改革であった。政府自民党は、単純小選挙区制を、社会、公明両党は、小選挙区比例代表併用制を主張した。さらに民間臨調からは、小選挙区比例代表連用制が答申された。形にちがいはあれ、いずれも小選挙区制を念頭においた改革案である。

戦後の日本政治は、国内だけの配分の政治、経済だけの政治、冷戦構造下での政治、東西対決のなかでの政治であった。日本は、国際社会のなかで利益だけを享受し、責任や役割を負担しないですんできた。が、それが歴史の大転換で許されなくなった。

しかし、日本の政治は従来のままで変わろうとしない。おそらく、これから日本は湾岸戦争以上の大きな決断を迫られることになる。そのとき、それに対応できる政治になっていなかったらどうなるのか。日本は、それこそ世界の孤児となってしまう。

小沢は、それを避けるためには、意識改革しかない、と思っている。そのためいちばんいいショック療法が、政治家の土俵を変えること、つまり選挙制度の改革である。

しかも、小沢のいう戦後政治の転換とは、政権交代が可能な政治の実現である。意識改革とともに政権交代を可能にするベストの方法は、単純小選挙区制だ。なぜなら、ほんの少しの票が動くだけで、政権交代が可能になるからである。

だが、野党と妥協するには、単純小選挙区制では難しい。どうしても比例代表を加味しなければならない。しかし、比例代表の要素が多くなるほど、政権交代はなくなる。小党分立してしまうからである。

小沢はいう。

「いまの中選挙区制は、じつは比例選挙と同じだ。同じ選挙区から、複数の自民党候補が出馬し、二人、三人と当選してくる。その際、かならず何割かの体制批判票が出る。その票が、野党にまわり、野党議員が当選する。野党は野党で、はじめから、その票を考えて一人の候補者しか出さない。これでは、野党はいつまでたっても政権をとれない。野党は、そのことを真剣に考えるべきだ」

「戦後体制と中選挙区制は、不可分のものとなっている。それが現在の日本の政治、つまり馴れ合いの政治となった大きな要因だ。現行の中選挙区制では自分の意見をいわなくてもよかった。あるいは、だれも責任をとらなくてもいいシステムになっている。日本だけが生きていくのなら、それでもいいだろう。だが、世界の人が理解する、あるいは世界の動きに対応できる民主主義の確立にはならない。あくまで、日本流の民主主義であって、もはや国際社会では通用しない。小選挙区制が導入され、二大政党になれば、政党も政治家も自分の意見をいわざるをえない。その政策に賛成なのか、反対なのか、国民の眼の前で明確にしなければならない。国民がどちらの政策を選択するかで、容易に政権が交代するのだ」

そうかといって、小沢は、単純小選挙区制しか認めない、と固執しているわけではない。ただ、現行の中選挙区制は限界にきている、と感じていた。

宮沢総理の不信任案可決

総理の宮沢喜一、あるいは党執行部は、今国会期間中には、選挙制度改革をまとめる、といっている。小沢は、選挙制度改革はやろうと思えばできるもの、と思っている。もし審議未了で廃案になるのであれば、やる気がなかったということになる。そのとき、小沢らは、派閥を再編し新党を結成するのではないか、とささやかれていた。

が、小沢はそれを否定していた。

羽田派の衆議院議員は、三十五人。かれらが宮沢内閣不信任案に賛成にまわれば、自民党は過半数を割り、不信任案は可決されることになる。

六月十八日、宮沢、羽田会談の後の午後五時すぎ、ようやく羽田派の総会がはじまった。あいさつに立った代表の羽田孜は、所属議員の顔をぐるりと見まわした。かれらは、いつになく緊張した面持ちで、羽田の眼を見つめ返した。

羽田は、かれらに一礼を送ると、淡々と話しはじめた。

「さきほど総理から、連絡がありました。残念なことですが、われわれの要求に対して、明確な回答をしていただけなかった。われわれの使命は、政治改革を断行し、二大政党制を実現することです。今国会で、関連法案を成立させることです。まもなく、衆議院の本会議が開かれます。そこで、宮沢内閣不信任決議案が採決されます」

羽田は、ここで一拍おいた。さすがに勇気がいったのであろう。額には、うっすらと汗がにじんでいた。羽田は、その汗をぬぐおうともせず、ひときわ大きな声を張りあげた。

「われわれは、決然と白票を投じたい！」

白票、つまり不信任決議案に賛成するという意味である。

その瞬間、期せずして万雷の拍手が沸き起こった。こうして、羽田派は一致団結して、白票を投じることに決まった。

午後六時三十分、衆議院本会議がはじまった。宮沢内閣不信任決議案が、いよいよ本会議で採決されることになった。小沢を追い落とそうとする梶山が、羽田派が一枚岩で造反するわけがないと、たかをくくり、あえて踏み絵を踏ませることにしたのである。

まず、内閣不信任案が緊急上程され、社会党委員長の山花貞夫が、主旨説明をおこなった。つづいて、自民、社会、公明、共産、民社各党の代表者が、討論をおこなった。

ここで、梶山静六の思惑は、もろくも崩れさった。羽田派三十四人と他派閥の五人が賛成票を投じ、なんと三五票もの大差で、不信任案は可決されたのである。自信満々で本会議にのぞんだ梶山は、天下に大恥をかくことになった。

小沢は、梶山の時代認識の甘さを痛感した。

〈梶山たちは、自民党内の半世紀にわたる派閥レベルの現象としか見られなかった。まさか自民党を割って出るという類の話は、想像すらしていなかったのであろう。あるいは、考えの範囲を超えたのかもしれない。そうでなかったら、自民党を割らせないような、もう少しきちんとした対応ができたはずだ……〉

新生党の結成

六月二十三日午後四時二十分、新生党党首となった羽田孜は、所属議員とともに赤坂プリンスホテル別館一階の「グリーンホール」で新党結成を宣言した。

「死力を尽くして、政治を蘇生させるべく、新生党を結成しました。新しいものが政権を担当する。われわれは、その中核にいなければならない。各党とも話してきたが、基本的なものは大きく変わっていない。小異を残して大同につく必要がある」

また、合わせて、新しい保守主義を唱える結党宣言と、基本綱領を発表した。

いっぽう、この日、新生党代表幹事となった小沢は、戸田紀尾井町ビル四階の個人事務所の会議室で、公認候補者との面談をおこなっていた。なにしろ、全国各地から数百通にものぼる公認申請書が送られてきている。

小沢は、その書類すべてに眼を通し、新生党の候補者としてふさわしいかどうかを判断した。さらに、これは、と思う候補者を事務所に呼び、一人ひとり自分の眼でたしかめていった。

小沢は、かつて自民党の総務局長、幹事長といった要職を歴任し、選挙を勝利に導いた実績がある。それゆえ、永田町では、元総理の竹下登に次ぐ「選挙のプロ」と称されていた。小沢自身も、並々ならぬ自信を持っている。

調査と勘をもとに、ふるいわけていった。

だが、今回の選挙戦は、従来のものとは、まったく様相が異なっている。解散から公示日までわずか二週間しかない。しかも、その中で新党を結成した。準備期間が、ほとんどないままの船出となった。

小沢は、だれでもかれでも公認はしない。当選する可能性のある人物でないと公認しない。したがって、今回は時間がなさすぎた。

〈時間さえあれば、一二九選挙区全部に候補者を立て、一〇〇人を超える新生党議員を誕生させる自信はある。国民はみな、日本の政治はこのままでいいのか、という気持ちを抱いている。だからこそ、新党は票が取れる。国民はわかっているんだ。政府がそれにきちんと説明し、答えないからいけないんだ。理路整然とわかっているかどうかは別として、国民はわかっている。今回の選挙戦は、鳥羽伏見の戦いと同じだ。三〇〇〇の薩長軍が、一万五〇〇〇の幕府軍を破ったのは、鉄砲の威力じゃない。兵器だけを見れば、幕府軍のほうがはるかに優れている。それでも、幕府軍は敗れた。ときの流れなんだ〉

第四十回衆議院選挙は、七月四日に公示された。新生党の表の顔として、党首の羽田が、なんと新生党立候補者六十九人中五十三人もの立候補者の応援に駆けつけた。

いっぽう小沢は、裏で選挙の指揮をとった。全国の状況を聞き、「何やってるんだ！ そんなことでは、ダメだぞ」と発破をかけた。四日間ほど、愛知、京都、北海道へ飛び、企業まわりもし、票を固めた。

躍進した新生党

七月十八日の夜、総選挙の開票がおこなわれた。

小沢一郎が新生党本部のある戸田紀尾井町ビル二階に入ったのは、午後八時二十分であった。さすがに、あたりを圧する威圧感がある。真ん中の席に座った。

八時三十二分、小沢辰男が新生党十六番目の当選を果たした。小沢辰男と小沢一郎は、名字が同じところから田中派時代には本家（小沢辰男）、分家（小沢一郎）と呼ばれた。小沢辰男は、竹下派には所属しなかったが、今回、小沢一郎とのつながりの深さによって新生党に移った。小沢一郎も、それゆえに小沢辰男の当確がよりうれしかったのであろう。ただちに立ち上がり、小沢辰男の名の上に当確の印であるひまわりを飾った。

小沢一郎は、そのうち、お茶を運んできた女性の事務員に頼んだ。

「センベイかなんか、ないかなあ」

センベイが、運ばれてきた。それをポリポリと食べながら、眼の前のテレビを食い入るように見る。そのうち、「む」とかじる口を止め、にやりとした。

「岩浅は、仙谷（由人）の上をいったなあ……」

かつて中曽根康弘総理の官房長官として力を振るった後藤田正晴の地盤徳島全県区に、新生党公認の新人岩浅嘉仁をぶつけていた。岩浅は、かつて後藤田の腹心の県会議員であった。見方によっては、後藤田の喉元に新生党がヒ首を突きつけたような形である。後藤田は、かつて新生党党首の羽田孜と、政治改革の推進のため全国行脚をした仲でもあった。いくら羽田らが自民党を脱党したとはいえ、新生党の新人を、しかも、後藤田と因縁の深い人物をぶつけるのは、あまりにもやりすぎではないか、との声も永田町にないではなかった。

が、別の声もあった。

「いや、後藤田は、政治改革をなにがなんでもやるために、あえて宮沢内閣の副総理に入閣したはずである。が、結局は、政治改革を実現できなかった。何のための入閣であったのか。裏切り者といわれても仕方がない。新生党としても、もう後藤田には義理はないはず」

その新人の岩浅が、当落線上すれすれと噂されながら、なんと当選確実となった。それもテレビ出演が多く、当選確実と見られていた社会党の仙谷由人を蹴落とし落選させ、四位につけていたのである。小沢は、上機嫌で、センベイをかじる口もせわしなくなった。

結果は、新生党は五十五人も当選させた。

自民党は二二三議席と過半数を割った。社会党七〇議席、日本新党三五議席、公明党五一議席、民社党一五議席、共産党一五議席、新党さきがけ一三議席、共産党をのぞく野党が結集すれば二三九議席と、自民党を一六議席上回り、政権交代は可能となった。

午後十一時四十六分、いよいよダルマの眼入れがおこなわれることになった。

小沢のいつもの険しい表情が、嘘のようにほころんでいる。部屋の片隅に置かれていたダルマが、中央に引き出された。向かって左に羽田が、右に小沢が立った。右の後ろに前経済企画庁長官の船田元、左後ろに佐藤守良が立った。

羽田が、片方だけ空白になっている右眼に、太い筆で眼を書きはじめた。なかなか、うまく書けない。書き終えると、まわりのみんなにいった。

「変な眼に、なっちゃったなあ」

小沢は、その眼を眺めながら思った。

〈六〇台は、取りたかった。が、欲をいえばきりがない。はたからみれば、上々なんだろうな…〉

が、小沢に、浮かれている暇はなかった。非自民勢力で、政権を獲得しなければならない。

小沢は確信していた。

〈かならず、おれたちで政権はつくれる。自民党は、選挙結果は二二三で、仮に共産党の十五を入れたって、過半数の二五五に達しはしない〉

政権交代前夜

小沢の耳に、「海部俊樹が、自民党を割って出てくるかもしれない」という情報が入ってきた。

小沢は、もし本当に海部が選挙改革推進派の何人かを引き連れて党を割って出るなら、海部を非自民側の総理に担ぐことも選択肢の一つに入れてはいた。が、海部が自民党を出ないことも、さぐりを入れてわかっていた。海部を担ぐ選択肢は、捨てていた。

そのころ、自民党が、日本新党、新党さきがけを取り込むために後藤田正晴を自民党総裁に担ごうとしている、という情報が小沢の耳に入ってきた。政調会長の三塚博が、とくにその担ぎ出しに躍起となっているという。

小沢は、せせら笑った。

〈よそさまの党のことだから、だれを総裁に担こうと自由だ。が、後藤田さんがその話に乗るわけがないじゃないか。後藤田さんが万が一総裁を引き受ければ、自民党が、率先して選挙制度改革をやらなければならない。自民党は、いまだ本心では選挙制度改革に反対なんだ。あれだけ選挙改革に反対していながら、日本新党と新党さきがけが、われわれと自民党の両方に、ともに組む条件として小選挙区比例代表並立制をふくめた案を提示するや、七月二十七日に、ぱっとその場で、呑むことを党議決定している。それまでの単純小選挙区制を変更し、並立制を取り入れることを決めている。あんないいかげんな話はない。やる気がないから、あんないいかげんなことをするのだ。政権ほしさに、ごまかしているにすぎない。もし本気でやる気があるなら、もっと深刻な論議になっている。そんなこと、後藤田さんもわかっているから、受けるはずがない〉

小沢は、日本新党、新党さきがけが今回、自民党と組むことなどありえない、と初めから思っていた。もちろん、自分たちの担いだ羽田を非自民勢力の総理にするのが、一番いい、と考えていた。が、かといって、羽田にこだわるつもりはなかった。

〈おれたちは、自分たちが政権につきたいために、今回のような動きをしてきたわけではない。自民党の半世紀にわたる保守党支配を終焉させる、ということが目的なんだ。そのためには、今回は、羽田党首が総理にならなくてもいい。おれたちは、いま、いわれなき中傷とはいえ、マスコミの攻撃の中心にさらされている。そこで強引に動くと、やはり政権ほしさゆえの行動だった、とまた書き立てられる。羽田党首も、今回は自分はやる気はない、と何度もいっている〉

細川護熙首班指名の思惑

新生党は、日本新党の細川護熙を首班指名することを早々と決めた。

すかさず、首班指名で、護憲派の自民党総裁河野洋平に入れるのでは、との声も出ていた社会党左派を封じこめるかのように、護憲派のシンボルともいえる土井たか子を衆議院議長にしてしまった。

細川首班候補擁立に関して、「連合」会長の山岸章は、新生党を高く評価した。

〈こんな決断は、なかなかできない。さすがに小沢だ…〉

小沢のリーダーシップが光って見えたという。

非自民が勝利をおさめた選挙のあと、新生党にはふたつの選択肢があったはずだ。一つは、連立政権を打ち立て羽田孜を首班候補として担ぎあげる。いま一つは、連立政権を樹立するのに専念する。小沢は、連立政権を樹立することだけに絞りこんだ。

小沢は、自民党の怖さを十分に知り尽くしている。自民党は、まず非自民の切り崩しにかかってくるにちがいない。狙いめはむろん、日本新党、新党さきがけの両党である。逆に、小沢としては、その両党を非自民に定着させなければならないと考えたにちがいない。そのためには、総理の座をゆずってもいいと判断した。山岸は、そう見ている。

それだけではなく、細川に総理の座をゆずることで、国民に新鮮な魅力をあたえるのではないかとの計算も働いていたにちがいない。羽田もまた、小沢の意図がわかっているはずだ。だからこそ、新生党の一部が、羽田を首班候補にといっても、黙っていた。

今回、羽田が総理になれば、そのリスクはかなり大きい。どうしても小沢の影がちらちらと見え隠れしてしまう。せっかく非自民を支持した国民を、不安がらせることにもなりかねない。また、経世会の抗争から飛び出した新生党党首をいきなり総理にすえれば、自民党との確執がさらに激しく燃えあがる。政局がいかに揺れ動くかわからない。

山岸は思う。

〈小沢は、まずは安定政権をつくりあげるのが先決だと考えたにちがいない〉

細川という、国民から慕われる殿様気質を持った人物を担ぎあげ、非自民勢力への支持率を上げる。それをクッションにして、安定政権をつくりあげていく。そして、羽田にバトンタッチさせる。小沢としては、そういう構想で動いているにちがいない。

非自民政権の誕生

平成五年八月六日、細川護熙が首班に選ばれた。小沢の念願としてきた非自民勢力が政権をとり、ついに自民党の一党支配が終焉したのである。

小沢の右腕ともいわれる中西啓介が、ふりかえる。

「小沢一郎を抜きにしては、今回の非自民勢力による政権は、誕生しなかった。なにより、ここぞというときのタイミングは、はずさない。選挙が終わるや、間髪を入れず細川さんに会い、『総理をやってみないか』ともちかけている。さらに、土井さんを議長に担ぐことにも、一役買っている。これも小沢抜きには考えられない。新生党にはっきりアレルギーを持っている非自民の連中も、はっきり僕にいう。

『小沢抜きにしては、今回のわれわれの連立はありえなかった。政治家として、大変すぐれた政治家だ』

ただ、かれらは、小沢といっしょになることには、抵抗感がある。呑みこまれてしまうと恐れている。僕は、かれらにいうんですよ。

『かれは、決して私利私欲があってやっているんじゃない。要するに根っからの書生なんだ。

基本にオーソドックスな男なんだ。だからこそ、かれの話には説得力がある』
私利私欲があれば、どこかに変な感じが出てくる。その私利私欲のないところが、かれのよさなんだ。角度を変えて見ると、強引に見られてしまうところが、残念な気もする」

中曽根康弘元総理の見解

中曽根康弘元総理は、著書『天地有情―五十年の戦後政治を語る』で、平成五年の自民党分裂と非自民連立政権誕生の背景について、次のように述べている。

《これは、東西冷戦の終焉が重大な転機になっていますが、直接的には一九五五年一一月の自由党と日本民主党の保守合同によるいわゆる五五年体制が金属疲労を起こしていて、そこに、リクルート事件、金丸問題というのが起き、たまらなくなって、崩れたということでしょう。世論も『自民党よ、もういい加減にしろ』という意識を明確に持ちはじめ、自民党内部でも、反省して出直さなければならないという気持ちが強くなってきていた。いわゆる禊ぎ論が出てきたんですね。

小沢君一派は、それに乗じて一つのチャンスをつかんだわけです。金丸信君と社会党の田邊誠さん、そして、経団連の平岩外四さん、連合の山岸章さんの四人が、二大政党をつくろうというわけで、何回か会合を持っていました。そのたびに、どんな話があったのか、金丸君がわたしに教えてくれました。だから、『健全な二大政党ができればいいね』というぐらいに答えていました。小沢君はそれをよく知っていた。

そして小沢君は、ある程度の数が離脱すれば自民党より大きくなると算段して、一つの賭けに出たんですね。もう一つ、かれには金丸側近として力を持っていたときの過去を拭わないといけないという至上命令もありました。そこで、局面を転換して、金丸君の側近としての被告席から政界浄化の原告席に回ろうとしたわけで、それは一応、成功した。守旧派と革新・改革派の対決といった言葉の戦術をうまく弄んで成功した。そういう二つの要素があったと思います。

金丸・田邊の話し合いで自民に対抗する勢力結集が相談されていました。田邊君は左派との訣別を意識していました。九三年六月のあの情況を見ると、小沢君一派は出ることを躊躇していました。しかし、武村正義君らのさきがけグループが出たのを見て、「これなら、ある程度出ていけば天下が取れる」と算段したと思います》

第三章

混迷する連立政権

政治改革法案成立までの紆余曲折

連立政権の船出

細川内閣は八会派による連立政権だったことから、連立与党からは、新党さきがけの武村正義（内閣官房長官）、新生党の羽田孜（外務大臣兼副総理）、社会党の山花貞夫（政治改革担当大臣）、公明党の石田幸四郎（総務庁長官）、民社党の大内啓伍（厚生大臣）、社民連の江田五月（科学技術庁長官）と、当時の党首がほぼ全員入閣した。

連立与党側の運営は、各党書記長・代表幹事らの「与党代表者会議」によっておこなわれるケースが多く、特に新生党代表幹事小沢一郎と公明党書記長市川雄一の「一・一ライン」が中心となった。当時の野党などから「権力の二重構造」と批判されることもあった。

当時の連立与党内では、政権党の中枢で仕事をしたことがある政治家は、自民党から分裂して誕生した新生党以外にはほとんどなかったことから、主要ポストを新生党が独占した。羽田孜・外務大臣、藤井裕久・大蔵大臣、熊谷弘・通商産業大臣、畑英次郎・農林水産大臣、中西啓介・防衛庁長官という顔ぶれは、外交や重要懸案での政策の継続性と、政権の安定性に気を配った人事だった。

衆議院議長には、新生党や公明党が、元社会党委員長の土井たか子を推薦した。社会党左派に人気が高かった土井を議長とすることで、連立への参加に批判的な左派を含めて社会党全体を政権に引きつけることを狙った。

内閣官房長官は、通常では総理と同じ政党・派閥の議員が就任するのが慣例だが、細川が率いていた日本新党は新人議員ばかりだった。結果的に新党さきがけの武村正義が選ばれた。内閣官房副長官には鳩山由紀夫、総理大臣特別補佐には田中秀征と、いずれもさきがけ出身者だった。

小沢と武村正義の対立

十二月中旬、予算を越年編成するか、年内編成するかをめぐって、小沢と武村官房長官が対立した。小沢は、ついに総理官邸に乗り込み、細川総理に迫った。

「武村を切れ！」

小沢は、のちに日本新党の議員たちと次々に懇談していったとき、そのときの憤りについて次のように打ち明けている。

「わたしが武村官房長官を疑問に思ったのは、平成五年の十二月十五日のことです。この日は臨時国会の会期末を迎えるにあたって、自民党側から、小幅延長、継続審議という案が出されました。自民党は、政治改革法案を成立させたくないあまり、一カ月前から、『年内に法案が成立しなくても総理の責任は問わない』といってきた。つまり、法案を潰す目的がそこにはあった。それにまず同調したのが、社会党です。土井議長も、それでいいと納得されたようです。しかし、もっとも問題なのは、このときの武村さんの対応です。武村さんは、おどろくべきことに自民党側に了解のサインを送っていたのです。わたしはそれを知り、きわめて危険だと思いました。小幅延長の継続審議では、絶対に政治改革法案は成立しません」

小沢は、語気を強めた。

「自民党が総理の責任は問わないといっても、その場限りのものです。一回頓挫した総理に求心力もなくなり、予算を編成する力も薄れます。結局、最終的には総理の責任が問われることになる。もし、そこで総選挙をおこなおうものなら、連立与党は負け、ふたたび自民党が政権を取り返すことになるでしょう。もし､武村さんがそれを知っていて､なおかつ自民党案に乗ったとしたら、それは造反になりませんか」

小沢は、みんなを見まわし、そうでしょうといわんばかりの表情をするや、つづけた。

「ですから、わたしは、細川総理に『大幅延長をしてでも法案を通す。という不退転の決意でやらなければなりませんよ』と申し上げた。結果的には、その判断が正しかったと思っています」

そもそも、小沢と武村との確執は、細川政権が誕生した時点から、すでに存在していた。小沢の持論は、二大政党制の実現であった。それには、自民党を分裂させて政界を再編させる必要があると考えていた。

いっぽうの武村は、穏健な多党制を主張し、常に自民党の改革派と協力しながら政界再編を進めることを念頭に置いていた。

武村は、コメ市場開放問題のときにも、政府の方針を認めながらも、

「わたし個人としては、開放に賛成できません」

と述べ波紋を呼んだ。この発言には、野党自民党の議員も首をかしげた。

「総理の女房役である官房長官が、あんな発言をしてもいいのか」

武村が政界の師と崇める後藤田正晴前副総理も、何度か武村に注意を促してきた。

法案成立の引き延ばし

十二月十五日午後十一時、ようやく衆議院本会議がひらかれた。会期を一月二十九日までの四十五日間延長することを連立与党などの賛成多数で議決した。

「衆議院政治改革に関する調査特別委員会」委員長で新生党幹部の石井一は、遅々として進まぬ政治改革論議に業を煮やしていた。

政治改革関連四法案は十一月十八日に衆議院本会議で可決され、参議院へと送付された。石井は、参議院は衆議院に比べて相当手強く、厳しいと予想していた。が、参議院もなんとか理解してくれるだろうと信じていた。

ところが、参議院が実質審議に入ったのは、なんと十二月二十四日のことである。参議院に送付されてから、じつに三十六日後のことであった。

この間、自民党は、佐川急便から細川総理に渡ったという一億円問題の追及や補正予算の審議などを主張し、政治改革関連法案の審議をいっさい拒否した。

自民党政権時代には、補正予算の審議は一日ないし二日で処理するのが通例であった。それが数日間もつづいている。これらを考えると、だれがどう見ても、意図的に廃案に追い込もうとする自民党側の引き延ばし作戦にしか思えなかった。

むろん、参議院与党側の当事者能力の欠如という点は否めない。しかし、自民党を中心とした野党の引き延ばし工作は、憲政史上類を見ないほどの日数を空費したことも事実であった。

いっぽう、小沢対武村の対立は、結局、小沢の主張通りにことは進んだ。が、小沢の怒りは収まらなかった。

法案をめぐる熾烈な駆け引き

平成六年一月二十八日午後七時七分、細川総理、河野洋平自民党総裁のトップ会談がはじまった。小沢、森喜朗自民党幹事長も同席した。

代表者会議のメンバーのなかで、小沢が同席者として選ばれたのは、河野が土井たか子の議長提案を呑もうとしたら阻止するという役回りを期待されたからである。さきがけ、日本新党の幹部が、自信を持って記者に語った。

「うちは、エースを送りこんだよ」

いっぽうの森幹事長は、トップ会談のおこなわれる直前、河野から言われた。

「向こうは小沢さんが出てくる。重要な問題なので、幹事長も出席してくれないか」

トップ会談では、土井たか子議長の提案のうち、両院協議会の手続きを踏むことや施行期日を削除する点は合意された。が、協議機関の設置などは受け入れないことを確認した。

さらに、細川総理が妥協案を示した。まず自民党に歩み寄るため、定数配分では小選挙区分を拡大。政府案では全面禁止した政治家個人への企業・団体献金は、自民党案の二団体との中間をとって一団体とした。また、通常国会で施行期日を決める法律が成立されるまでは施行されないというものであった。

こうして、午後九時五分、トップ会談が終了した。

大筋で修正合意が成った。八分後の九時十三分、衆議院議長公邸で、細川総理と河野総裁が土井、原衆参両院議長と会い、トップ会談の結果を報告した。

思わぬ事態に、土井議長は、眉をつりあげ、気色ばんだ。

「わたしは、そんなことを頼んだ覚えはありません！」

その間、午後九時十五分、森と小沢が、自治省選挙部の幹部を同席させ、協議を再開した。

午後十時八分、衆議院議長公邸から国会に戻った細川総理と河野総裁が、ふたたびトップ会談を再開した。

法案修正は、通常国会で予算案の審議前に実現させることになった。

深夜午前零時二十四分、断続的に開かれていたトップ会談が、ようやく終了した。記者たちが、部屋から出てきた小沢に質問を飛ばした。

「疲れましたか?」

小沢は、ニコリともせず答えた。

「十年越しぐらいだからなあ……」

政治改革関連法案の成立

零時五十分、国会内で細川総理と河野総裁が深夜の共同記者会見を開いた。冒頭、細川総理と河野総裁が、河野の持っていたペンで小選挙区比例代表並立制への合意文書に署名をおこなった。

一月二十九日午後、両院協議会で施行期日を抜いた政治改革関連四法案を採決。連立与党、自民党の計十七人が賛成。共産党、二院クラブが反対。が、協議委員の三分の二以上の賛成で成案となった。つづく衆参両院本会議で成案を採決。賛成多数で可決、ようやく成立をみた。

小沢は、一月三十一日午後、政治改革関連法案成立後初めての記者会見をおこなった。

東京新聞の記者が質問した。

「トップ会談で政治改革法案が決着したのは、わかりにくいとの声がある。連立政権の意思決定権は、すべて小沢さんにあるのか」

小沢は、憮然とした表情で答えた。

「あなたの質問は、非常に短絡的で、マスコミの悪いところだね。わたしが行ったのは、わたしは好きじゃないから辞退したんだけれども、自民党幹事長の森さんが入るっちゅうことになったから、本当は一人ひとりでやろうということだった。だけど、行かなきゃならないちゅうことで、第一党の社会党は必ずしも全部にわたって一任できる状態ではない。そんじゃ、二番目のお前が行けということになっただけです。それからね、あんた方が本当に密室、密室って書くけれどね。しょっちゅうドア開いているし、密室でもなんでもないけれども。話し合いをするのにね、あんた方の目の前で全部話さなきゃ、みな密室だっちゅうんじゃ話にならんぞ。それは、あなた方の偏向した考えだ」

消費税をめぐる政権内の対立

新生党と新党さきがけの主導権争い

細川総理は、臨時国会が閉幕した一月二十九日夕刻、総理官邸で記者会見をひらいた。その際、最大の焦点である消費税率の引き上げについて、

「いまは念頭にない」

と明言していた。

つまり、景気対策の柱となる大幅所得減税の財源として、消費税率の引き上げを考えていないことを明らかにしたのである。

しかも、翌三十日には、細川総理の女房役である武村官房長官も、高松市内のホテルでおこなわれた新党さきがけ香川県支部の披露パーティー前の記者会見で、

「何らかの国債によって賄う道を取らざるをえない」

と述べている。減税と消費税率の引き上げによる増税は切り離し、短期償還の赤字国債発行

を財源とした減税を先行実施する考えを強調したばかりであった。

この武村発言をきっかけに、減税と財源の切り離し処理ムードが広まっていた。今国会では、消費税率の引き上げはおこなわない、とだれしもが信じていた。

だが、このことを快く思っていない人物がいた。だれあろう、一括処理を主張してきた小沢一郎である。

じつは、小沢は、武村発言の翌三十一日夜、大蔵省の斎藤次郎事務次官とひそかに接触していた。その直後から、大蔵省が激しい巻き返し作戦を展開しはじめた。小沢との間で何らかの合意があったことは、疑う余地もない。しかも、一時は切り離し論に傾いた公明、民社両党も、小沢に同調する姿勢をみせた。そこで、この日の代表者会議で、突然、消費税率の引き上げが提案されたのである。

大蔵省の強い抵抗

前年末、細川総理は、日本新党の山田宏らに、苦しい胸の内をもらしていた。

「大蔵省から、大変な抵抗に遇っている。わたしも減税と増税は、分離したいが、大蔵省がなかなかいうことをきかない。八頭立ての馬車が、九頭立ての馬車になってしまったからね」

細川連立政権は、社会党、新生党、公明党、日本新党、民社党、新党さきがけ、社民連の七党と連合参議院の一会派でつくった、たとえるなら八頭だての馬車であった。ただでさえ手綱さばきが難しいところに、新たに大蔵省が加わった。そのため手綱が九本になってしまった。騎手たる細川総理の苦労は、並み大抵なことではなかった。

しかも、二月十日にはクリントン・米大統領との日米首脳会談がおこなわれる。その後は、平成六年度の予算審議もひかえている。政治改革法案の決着が、土壇場の一月二十九日までずれこんだ。そのため、どう逆算してみても、この一両日中に政府の景気対策方針を発表しなければならない状況に置かれていた。

大蔵省のいうことをまったく聞かないのも、総理の権限の一つかもしれない。しかし、大蔵省の意向を無視すれば、国家の命である予算も、まともなものができなくなってしまう。

細川総理はそれらの問題を考えた末、急転直下、大蔵省の意向を呑むしかない、と判断したに他ならなかった。

社会党の主張

いっぽう、連立与党第一党の社会党も、国民福祉税の導入に強く反発していた。

社会党の村山富市委員長が憤然と総理官邸に乗り込んだ。総理執務室で、細川総理と直談判をはじめた。そこに突然、小沢と公明党の市川雄一が入ってきた。連立与党代表者会議をひらくためである。

村山は、白く太い眉毛を吊り上げ、不快感を露にした。

「あんたら、なんで入ってくるんじゃ！」

だが、市川も負けていない。

「われわれは、これから与党間で話し合おうとしているんだ！　一党だけ、しかも連立与党代表者会議のメンバーでないあなたが総理と話すのは、ルール違反じゃないのか！」

社会党は、連立与党代表者会議のメンバーに久保亘書記長を送り込んでいる。道理といえば、道理であった。小沢も、市川に同調するように、うなずいた。

村山は、ムッとした表情で席を立った。同席していた武村官房長官が、村山の肩を叩きながら、官房長官室に連れていった。

そのとき、アッということが起こった。なんと細川総理が、武村らの後を追うように、つかつかと官房長官室に入って行くではないか。総理自らが官房長官室に出向くことなど、異例中の異例であった。記者らはあっけにとられたまま、細川の後を追った。

細川総理は、小沢と市川を執務室に残したまま約十分間、村山の説得にかかった。

が、村山は堅い表情を崩さない。説得は、不調に終わった。

国民福祉税の創設を発表

さきがけと日本新党の常任幹事会は、園田博之が代表者会議に出席するため、一時中断となった。そこで、日本新党の総会を、急遽招集することにした。

第二十四控室に連絡を受けた日本新党の所属議員が、続々と詰めかけてきた。テレビの報道で消費税率の引き上げを知ったという議員が、ほとんどであった。かれらは、控室に置かれているテレビに釘付けとなった。

いつ、どこで記者会見がおこなわれるのか、まったく情報が入らない。ひたすら、ブラウン管を注視するほかなかった。

二月二日水曜日から二月三日木曜日へと日付がかわった深夜零時四十五分、細川総理が、総理官邸で記者会見をひらいた。いつもならかならず同席するはずの武村官房長官の姿は、そこにはなかった。

のちにわかったことだが、細川総理は、武村にこの会見で細川総理に代わってしゃべるように頼んだが、断わられている。おまけに、武村は、この会見の内容が気に入らず、会見の同席すら拒んだ。というのも、武村が細川総理自身の口から「国民福祉税」の創設を伝えられたのは、会見がおこなわれるわずか二十分前のことである。武村は、まったく無視された恰好であった。これでは、おもしろかろうはずがない。

かわって羽田外務大臣が、急遽、同席した。それに税制問題であるから藤井裕久大蔵大臣が同席した。細川総理は、一言一言を確かめるように言葉を発した。

「今年一月から、総額六兆円の減税を先行実施します。また、平成九年四月に消費税を廃止し、それに代わる一般財源として、仮称ですが国民福祉税を創設。その税率は、七%とします」

午前一時すぎ、ようやく記者会見が終わった。細川総理は、記者から、七%の数字的根拠を突っ込まれた。いつもは流暢な説明をする細川総理が、めずらしくモタつき、歯切れも悪い。

国民福祉税の撤回

二月三日午前十一時五分、武村官房長官が定例会見をひらいた。憮然とした面持ちで、今回の国民福祉税の強引な手法に疑問を投げかけた。

「振り返ると、すべてが正しかったとはいえない。わたし自身、大変異例だと思っている」

さらに、総理批判まで口にした。

「『過ちを改めるにしくはなし』という言葉がある」

そこには、国民福祉税導入方針に直接参加できなかった苛立ちと、小沢に対する不満の表情がありありとうかがえた。

二月四日午前十一時三十分、代表者会議が終了した。

小沢が憮然とした表情で統一見解を読み上げた。所得税減税と国民福祉税創設は、白紙撤回することを表明した。

二月八日午前十時三十分、連立与党代表者会議がひらかれた。日米首脳会談の期日まで、残りわずか二日しかない。結局、社会党の強い抵抗で国民福祉税は撤回されることになった。

それを受けて、この日午後十二時すぎから総理官邸でおこなわれた政府・与党首脳と経済問題協議会の合同会議でも、国民福祉税の撤回が確認された。

その結果、予算案編成の前提となる増減税問題については、「平成六年一月から六兆円規模の減税を実施する」「その財源や新税については協議機関で検討する」「各党合意を得て年内に国会で関連法案を成立させる」などで合意をみた。

細川総理の不満

二月十一日、細川総理は、日米首脳会談のためワシントンを訪れた。その際、記者の一人から政治改革法案成立後の総選挙の戦い方について訊かれた。細川総理は、慎重な口ぶりで答えた。

「やはり連立与党がまとまらないと、選挙は戦えないでしょう」

つまり、連立与党の統一を念頭に置いての発言であった。このことは、細川総理が武村の主張する「穏健な多党制」から、小沢の主張する「二大政党制」の考え方に傾斜したものと受け止められた。

もっとも、最近の小沢は政党がいくつあってもよいが、総選挙となれば連合体としてでも一つにまとまらないと勝てない、との考え方を示している。

しかし、そのいっぽうで、武村官房長官は、総理訪米中の二月十三日の日曜日にテレビ朝日の番組に出演し、細川総理の路線をやんわりと否定した。

「いきなりシンプルな二大政党に分けていくのは、容易ではないでしょう」

だが、それでも細川総理は、まわりに不満を洩らさなかった。しかし、ここにきて細川総理は、日本新党の議員らに不満を洩らしはじめていた。日本新党の議員の一人が、総理官邸で細川総理に訊いた。

「武村さんは、官房長官の身でありながら、なぜ個人的な発言を繰り返すのですか」

細川総理は、苦笑いしながら答えた。

「武村さんには、何度も個人的な発言を控えてくれといっているんだが、聞いてくれないんだよな」

突如として持ち上がった内閣改造問題は、そのような細川総理の不満が爆発したものであった。

細川総理が訪米から帰国した翌二月十四日、内閣改造問題が急浮上した。内閣改造の焦点は、武村官房長官役の処遇問題であった。

日本新党と新党さきがけは統一会派を組み、兄弟の関係にあった。しかも、本来なら平成五年中に新・新党を結成する予定であった。だがここにきて細川総理の気持ちが冷えかかっていた。

苦悩する日本新党

細川総理のお膝元である日本新党も、突然、浮上した内閣改造問題について頭を痛めた。細川総理が考えている早期の改造には、新生、公明両党がすばやく賛同する姿勢を取った。が、社会、新党さきがけ両党は早くとも平成六年度予算成立後か通常国会終了後の五月以降の改造を主張した。一歩も引こうとしなかった。なかでも、日本新党と院内統一会派を組み、新・新党結成寸前までいった新党さきがけからは、「改造を断行するなら、閣外に去ろう」といった強硬な意見まで飛び出していた。

政界再編第二幕を念頭に置いた新生党と新党さきがけの主導権争いであることは、だれの眼にもあきらかであった。

細川総理を支える立場として、細川総理の考えをまったく否定するわけにはいかない。しかし、かといって新党さきがけの立場も尊重してやらなければならない。日本新党の議員は、いわばハムレットの心境であった。

議員個々の意識のなかには、新党さきがけと新生党を比較した場合、新党さきがけに好意を抱いている者の方が多い。

総理である以上、自党の利益を優先するわけにはいかない。

ましてや連立政権誕生直後から、新生党と新党さきがけは主導権をめぐって火花を散らしている。

内閣改造の断念

細川総理は、その対立を見て新党さきがけとの合流が連立政権の微妙なバランスを崩しかねないと判断し、合併に慎重な態度を見せるようになったのである。さらに、その間、細川総理の気持ちに一つの変化が現れはじめた。

日本新党を結成した当時は、相容れることがない関係に思われていた小沢のことを、ひどく信頼するようになったのである。

その前年の十月、山田宏は、たまたま細川総理に小沢評を訊いたことがある。細川総理は、時折、笑みを浮かべながら答えた。

「小沢さんは、信頼できる人ですね。言わないと約束したことは、絶対に言わない。ですから、あの方と話した内容は、どこにも漏れません。それに、やるとおっしゃったことは、かならずやってくれます。あれほど信頼できる人は、なかなかいないんじゃないですか」

本来なら細川総理自身が非難を浴びなければいけないことでも、小沢が悪者となって一手にひっかぶってくれる。しかも、小沢は、いっさい弁解しない。細川総理にしてみれば、そんな小沢を頼もしく思えるのも当然であった。山田は、この言葉を聞き細川総理が日ごとに、小沢を信頼していくのを肌で感じとっていた。

いっぽう小沢も、世間ではファジーといわれる細川総理のことを基本的には認めていた。

何としても内閣改造をやりたい、と執念を見せていた細川総理は、三月二日、総理官邸の記者会見室で午後十一時半すぎ、ついに内閣改造を断念することを発表した。

「また遅くなってしまいましたが……」

と前置きして語った。

「八月に政権が発足して七カ月間、政治改革をメーンテーマとした一ラウンド目が終わって、第二ラウンドは、日米経済摩擦への対応や規制緩和など、経済改革政権という性格が色濃く出てくる。改造を考える一つの時期と考えた。官房長官のいろいろな言動に対して、与党のなかでも風あたりが強いことにわたしも大変憂慮していた。一生懸命支えてきてくれたが、いっぽうで、官房長官はさきがけの党首であると同時に長官の職責に徹してほしいという声もあって、わたしも率直に申し上げた。職責は、いうまでもなく、与党も野党もふくめて調整にあたっていただくことだ。

『これだけ日米経済摩擦など経済問題への対応が大きなテーマになっているのだから、その調整に意を用いていただきたい』と特にお願いした。官房長官も『自分も十分それを認識していて職責にあたっていきたい』と言っていた。与党の結束を重視する観点から、総合的に改造を見送るという判断をした」

総理と官房長官の深い溝

細川総理は、この改造断念を決めてから武村とは、儀礼的にしか話を交わさなくなっていた。腹の底では、武村とは冷えきっていたのである。

細川総理は、改造断念を発表してから、武村に、

「これからは官房長官の職責に徹してほしい」

とあらためて釘を刺している。

武村官房長官はこの問題で、社会党の村山委員長、民社党の大内委員長と手を組み、ついに

内閣改造までも阻止してしまった。

いっぽう官房副長官として官邸に詰めている鳩山由紀夫も、細川総理は国民福祉税問題以降、完全に軸足を小沢に移しているように感じていた。

しかし、そうは思いながらも細川総理は、総理執務室に鳩山を呼び、にこやかに言った。

「川が流れていると思ってください。ヘドロは、自民党です。それを流して、きれいな川にすることが重要です。田中秀征さんは、神学論争で、ヘドロを流すのにも綺麗な水でなければいけないとおっしゃる。しかし、わたしは、かならずしもそうであるとは思いません。小沢という泥水で流しても、いいではないですか。とにかく、どのような方法でもヘドロを流す。そうすれば、昔のきれいな川に蘇りますよ」

鳩山は、こう解釈した。

〈細川さんは、少なくとも、小沢さんが好きで、立派だから従っているのではない。田中さんのいう理想は、わかっている。しかし、現実には、理想的なやり方ではできない。だから、嫌でも小沢というパワーを使わないといけないと思っているんだな……〉

それゆえ、鳩山は、新聞で、「細川は小沢寄りになった」と報じられても、本心は、新党さきがけにあると思ってきた。いや、そう信じたいと思いつづけていたのである。

政界再編の第二幕

細川総理の辞任表明

平成六年四月八日午後一時—細川総理の呼びかけで、緊急の政府・与党首脳会議が招集された。

一時四分、細川総理は、総理を辞任する意向を表明した。佐川疑惑で追いつめられていたとはいえ、あまりに突然の辞任であった。

官房副長官の鳩山由紀夫にとって印象的だったのは、小沢の表情である。小沢は、目をつむり、唇を噛みしめている。鳩山には、涙をこらえているようにさえ映った。

次期総理として名前の上がっている羽田副総理の表情も、ひどくきびしかった。いつもは柔和な羽田だが、終始眉間に皺を寄せ、いくぶん口をとがらせ、話を聞いていた。

「どこの党というと差し障りがあるが、同じ考えの政党が連携してやっていかなければならないのは当然だ」

新生党は、一時四十五分、国会内の控室で、ただちに常任幹事会を開催した。

代表幹事の小沢一郎が、いかめしい顔を強張らせ、あいさつした。

「総理を全力で支えると党で確認したばかりなので、きわめて残念だ。改革の歩みを頓挫させないために、志を継ぐ新しい総理を選ぶことに党としても頑張りたい」

渡辺美智雄と小沢の極秘会談

新生党の幹部が明らかにしたところ、自民党の渡辺美智雄は四月に入って二度にわたり、小沢と極秘会談をおこなっていた。その際、小沢は渡辺に打診した。

「細川総理が辞任し、新政権を作るときには、渡辺先生に総理、もしくは副総理の就任をお願いしたい」

渡辺は、まんざらでもない表情を見せたという。

だが、それは、あくまで自民党を離党することが前提にある。簡単に了承するわけにはいかない。渡辺は、会談後、側近の議員に対して、

「いろんな可能性に対処できるよう準備をしてほしい」

と指示を出した。数カ月先を睨んでのことであった。

ところが、細川総理の辞任表明は、その矢先に起こってしまった。あまりにも早い展開に、渡辺がおどろくのも無理はなかった。

与党各党も、対応に追われた。

四月十一日、渡辺は、自らの出馬について、記者団に語った。

「党内で、どのくらいの支持者が得られるかを見定めなきゃいかんわな。少数の者を引き連れていっても、内閣の運営に支障が出てしまう。どうするかは、同志と相談のうえで決める」

つまり、新生党、公明党などの連立与党の一部だけでなく、自民党内からもある程度の支持者を引き連れていく。それが、出馬の前提条件であるとの考えを示したのである。

この日、午後二時から開かれた太田誠一、新井将敬らの超派閥の政策勉強会「リベラルズ」でも、渡辺擁立に固まった。

渡辺擁立に動いた山岡賢次

じつは、渡辺担ぎだしに一役買ったのは、新生党でも同じ栃木県の山岡賢次だった。

山岡は、小沢に申し出た。

「日本経済の建て直しは、ミッチーのような人がいい。かれは病気で先は長くないけど、それだけに総理になったら、日本の景気回復のために思い切った手法がとれる。政治家として歴史に残る大きな仕事がしたい、という思いがあるだろう。ミッチーを担いだら、どうか」

　小沢は、乗り気であった。そこで、山岡は、ひそかに小沢と渡辺の会談をセットした。場所は、渡辺の娘夫婦の家であった。

　山岡は、渡辺を口説いた。

「あなたも、河野（洋平）に総裁選で負けたし、このままでは、埋もれておしまいじゃないか。河野さんもいい人だけど、役人のいいなりの人畜無害じゃダメだ。善人ゆえの悪ということもある。あなたは、悪人ゆえの善だ」

　渡辺は苦笑した。

「なんだ、おれは悪人かよッ」

「いや、昔の言葉でいうと、悪党というのは力持ちという意味だ。その意味では、あなたは悪党ですよ。善人とは、裏を返せば無能という意味だ。このまま自民党で埋もれて、どうするんですか。これまでの志は、どうなるんですか。それなら、わがほうに乗っかって景気回復の態勢をつくる。もちろん、思い切ったことをやれば敵もできる。だから、総理になって道筋をつけたら、さっさとやめればいい。そうしなければ、大久保利通みたいに暗殺されるから」

山岡は、渡辺の政策担当である渡辺派の柿沢弘治と連絡を取り合い、政策を調整した。最終的な打ち合わせは、四月十六日の土曜日、全日空ホテルでおこなわれた。

小沢と山岡が待つ部屋に、渡辺派事務総長の中山正暉、政策担当の柿沢弘治、それに渡辺の秘書で長男の渡辺喜美の三人が姿を現した。政策などの条件も、すべて整った。

小沢は、中山らに言った。

「本人から直接、『おれがやるので、よろしく』という言葉がほしい。明日（十七日）の午前中までにわたしの自宅に電話をくれるよう、伝えてほしい」

小沢は、十七日の午後、新生党の渡部恒三代表幹事代行、公明党の市川雄一書記長、民社党の米沢隆書記長らを招集していた。渡辺から小沢のもとに返事があれば、すぐに渡辺総理でいく、という手はずを整えていたのだ。

二の足を踏んだ渡辺

その日、小沢は、朝の六時から、世田谷区深沢の自宅の電話の前で、渡辺からの電話を待ちつづけた。

いっぽう、山岡は山岡で、事務所で小沢からの連絡を待った。ところが、待てど暮らせど小沢からいっこうに連絡が入らない。山岡は、しだいに腹が立ってきた。

〈いままで間に入っていたのは、おれじゃないか。成ったのなら成ったで、電話の一つもくれればいいのに〉

山岡は、そう文句を言おうと思い、正午をすぎた頃、小沢邸に電話をかけた。

そうしたところ、逆に小沢から怒鳴られてしまった。

「どうなってるんだ、山岡君！」

山岡はあわてた。

「どうなっているって、どうなってるんですか？」

「電話が、かかってこないじゃないか」

「そんな馬鹿なことがあるんですか。これから自分が総理になれるというのに、電話をかけてこないなんて人がいるんですか」

「六時から待っているのに、かかってこないよ。もう終わりだ。おれは、みんなを集めている。どう、説明するんだ！」

小沢がタイムリミットを、正午に設定したのは理由がある。この日正午すぎ、新生党党首の羽田孜外務大臣が、モロッコのマラケシュで開かれた、ウルグアイ・ラウンド閣僚会議から帰国する。

ポスト細川は、順当なら羽田だ。が、乱世ゆえ羽田に傷がつくかもしれない。ここは渡辺にワンポイント・リリーフで登板してもらい、経済政策を転換させ、政局が安定したら羽田に任せる。それが、羽田に対する小沢の親心であった。

ところが、マスコミは「次期総理は、羽田氏で確実」と煽り立てる。羽田も、すっかりその気になっていた。そこで、小沢は、モロッコに出発する前、羽田に告げた。

「つとむちゃんが、モロッコに行っている間に、別の人に決まったら、その人が総理だよ。でも、決まってなかったら、つとむちゃんということになる」

それゆえ、羽田の乗った飛行機が、正午すぎに成田空港に到着する前に、渡辺に決断してもらいたかったのだ。

ふてくされた小沢は、よせばいいのに新生党の山口敏夫に誘われ、ミュージカルの『ピーターパン』を見に出かけてしまった。

山岡は、渡辺派事務総長の中山正暉に電話を入れた。

「渡辺さんから小沢さんのところに電話がないということなんですが、いったい、どうなっているんですか」

中山もまた、おどろいた。

「えッ！　かけてないの？」

山岡は、渡辺の行方をさんざん探した。どうやら、渡辺は、娘夫婦の家に泊まっているらしい。山岡は、渡辺の娘夫婦の家に電話をかけた。

「山岡です。先生を出してください」

娘は、けんもほろろであった。

「おりません」

山岡は、ついムキになった。

「いるのは、わかっているんだ。とにかく電話に出してくれ」

娘は、ようやく渡辺がいることを認めた。

「いま、寝ています」

「寝ているのなら、起こしてくれ」

「起こすわけにはいきません」

「いや、決して文句は言われないから起こしてくれ」

娘は折れた。

「ちょっと、お待ちください」

やがて、受話器の向こうで聞き慣れた栃木弁が響いた。

「いま、何時だ?」

「何時だ、ではないですよ、あなた! なぜ、電話しないんですか」

「すまん、寝坊した」

その開けっ広げな性格で人気を得、ミッチーの愛称で親しまれた渡辺だが、意外にも気の弱いところのある人物であった。


山岡は、これまでも、何度も、議員会館裏のパレロワイヤル永田町の渡辺の個人事務所を訪ね、決断をうながしつづけた。

「あなたは、それでも男なのか。自民党と天下と、どちらが大事なのか。そんな決断ができなくて、よくいままで総理を目指すと言ってきましたね」

山岡が、そう迫ると、渡辺はおたおたしていた。渡辺は、自民党に残って総理をやりたいと考えていた。が、連立側とすれば、それは絶対に呑むことができない。連立側が渡辺を推すには、自民党離党が大前提である。社会党は、渡辺を推すのは消極的であった。連立側には、大本命の羽田がいる。

それを、高い見地から強引に押し切るには、羽田が帰国する前に、渡辺に決断してもらうことであった。

　山岡に起こされた渡辺は、あわてて小沢に電話を入れた。が、もはや後の祭である。小沢は、すでに外出し、その居場所すら教えてもらえなかった。

　いっぽう、山岡は、ミュージカルを観劇中の小沢に連絡を取った。小沢は、憮然としていた。

「なんだい、山岡君」

「いや、渡辺さんの件で……」

「おれは、もう知らん！」

「そうは、いかんでしょう」

「だって、羽田が帰ってきてしまったじゃないか」

「それは、よくわかります。でも、そんな状況とは、渡辺さんはわかっていないんですから」

　小沢は、さすがに気になったのであろう、山岡に指示した。

「きみ、これから渡辺さんのところに行ってほしい。そして、直接、羽田と話すように言ってくれ」

　小沢は、義理堅い。羽田と約束している以上、いまさら羽田に「渡辺さんに譲ってほしい」とは言えない。

渡辺が総理の座を手に入れるには、羽田と直接話し合い、羽田に降りるよう説得するしか方法は残されていなかった。

幻となった渡辺総理

午後二時すぎ、山岡は、単身、千代田区平河町二丁目にある砂防会館の渡辺派事務所に乗り込んだ。

渡辺は、娘の家から砂防会館に駆けつけていた。

山岡は、渡辺に告げた。

「あなたが約束を破ったのだから、この話は御破算になりました」

渡辺とすれば、タイムリミットから一、二時間遅れたくらいで、なぜ、総理の座を棒に振らざるをえないのか、納得のいかない様子であった。

このあたりが、のちのち「小沢悪者論」につながってくるが、小沢には、羽田との約束がある。それに、前述の通り、渡辺の電話を受けたあと、すぐに渡辺総理でまとめるため、あらかじめ公明党の市川書記長や民社党の米沢書記長たちを招集していた。その事情を、渡辺は知らなかったのだ。

山岡はつづけた。

「でも、可能性はないことはない」

渡辺は、身を乗り出した。

山岡は言った。

「羽田さんと話し合い、『今回は、おれにやらせてくれ。おれの次は、きみだ』と頼んでください」

「そうか、わかった」

山岡は、念を押した。

「ただし、羽田さんが、うんと言えば、あなたに決まるが、ダメと言ったら、われわれはあなたを担げない。そのときは、自民党を離党することはありません。引き返してください」

しかし、興奮した渡辺は、砂防会館を出たとき記者団に囲まれ、つい口にした。

「自民党を離党する」

地元の系列県議も、いっせいに離党に動いた。記者団は、色めきたった。

なお、渡辺の電話を受けた羽田は、渡辺の頼みを拒否した。「羽田総理誕生」とマスコミが大々的に報じ、羽田もまた引くに引けなくなっていた。皮肉にも、渡辺は、総理の座がスルリと手からこぼれ落ちてから、離党を決断したことになる。

羽田総理の誕生

平成六年四月二十五日、新生党党首の羽田孜は、衆議院本会議で首班に指名されると、つづいておこなわれた参議院本会議でも首班に指名され、各党にあいさつまわりをはじめた。

そのころ、小沢一郎夫人の和子から、羽田夫人の綏子に電話があった。

和子夫人は、「おめでとうございます」という祝いの言葉のあと、言った。

「主人は、昨夜、家に帰って言っておりました。『本当に本命を出すんだから、自分が地ならしをしなくてはいけない。つとむちゃんのために、社会党と、政策を詰めたよ』」

そういういわずもがなの以心伝心というのが、羽田と小沢の間にあることに、綏子夫人も感激した。

社会党の連立離脱

首班指名選挙のおこなわれた夜、大内啓伍民社党委員長が、日本新党・新生党などとの統一会派構想を提唱。新生党、日本新党、民社党、自由党、改革の会が、統一会派「改新」の結成で合意した。

この突然の結成に反発し、その会派から外されていた社会党は、連立離脱を表明したのだ。社会党が連立を離脱するきっかけとなった統一会派・改新騒動は、山岡賢次によると、小沢主導でなく、逆に小沢がだまされたものであったという。

民社党の大内委員長が、小沢に申し出た。

「『改新』という統一会派を、つくりたい。社会党もふくめて、みんなこれでいいと言っている」

小沢は答えた。

「みんながいいのなら、いいですよ」

小沢の美点であり、欠点でもあるが、小沢はよく「みんながいいなら、いい」という態度をとる。説明も足りない。

自民党系議員の多くは、社会党と民社党は兄弟関係以上の協調関係にあると思っていた。ところが、社会党と民社党の間には、ある意味では自民党系と社会党系よりもはるかに根深い骨肉の争いがあった。そのことへの小沢らの認識は薄かった。

大内は、小沢に「社会党も了承した」と言ったが、実際には、社会党の村山富市委員長にほのめかしただけであった。

羽田総理を支える立場にいる新生党の石井一は、事の成り行きに、つい、苦々しい表情になった。

〈大内さんは、すでに社会党や連合と話をつけているはずではなかったのか〉

石井が耳にしたところによると、この日午後三時すぎ、大内が村山の部屋を訪ね、訴えた。

「米沢書記長をはじめ多くの議員が、大会派構想でないと自分たちは生き残れないといっています。このままでは、わたしは党内で孤立してしまう。委員長という立場を守るためには、やむをえない決断を迫られています。これまでの主張を大きく変えるようですが、大会派を結成したい」

大内は、党内の基盤が脆弱である。小沢寄りと見られる米沢隆書記長を担ぐ「グループC&C」が主力を占め、大内支持は少ない。このままでは、六月の党大会で委員長の座を引きずり下ろされる可能性があった。

起死回生の手として、統一会派構想のイニシアチブを取れば、民社党は閣僚ポストを二つとれるのではないか、という打算も正直なところ働いていた。

これに対し、大内のいうところによると、村山は、了解したという。だが、その際、「今日、発表する」とはいわなかったらしい。このことが、村山を怒らせることになったのである。

さらには、村山は、大内の立場の苦しさに同情し、

「あんたも、大変だな」

と言っただけで、その話を社会党も了承する、とは言っていなかったという。それを大内は早とちりし、村山も話に乗ったと取り、新生党にも話を持ちかけた。

めまぐるしく変化する政局

新生党は、平成六年六月二十三日午前十時から国会内で常任幹事・幹事合同会議を開いた。楽観ムードが漂うなか、小沢は、それを振り払うようにいかめしい顔つきで言った。

「内閣不信任案可決の可能性は、残っています。みなさんのなかには、楽観視されている方もいるようですが、決して楽観してはいけません。今後、とっさの判断が必要になるかもしれない」

小沢の言葉通り、政界は複雑な展開を見せた。新党さきがけから、社会党の村山委員長を総理に擁立するとの構想が表に浮上したのである。

午前十時四十五分、新党さきがけの園田博之代表幹事が、社会党の久保亘書記長に電話で伝えた。

「わが党は、社会党の政権構想を大筋で評価できます。細かい部分で注文させていただきたい。

村山委員長が総理なら、全面的に協力するということですから」

午後には、武村代表が村山委員長と会談をおこなった。武村は、〝ムーミン・パパ〟の愛称よろしく、にこやかに言った。

「社会党が、ぜひ新政権の樹立と運営に中心的な役割を果たしていただきたい」

社会党が連立政権に復帰すれば、解散・総選挙が回避される。その場合、次期総選挙は小選挙区比例代表並立制でおこなわれる可能性が高い。連立与党を抜け、わずか二十二人の勢力のさきがけにとって、存亡の危機でもある。つまり、連立政権復帰の動きを見せる社会党に対し、復帰を思い止まらせようという思いが働いていたのである。

さらに、村山を総理に推すことで、その政権に加わり、新生党・公明党主導の連立政権を骨抜きにすることも狙っていた。

羽田内閣総辞職

平成六年度予算がようやく成立した六月二十三日午後五時三十分、羽田孜首相は、首相官邸で記者会見を開いた。

「内外は極めて厳しい状況に直面している。この難局を乗り切るには、強固な基盤に立った政権を構築することが何より大事だ。すでに、連立与党と社会党の政権協議が開始されているが、わたしはわたし自身の進退をふくめ、この協議の場にゆだねたい。政治改革の完結を最大の目標にし、基本理念、政策を同じくするものが、種々の障害を克服して協力することが、国民の付託にこたえることになると信じる」

つまり、社会党が連立政権復帰の前提として要求していた自発的総辞職の用意があることを示唆したのである。突然の発言に永田町にショックが走った。

二十三日午後九時から首相官邸で、羽田・村山会談がはじまった。村山は、羽田に総辞職を要求した。

二十四日午後五時すぎ、小沢代表幹事が首相官邸に顔を出した。小沢は、このまま深夜三時半まで羽田首相と延々会談をつづけた。

会談は、ふたりきりではなく、与党の幹部たちが入れ代わりたちかわりやって来て進められた。

じつは、このときまで、羽田は、総辞職ではなく解散を心に決めていた。

小沢も、羽田の意見に追随した。

「総理がそう決意するなら、自分も従う」

話し合いを聞いていた参議院新生党の平野貞夫は、ふたりの様子に解散は本気だと思った。

〈これは、選挙になるぞ……〉

平野は、さっそく地元の高知県に新生党からふたり候補者を立てるところまで動いた。

羽田と小沢のふたりは、それからもたくさんの人の意見を聞いた。いろいろな角度から分析してみた結果、解散を見送り、総辞職することを決めた。

二十五日午前十一時二十分、羽田首相は、記者会見でついに内閣総辞職を表明した。総辞職を決断した理由について触れた。

「本当は解散で信を問うことがいいと思ったが、連立与党だし、他の党の事情もあるし、若い人もいる。やはり、いまは政治に空白をつくるべきではない。昨日の夜の段階では、いくつかの選択肢を残していた」

総辞職は、社会党をよろこばせるためのものではない。あくまで別の次元から決めたものだ。

羽田内閣は総辞職し、これで政治はいわば白紙に返ったわけである。

海部俊樹元総理擁立の動き

二十八日の午後になって、新生党の平野貞夫の耳に思わぬ情報が自民党側から流れて来た。

「海部さんが、担ぎ出されるかも知れませんよ」

改革連合の野田毅や、海部俊樹の側近からの情報である。

平野は、可能性があるということで、さっそくその道を模索したいと思った。

小沢に相談すると、かれは一言だけ言った。

「それは、無理だ……」

自民党と長い間協議をして来た小沢である。その経験から、とても無理だという認識があったのだろう。

それでも、接触の作業はつづけようということになった。

平野は、正直にいって口惜しかった。

〈もうちょっと気を入れてくれりゃあいいのに……〉

ところが、小沢も口ではそんなことをいいながら、大いに期待していた節があった。一時間に一本の割合で、電話をかけて来るのだ。

「どうなった!」

夜中になっても、「どうなった」の電話は止まなかった。

二十九日午後六時半、海部は、記者会見を開き、自民党を離党することを表明した。同時に連立与党の首班指名候補に名乗りをあげたのである。

その頃、海部は、連立与党の党首と会談し、政策合意をしたうえで、八時の本会議に間に合わせようとしていた。

その間、新生党の平野たちを取り巻く情報は、乱れに乱れた。

「自民党のある派閥は、すべて海部に投票することが決まったぞ」

「違う派閥は、半々に割れたらしい」

甘い情報、厳しい情報が入り乱れた。どれが本当なのか、わからなくなってしまった。

平野は、正直いって、勝つも負けるも五分五分だと思った。必死にがんばってみても、わずか二時間では票固めは無理だ。

〈あとは、良識ある判断を待つしかない……〉

野田も、時間のなさを悔やんだ。

〈せめて、あと一日でも会期が延長されれば、逆転する可能性も十分にあるんだが……〉

自民党は、一時間でも早く本会議を開けと主張していた。連立与党側に多数派工作をする時間を与えるな、という戦略を取っていた。会期の延長や本会議の日時をセットする議院運営委員会の委員長は、新生党の奥田敬和である。が、社会党が村山擁立を固めたことで、連立与党側の理事は少数となった。そこに向けて、土井たか子衆議院議長が会期中に首班指名をおこなうとぶちあげた。これで、会期延長は不可能となった。

さらに、予想外の事態が起こった。なんと中曽根元首相がわざわざ記者会見まで開き、党議に違反し、海部に投票すると言明したのである。これで、中曽根アレルギーの強い社会党の票は、あまり見込めなくなった。

首班指名選挙がおこなわれる直前、海部元首相が自民党を離党し、選挙に名乗りを挙げた。

村山富市連立内閣の発足

午後八時五十二分、衆議院本会議での開票が終わった。その結果、村山二四一票、海部二二〇票、不破哲三五票、河野洋平五票、白票無効二三票であった。いずれも過半数に届かず、上位二名の決戦投票となった。

本来なら、自民党、社会党、さきがけの基礎票三〇二票を獲得するはずの村山が、二四一票しか取れなかったのは、自民党から二六票、社会党から八票の造反、それに二三票の無効票が出たからである。

午後九時二十五分、決戦投票の結果、村山が首相に任命された。社会党首相の誕生は、昭和二十二年の片山哲以来、じつに四十七年ぶりのことであった。

午後十時十分、本会議場を出た野田は、記者の質問にしみじみと答えた。

「じつに悲しいことだと思っている。かつて自民党の政策にことごとく反対してきたのが、社会党だ。票読みする余裕がなかったのが、残念だ……」

三十日午後、自民党、社会党、さきがけ三党による村山新連立内閣が発足した。二十人の閣僚の内訳は、自民党十三、社会党五、さきがけ二である。連立三党の衆議院議員数に応じて割り振られた。

小沢のけじめ

平成六年六月三十日午前、小沢は、渡部恒三と会い、自分の考えを伝えた。

「羽田政権が短命に終わったのは、自分の責任である」

それから、新生党代表幹事の辞表を渡部に渡した。

海部が負けたからではなく、あくまで羽田政権が短命に終わったからという理由であった。

これを受け、つづいてひらかれた常任幹事会では、小沢に留意を求める方針を決定した。

羽田も、議員総会の中の演説で、「責任はみんなにある」として、小沢に留意を要請した。

小沢は、その後、平野に言った。

「これが、一つの天命だ。これを是として、これから頑張らねば」

これで基本的な政界再編への道は開けたと、小沢は歴史の流れを確認していた。小沢の表情は、暗くはない。

第四章

自自連立から自公連立へ

自自連立の遅々たる歩み

橋本龍太郎総理の退陣

平成八年一月十一日、村山首相が退陣し、橋本龍太郎内閣が誕生した。

が、平成十年七月十二日投開票の第十八回参議院議員選挙で、橋本龍太郎総理率いる自民党は歴史的な大敗を喫した。自由民主党一〇三議席、民主党四十七議席、日本共産党二十三議席、公明二十二議席、社会民主党十三議席、自由党十二議席、新党さきがけ三議席。参議院での単独過半数割れに追い込まれたのである。

橋本総理は、選挙直後に辞任し、後継には、小渕恵三が選ばれた。

七月三十日に発足した小渕内閣は、参議院で少数与党であるために、非常に不安定な舵取りを強いられていく。

臨時国会最終日の十月十六日に防衛庁調達実施本部背任事件があり、参院本会議に防衛庁長官の額賀福志郎の問責決議案が提出され可決された。参院で不信任された閣僚が参院で答弁に立つことは認められないという理屈から、額賀は小渕総理に辞表を提出した。

自民党にとって参議院が少数であることは致命傷になっていたのだ。

二階俊博と古賀誠の地ならし開始

平成十年十月二日、首相官邸に野中広務官房長官を訪ねた自由党の国対委員長の二階俊博は尋ねた。

「小沢党首と野中官房長官は、お互いに国家のため政治家として話し合いをされてはいかがですか」

野中は答えた。

「この際、是非お会いをしたい。小沢党首と話し合うことは大事なことだと思う」

「官房長官は、あと五十年ほど政治をおやりになるつもりはありますか」

野中官房長官は、右手を振った。

「いやいや、小沢さんは、まだ若いので長くやるだろうが、わたしはそんなに長くやるつもりはありません」

「それでは、これは急ぎますね」

「小沢さんにお会いいただけるなら、わたしはいつでも結構です。ぜひ、お願いしたい」

二階は言った。

「さっそく、小沢党首に話します」

経世会分裂抗争の因縁

極秘裡に進められていた小沢・野中会談を前に、二階は古賀に訊かれた。

「相談があるんだけど、野中さんが小沢さんに会ったとき、最初のあいさつをなんて言えばいいのかな」

小沢と野中は、経世会分裂抗争以来、激しく対立してきた。野中は、小沢のことを「悪魔」呼ばわりしている。

野中は、『私は闘う!』という著作で、金丸信が佐川急便からの五億円の献金を認めて副総裁を辞めると耳にしたとき、「私は『クーデターやな』と直感した」と書いている。

《私は、この金丸辞任後に神奈川県・箱根で開かれた経世会の研修会でも、会長代行だった小沢一郎さんが『金丸会長の問題処理は私に任せてほしい』と言ったとき、猛然と反対している。私は小沢さんの派閥乗っ取りの野心を警戒していた。金丸献金問題で揺れる経世会を竹下、金丸を放逐することで一気に自分の手勢で乗っ取ろうとしていると踏んでいたのである。

小沢さんは金丸問題の処理を独占するためにあらゆる手段を使った。金丸邸に来ては『私に任せてください』と言いながらさめざめと泣いたり、号泣したりした。大の大人が本当にこれをやったのである。人情家の金丸さんは『小沢に涙を出して泣かれた』と言っては『一郎、もういい。お前の言う事はわかった』と、次第に小沢さんに問題をあずけてしまうような形になっていた。私は横にいて「ようあれだけうまいこと涙が出るな」と思い歯ぎしりをしたが、どうしようもなかった。

小沢さんは金丸問題の処理を独占していくことによって派内の抗争を勝ち抜こうとしていた。突然の「五億円授受を認め、副総裁を辞任する金丸会見」も、経世会の反小沢派がすべて出払っている夏休みの時期をねらって、強行したのである。

「私は何としてもこれを阻止しなければと考えた」》

それゆえ、最初に何と言えばいいのか、いい言葉が見つからないというのだ。

二階は、アドバイスした。

「この七日に韓国の金大中大統領が来日するでしょう。だから、日韓方式でいこうじゃないですか」

「日韓方式？」

「金大統領は、ソウル駐在の日本人記者団との懇談で、『韓日両国がこれ以上の葛藤をつづけることなく、きれいに清算して、信頼と理解、協力の時代に入ることを心から望んでいる』とおっしゃっている。つまり、過去は問わない。未来指向ということだ。素晴らしい言葉だと思う。政治は、井戸端会議でものが決まるわけではない。国の運命を担っているもの同士が、将来を見据え、大局にたって話し合うべきだと思う」

「なるほど」

その後、まもなく古賀から連絡が入った。

「わがほうは、その方式で結構です」

二階は答えた。

「まだ党首には相談していないけど、党首もそれで了承されると思う」

小沢・野中広務会談

二階は、小沢党首に要請した。

「野中官房長官と会談をお願いします」

小沢党首は受け入れた。

「自分は、個人的なことで野中さんとの間にわだかまりはない」

「自民党の方へは過去は問わない未来志向だと言ってありますが」

「あたり前だ」

小沢党首の了解を取りつけた二階は、直ちに古賀に連絡を入れた。

「こちらも、オーケーです」

双方の日程を調整し、会談は、十月八日と決まった。場所は帝国ホテル。

二階は、古賀と前もって打ち合わせした。

「お互いに党の運命、ひいては国の運命も背負っての話になる。二人だけで話し合いをされたほうがいい。われわれは、国対の用があると言って途中で退席しよう」

十月八日、いよいよ小沢・野中会談がはじまった。二階と古賀は、コーヒーを一杯飲みおえたあと打ち合わせどおり席を立った。

「われわれは、国対の話があるので席を外します」

ふたりは、部屋の外に出た。

四十分ほどたったであろうか。

二階は、古賀に声をかけた。

「大きな音も聞こえてこないし、騒ぎにはなっていないでしょう。そろそろ中に入りましょうか」

ふたりは、部屋の中に入っていった。

「どうですか」

話がまとまったのか、小沢はすっきりとした表情であった。

しかし、野中の姿が見えない。

二階は思った。

〈どこにいったんだ〉

やがて隣の部屋から野中が出てきた。スーツからモーニング姿に着替えている。

野中は言った。

「これから、官邸で金大統領夫妻の歓迎晩餐会があるんだよ」

歓迎晩餐会は、この夜七時から開かれることになっていた。

野中は、そう言い残し、そそくさと部屋を後にした。

この小沢・野中会談は、自自連立を大きく前進させるターニングポイントとなる。

自民党と自由党の接近

十月十五日、旧国鉄債務処理法が参議院本会議で可決した。十一年もの長きにわたって延び延びとなり、どの内閣も先送りしてきた法案が鮮やかに成立した瞬間である。

この法案成立で協力しあった自民党と自由党との間に急速に信頼関係が芽生えた。小渕総理と小沢党首は、旧竹下派で同じ釜の飯を食い、竹下内閣では官房長官、官房副長官でコンビを組んできた。外国の賓客を迎えるレセプションや宮中行事などでは、たびたび顔を合わせて言葉を交わしている。旧国鉄債務処理法案の取りまとめの際には、電話で何度か会談もしていた。

野中官房長官もマスコミを通じて、しきりに自由党にラブコールを送りはじめた。

二階は思った。

〈自民党は、法案ごとにパートナーを変えて取り組むことに疲れてしまったのだろう〉

じつは、自民党は与党側に参議院議員が欲しく、本当は自由党より公明党と連立を組みたかった。自由党と組んでも、参議院の数は過半数に遠かったのだ。公明党の参議院議員は自由党より多く、公明党と組めば過半数に達するのだ。

しかし、公明党はそれまで敵対していた自民党といきなり組むことは出来ない。

そこで、自民党はまず自由党と組み、それから公明党と組もうとしていたのだ。

党首会談

十一月十九日、小沢党首は、いよいよ小渕総理と連立について会談することになった。

小沢党首は、この日の朝、会談に臨む前、東京近郊にいる国会議員を招集した。

「今朝、小渕総理と電話で話した。小渕総理のなみなみならぬ意欲を感じた。今日、なにがあるかわからない。そのために、みなさん方一人ひとりと話をしておきたい」

小沢は、自由党議員との個別面談を終えると、溜池の自由党本部を出て、車で総理官邸に向かった。

正午すぎ、ひときわ強張った表情で総理官邸の玄関を入った。

小渕・小沢会談が総理官邸中二階の執務室でおこなわれた。

小沢は、最初から「いま直ちに実行する政策」というペーパーを提示し、迫った。

「この合意なしに連立の枠組みをつくるのは無理だ」

このペーパーが、総理官邸地下の小食堂に持ち込まれた。そこには、自民党五役である森喜朗幹事長、池田行彦政調会長、深谷隆司総務会長、井上裕参院議員会長、青木幹雄参院幹事長、それに野中官房長官が控えていた。

ただちに、この提案内容の検討に入った。

かれらは、そのペーパーに眼を通した。

「政治・行政改革」は、次のように厳しい内容であった。

【(1)国会の政府委員制度を廃止し、国会審議を議員同士の討論形式に改める。そのために必要な国会法改正等法制度の整備は次の通常国会においておこなう】

【(2)与党の議員は大臣、副大臣(認証官)、政務次官あるいは政務補佐官として政府に入り、与党と政府の一体化を図る。そのための国家行政組織法改正等法制度の整備は次の通常国会においておこなう】

【(3)行政改革の一環である中央省庁の再編は、一府十二省とする。ただし、閣僚の数は金融監督庁所管の大臣を加えて、十四人とする。なお、経過措置として連立政権の発足にあたっては現行二十人の閣僚の数を十七人に削減する】

【(4)国家公務員は平成十一年度採用分から毎年新規採用を減らし、公務員数を十年間で二五%削減する】

【(5)衆議院と参議院の両議員定数を五十人ずつ削減することを目標として、自由民主・自由

両党間で協議をおこない、次の通常国会において公職選挙法の改正をおこなう】

二党の政策合意

小沢は、小渕が自由党のこの政策を呑み込み合意したことに、内心びっくりした。よろこびが湧きあがってきた。

〈この政策が、本当に実現できるんだ……〉小沢は、さらに思った。

〈この政策を成し遂げたら、小渕内閣は、歴史に残る大変な内閣になる〉

小沢は、小渕総理が「政府委員制度廃止」まで合意するとは思えなかった。

〈近代国家になった明治以来の官主導の仕組みを、民主的プロセスに帰すことができるんだ。今度の国会で実現したら、大変なことだ〉

小渕総理は、小沢にいった。

「政府委員の問題でも、安保の問題でも、みんなわたしは個人的には大賛成だ」

小沢は、午後四時すぎ、合意書にサインを交わした。

小渕は、

「ひとつよろしく」

と小沢に声をかけて握手をもとめた。

小沢は、眼をうるませて、

「はい」

と小声で答え、頭を下げた。

小沢が竹下派を割ってから六年。同じ釜の飯を食べて育ったふたりの政治家が、ここに手を結んだのである。

総理官邸に入るときはひときわ強張っていた小沢の顔も、総理官邸をあとにするときは、あまりの興奮に、頬が紅潮していた。

小沢は、溜池の自由党本部にひきあげる車のなかで、思った。

〈小渕総理との党首会談だから、できたことだろうな。本来なら、小渕さんもいっていたが、総理になった七月に考えないといけなかったことだった。金融法案の審議、額賀福志郎防衛庁長官の参議院での問責決議の成立と痛い目にあったから、よけいに身に滲みてわかったんだろうけど〉

閣僚数削減のつばぜり合い

十二月十九日午前十時から、小沢、小渕の党首会談が総理官邸でおこなわれた。

小沢は、ほとんど一方的にしゃべりまくった。一カ月前の小渕、小沢党首会談で基本的方向で一致した行政改革などの合意事項の実現を強く迫った。もっともこだわったのは、閣僚数の削減であった。小沢は要求した。

「行政改革をすすめる立場から、閣僚を二十人から十七人に減らすべきだ」

消費税の凍結や国連軍参加にともなう憲法解釈の変更など、税制や安全保障では次々と譲歩を迫られている。これ以上の妥協は、党内的にも許されないという事情があった。

が、もっと大きな理由は、閣僚の削減数が、内閣改造の規模に直結するとみられていたからだ。削減数が少なければ、自由党の入閣ポストだけを代えるなど小幅改造に終わる可能性がある。

その場合、自由党が連携してきたいわゆる保保派である亀井静香ら非主流派が狙う党三役や主要閣僚入りはむずかしい。自由党が与党の片隅で干される可能性すらある。

が、小渕総理も譲らなかった。

「二十人から一人減らして、十九人ではどうか……」

小沢の主張どおりに閣僚三ポストを削減し、さらに自由党に二ポストを渡せば、自民党は、一気に五ポストを失う。連立政権づくりの代償としては、痛みは小さくない。

とりわけ党内では、加藤紘一ら主流派と、梶山静六、亀井ら非主流両派が主導権争いを演じている。この問題の処理を誤れば、総理に不満の矛先が向くことにもなりかねない。

二時間四十五分にもおよんだ小渕、小沢会談は、「十七に」「いや、なんとか十九で」と平行線に終わり、ついにまとまらなかった。

この間、小渕総理は、森幹事長に電話を入れて説明した。

「小沢氏は、この種の問題を足して二で割るような性格の人ではないから」

小沢の強硬姿勢を伝えることで、ポスト削減を自民党側が受け入れやすくしようという狙いであった。

二階と古賀の努力

会談後、ホテルオークラで待機していた古賀誠のもとに、野中官房長官から電話がかかってきた。

「案の定だよ。何もまとまらなかった。次は二十一日あたりにやってもらえばいいかな」

古賀は進言した。

「明日は、日曜日です。日曜日には、両党の幹部がテレビ出演する。月曜日には、自由党の会議もある。週明けに持ち越すと話がこじれる可能性もありますよ。今日中にまとめるべきです」

古賀は、二階に連絡を入れた。

「小沢党首がそのままお帰りになると、持ち帰りみたいになってしまう。期間をおくよりは、時間をおかずにやるべきじゃないか」

「わたしも、そう思う」

「それじゃ、落ち合おう。いま、オークラにいるので、ご足労をかけますが、おいでいただけますか」

二人は、ホテルオークラの一室で約四時間半にわたって安全保障問題、閣僚の数、政府委員廃止などの問題点について話し合った。おたがいに秘書を連れてこなかったので、ワープロを打つものもいない。鉛筆をなめながら、すり合わせをおこなった。

二階は、閣僚の数を二十から十七に削減するよう要求した。改革と言えば改革だが、そう簡単に閣僚の首を切れるものではない。自民党の幹部は、この話になると、みんな逃げてしまった。しかし、数を減らさなければ小沢は承知しない。自自連立は、幻となる。関係者一同、困り果てていた。が、古賀は、二十と十七の間をとって十八でまとめた。その度胸の良さに、二階は感心した。

古賀は野中と、二階は小沢と、連絡を取り合いながら合意案をまとめ、午後十時に再会談を設定した。

しかし、党首会談の直前、小沢が自民党側に難色をしめした。

「閣僚数は、十八で譲歩する。しかし、安全保障をなんとかしてくれ」

小沢は、閣僚数で一人分譲歩する代わりに、安全保障問題にはこだ方ったのである。

官邸は、「安全保障の原則を確立する」というくだりを合意に書き込むことを打診し、小沢も了承した。

小渕、小沢の党首会談は、夜の十時二分から総理官邸で再開された。

小渕総理は、閣僚数十七にこだわる小沢に妥協案を出した。

「十七プラス金融再生委員長ポスト一を加え十八では……」

小沢も呑んだ。

小渕は、このあと総理官邸でひらいた自民党五役との会談で語った。

「引きつづき、執行部のみなさんには、次の国会でもご苦労願いたい」

森喜朗幹事長、池田行彦政調会長、深谷隆司総務会長の党三役と、参院議員会長、参院幹事長を留任させる考えを伝えた。党人事に手をつければ、党内の主流派と非主流派との抗争が拡大して政権基盤を揺るがしかねないため先送りしたのである。

党首会談の合意を受けて、実務者レベルで協議がつづけられた。

ところが、具体的な話になると、自民党側が慎重になる。自由党が「やる気がない」などと反発。

自民党と折衝していた二階が、次の党首会談に向けての段取りを相談してきた十二月二十六日の夜、小沢は声を荒らげた。

「安全保障の詰めができていないのに、そんな話は受けるなッ！」

決着に向けて進んでいた両党の協議は、入閣を要請されてもいる小沢の一声で足踏みすることになった。

自民党側からは当初二ポストといわれていた自由党の入閣者を、小沢一人に絞り、ポストは

「副総理」をつけずに二度目の「自治大臣」をあてるという人事構想も伝わった。

さらに、小渕総理が自自連立に消極的な加藤紘一前幹事長らと二十四日に「安保問題に関する憲法解釈は変えない」と確認したことも、自由党内の反発ムードに火を点けた。

「安保をあいまいにしたまま副総理にもつかずに入閣すれば、党首は、閣内でものがいえなくなる」

難航する連立協議

小沢党首は、小渕総理から第三回目の党首会談を要請された。

当初、小沢党首は、党首会談を受けるつもりであった。が、連日、自由党がポストを要求してごねている、という報道が流されている。党内にも、

「これなら連立政権は断念せざるをえないのではないか」

という声がにわかにおこってきた。

小沢党首も、人事の話なら党首会談に応じられない、と十二月二十八日に予定されていた会談の延期を申し入れたのである。

総理官邸で協議した小渕総理と野中官房長官、森幹事長は、念仏のようにいい合うばかり

だった。

「我慢。我慢、だ……」

小渕総理は、記者団から難航ぎみの連立協議について感想を聞かれたときも、苦笑交じりでいった。

「それはいま、自由党との間で協議している。僕がこうしなさい、とはいえないじゃないですか」

小渕総理らは、自自連立へのレールはすでに敷き終わった気分でいた。小渕総理が加藤紘一、山崎拓、小泉純一郎のいわゆるＹＫＫに会って協力を求めたのも、あとは仕上げの党内調整だけ、といった気持ちからだった。

それだけに、小沢の瀬戸際の踏ん張りには、総理周辺ですら、とまどいの声があがった。

「最後まで小沢氏が安保問題でこだわるなら、連立話をなしにするしかない」

自民、自由両党は、十二月二十八日の幹事長会談で、連立政権の政策に関する五つのプロジェクトチームの設置に合意した。

【閣僚に代わって官僚が国会答弁をする政府委員制度の廃止・副大臣制導入に関する協議】
【国会議員の定数削減に関する協議】
【安全保障の基本原則に関する協議】

【中央省庁再編・公務員定数削減に関する協議】

【経済・税制に関する協議】

の五つであった。

プロジェクトチームは、平成十一年一月十九日の通常国会召集日までに結論を出す。「経済・税制に関する協議」だけは、随時協議することに決まった。


十二月二十九日午後九時前、小沢党首は、総理官邸に向かった。

二階は、小沢党首の後ろ姿を見送りながらおもった。

〈場合によっては、この会談によって連立が壊れるかもしれない〉

自分たちが提案している政策を曖昧に呑み、まるで子供をあやしているような調子で真剣に受け止めないということであれば、それもしょうがないのではないか。自自連立は、自由党の議員にとっても政治生命がかかっている。各議員が、これまで選挙区で行動してきたこと、世間に発表してきたことと自自連立のための政策課題が合致するのか。小沢党首は、一人ひとりの国会議員の意向を確かめておきたいと全員と話し合いをおこなった。そして、われわれ全国会議員が小沢党首に一任することを決めた。

自民党は、いい言葉でいえば幅が広くて奥行きもある。歴史も伝統もある。さらに論客もそろっている。それぞれ整備された派閥がある。こういう状況のなかで、議論は簡単に結論を得られないということは、わからないわけではない。が、この国難ともいえるような状況におかれているときに、政治家として打開していくためになにをなすべきか、なにをすればいいのか。

そのことを考えて自分たちは、政策の似かよったグループが一致団結、一致協力して国難に立ち向かおうと決意したのだ。

党首二人の決断

小沢と小渕総理は、十二月二十九日夜、総理官邸で会談した。だれもまじえず、ふたりきりで、連立政権づくりをめぐって話し合った。

小沢は、政策重視の姿勢を、あらためて強調した。

「われわれの政策が実行、実現されないなら、この連立の話は、なかったことにしていただきたい」

自由党が連立政権の前提として、政策面の一致を主張してきたことを重視し、政策協議を加速することで合意した。

四十分にわたった会談を終えて、自由党本部にもどった小沢党首は、満足そうな表情をしていた。二階は推察した。

〈感触がよかったんだな……〉

小渕総理は、この夜の会談を受け、年明けの平成十一年一月半ばに内閣改造を実施する方向で調整に入った。

平成十一年一月十三日朝八時から、自自の協議が再開された。

午後五時前、ようやく合意文書がまとまった。小沢の主張に、外務省も納得した。

合意文書では、「憲法の平和主義、国際協調主義の理念に基づいて、国際社会の平和と安全確保のための活動に積極的に協力する」として自由党の主張を取り入れた。

そのうえで、国連平和活動への協力についてもはっきりさせた。

平成十三年以降には、「大臣および複数の副大臣、政務官を置き、大臣、副大臣、政務官に国会での反論権を与える」としたのである。

自自公連立で失ったもの

自自連立政権の発足

平成十一年一月十四日、自自連立政権が発足した。

小渕総理は、小沢党首に入閣を要請した。が、小沢党首は辞退した。代わって野田毅幹事長が自治大臣として入閣した。

平成十一年三月十二日、新しい日米防衛協力のための指針、いわゆるガイドライン法案の審議が衆議院本会議で始まった。

三月十八日には、衆議院ガイドライン特別委員会が開かれ、本格的な論戦がスタートした。だが、自由党は「周辺事態」の定義の明確化にこだわり、自民党との協議は難航した。小沢党首は、連立離脱も辞さずという強硬な姿勢を見せていた。

ちらつく公明党の影

しかし、政府・自民党は、自由党ではなく公明党との協議を重視しはじめた。

さらに、衆議院ガイドライン特別委員会の山崎拓委員長は、

「安全保障問題は幅広い国民的基盤が大切だ」

として、公明党だけでなく、民主党の賛成を取りつけて自自公民の枠組みでの法案成立を目指していた。ＹＫＫの一人である山崎は、加藤らと自自連立には消極的な立場をとっていた。

二階は苛立った。

〈自自公民では政治にならない。民主党がまとまってガイドライン関連法案に賛成してくれるというのは、一年、二年待っても無理な話だ。山崎さんの動きは、自由党外しじゃないか。古賀さんに、文句をつけてやろう〉

二階は自自両党の衆参国対委員長会談の席で古賀に迫った。この会談は毎週月曜日の午後三時から定期的に開かれている。

「〝自公〟、〝自公〟という言葉がさかんに報道で踊っておるが、これは、まことにおかしいで

はないか。自自でまとまったものを、公と折衝するならわかる。しかし、自自でまとまったものを、自公の協議で引っ繰り返し、相反する取決めをするのなら、自自連立の解消が先じゃないか」

古賀は、素直に頭を下げた。

「まったくその通りだ。申し訳ない。さっそく、執行部およびそのことを推進している筋に、自由党から厳重抗議があった、ということを伝えておく」

譲らない山崎拓

それでも山崎委員長は、自自公民による合意づくりを進めた。

四月二十五日午後、山崎は森幹事長に電話で伝えた。

「自自で突っ走れば、採決をしない」

山崎は、委員長辞任をちらつかせながら民主党の折衝に執念を見せた。

いっぽう、池田行彦政調会長は、自由党との連立維持を最優先させた。

この日午前十一時三十分から自自の国対委員長会談が開かれた。

正午には、自公の国対委員長会談。

午後一時、自自・公の国対委員長会談。

午後二時、二回目の自自・公の国対委員長会談。これらの会談は、院内の公明党役員室でおこなわれた。

二階が顔を出すと、すでに自民党の古賀国対委員長、公明党の冬柴鉄三幹事長が顔をそろえていた。

いっぽう、ホテルニューオータニでは自民党の池田行彦政調会長、自由党の藤井裕久幹事長が会談をおこなっていた。それに古賀国対委員長と二階国対委員長が加わった。さらに、その席に、公明党の冬柴幹事長と草川昭三国対委員長が加わった。

その会談で、『船舶検査活動に関する条項は削除し、今国会中にも別途、立法措置をとることとし、直ちに、自民、自由及び公明・改革の三会派間で、これについての協議を開始する』という覚書がまとまった。

このときすでに自自公の合意がなされていたのだ。

自自公連立に着手

午後八時、ホテルニューオータニで自由党の小沢党首、藤井幹事長、二階国対委員長の三人が自自公の合意について話し合った。

午後八時半、小沢党首はオーケーを出した。

平成十一年七月七日夕方、小渕恵三総理は自由党の小沢一郎党首、公明党の神崎武法代表とそれぞれ会談し、自自公連立政権づくりに着手する考えを正式に表明した。

平成十一年八月十日、小沢党首は、党本部で全議員懇談会を開いた。その席で、自ら作成した①連立の一体化（自・自―公）②連立継続（自―自―公）③単独（自由党）という今後の政局シミュレーション図を示し、説明した。

小沢党首は、連立を離脱した場合でも次期総選挙ではかえって有利と分析し、強気の姿勢を貫いた。

自自公政権の発足

平成十一年九月二十一日、自民党総裁選の投開票がおこなわれた。小渕総理は、全体の七割近い票を集め再選をはたした。

小渕総理は、党役員・内閣人事の具体的な検討に入った。二階が運輸大臣兼北海道開発庁長官に就任した。

平成十一年十月五日、自民党と自由党の連立政権に新たに公明党が加わり、いわゆる自自公連立政権が発足した。

自民党は、公明党と組むことで、参議院の過半数は埋まった。はっきり言って、数からして自由党は必要なくなったのだ。ウルサイ小沢自由党が煩わしくなっていく。

小沢は、自自連立はもうダメだという見切りをつけはじめていた。公明党が入ってきた秋以降は、いつ連立政権を離脱するか、そのタイミングを測っていた。

ただ、小沢は、なかなか踏ん切りがつかなかった。側近の達増拓也に、ぼそりと洩らした。

「二階も、大臣として正月のあいさつをさせてやらないと気の毒だからな」

平成十二年三月二十七日、小沢一郎は、党常任幹事会で連立政権への今後の対応について、離脱問題をめぐって党内調整に入る意向を明らかにした。

「二十九日の全議員懇談会で、最近の状況について申し上げたい。意見のある人は、個別に言ってきてほしい」

小沢は、三月四日に小渕総理と会談した際に、自民党と自由党が総選挙前に解党して新党を結成することも視野に「両党間の完全な選挙協力をする」「両党間で新たな政党合意を交わす」などを申し入れた。

しかし、選挙協力はわずか五選挙区にとどまった。小渕総理は、総選挙前の自自合流はないとの見解も示した。

変化した自由党の立ち位置

小沢は、自民党に不満を募らせ、講演などで発言していた。

「約束した政策を実行しないのなら、連立していても意味がない」

自由党は、これまでにも平成十一年八月の通常国会会期末、公明党が政権参加した十月、暮れの臨時国会の会期末と三回に渡って「離脱騒ぎ」を起こしてきた。今回で、じつに四回目であった。

党内は「連立を離脱して、自由党本来の政策や主張を貫くべきだ」という連立離脱派と「いや、あくまで連立にとどまり、自自公体制のなかで選挙を戦うべきだ」という連立維持派に分かれ、分裂ぶくみの状況となった。

二階運輸大臣のもとに、若手議員が何人も訪ねてきた。かれらは、みな涙ながらに訴えてきた。

「なんとか、分裂を回避してください」

二階は危機感を強めた。

〈国会議員は、みなそれぞれ選挙区を抱えている。解散の時期も近い。みな命懸けだ。ここは、なんとしても分裂は避けなければいけない〉

三月二十八日、二階は記者会見で離脱問題について触れた。

「小渕内閣の閣僚という責任ある立場で、軽々しくそうした問題に言及するつもりはない」

閣僚である二階の去就は、多少なりとも政局に影響をおよぼすことには違いない。自らの態度を内外に明らかにするのは、最後の最後まで慎重でなければならない。そう考えていたのである。

従って、二階は、連立離脱派、連立維持派のどちらのグループの集まりにも、あえて参加していなかった。

三月二十九日午後五時、自由党の全議員懇談会が開かれた。

小沢党首は、スライドなどを使って独自の世論調査結果として、自自公連立政権の支持率がいかに低下しているかを説明した。

「このままいったら、選挙は勝てない。自民党は、小渕総理をはじめ危機感が欠如している。健全な保守主義を標榜して戦うことが必要だ。わたしが邪魔なら、わたしがどいてもいい。保守勢力は危機的状況にある。新しい保守勢力をつくらないと大変なことになる。聞き入れられなければ、外に出て批判勢力の受け皿になることも考えている。そのときにどうするのか。諸君も、自分の立場で考えてもらいたい」

そのうえで言った。

「近く、小渕総理とも話をしなければならない。その段階で判断することが大事だ」

自由党の政権離脱

四月一日午後六時、小渕総理、自由党の小沢党首、公明党の神崎代表の与党三党首による会談が総理官邸でおこなわれた。青木幹雄官房長官も同席した。

小沢は、「三党政策合意要旨」を配った。

小沢は、その紙を読みあげた。

その後、小沢と小渕ふたりきりで話し合った。

さらにその後、ふたたび青木、神崎も加わった。

小渕がいった。

「やっぱり、連立は、みんなが努力して、おたがいに誠実に対応することが一つある。気持ちが合わないとうまくいかない。その意味では、小沢党首との関係で、連立はうまくいかないと思う。自由党との連立は、解消させていただきます。引きつづき公明党さんとはやりたい」

小沢はいった。

「大変残念であり、はなはだ遺憾だ。あくまで政策の実現を求めるだけだ」

青木がいった。

「政策というより、体質の問題だ」

小渕もいった。

「そんなことをいうのなら、信頼関係が保てない」

小沢は思った。

〈おそらく、自由党を出ていく議員を引っ張りこむ目処がついたからだろうな。そもそも、党首会談を開かなくても、結論はわかりきっていた〉

小沢は、すぐに立ち上がった。

「じゃあ、わたしはこれで失礼します」

会談後、小渕総理は森幹事長と協議し、その後、記者団に自由党との連立を解消する意向を表明した。

「連立の運営について協議したが、基本的な考えが一致せず、信頼関係の維持が困難になった。

わたしと神崎代表は、自民、公明・改革クラブで引きつづき連立を維持することで一致した」

小沢も、記者会見で表明した。

「粘り強く政策合意を求めていくというのはもう無理だ」

自由党の政権離脱が、事実上決まった瞬間であった。

午後七時五十分、小渕総理は、報道各社のインタビューで自由党との連立解消を正式表明した。

病魔に倒れた小渕恵三総理

小渕総理は、公明党に、自由党の野田毅らが結成する新党「保守党」を加えた新たな三党連立を構築する方針でいた。

が、小渕首相は、四月二日午前零時半頃、公邸で体調の不調を訴えた。

深夜一時すぎ、秘書のライトバンで千鶴子夫人につきそわれ、順天堂大学付属病院に向かった。臨床診察で脳梗塞の疑いがあることが千鶴子夫人に伝えられた。緊急入院となった。

午後二時頃、順天堂大学付属病院のＭＲＩ（磁気共鳴断層撮影）で、小渕総理は、脳梗塞と診断された。

四月二日午後十一時半、思わぬ事態が明らかになった。青木官房長官が緊急記者会見で言った。

「小渕総理は、本日午前一時頃、過労のために緊急入院した。現在検査中であり、結果については判明次第発表する」

小沢は、小渕総理の入院を知り、驚きを隠せなかった。

〈党首会談を終えての握手は、力強かった。まさか、倒れるとは思わなかった……〉

自由党の分裂

四月三日、自由党の全議員懇談会がひらかれた。連立維持派は自由党を離党し、新党を結成することになった。二階も、新党に参画することを決めた。

小沢は、かつての側近がまた離れていったことについて思った。

〈国会議員である以上、みんな好きなようにすればいい。甘ったれていてはダメだ。自分の判断で行動したんだから、別になにもいうことはない。が、いまになって思うが、もっと早く連立を離脱すればよかった。結局、最後は決断することになるんだから、前の年の八月の通常国会の終盤で決断すたほうがよかった。八月に決断していたら、約束を守らない者とはいっしょにやれない、ということははっきりと国民もわかってくれただろう〉

何事もはっきりさせるタイプの小沢が、なぜ決断できなかったのか。仲間が、いろいろ心配そうな顔をしたり、ワーワー言ったりしたからである。政治は情に流されてはいけないというものの、現実には、そう単純に割り切れないときもある。

のちに小沢は、このとき二階らと袂を分かったことについて、筆者に語っている。

「自分たちが自自公連立政権から離脱するとき、やっぱり離脱のタイミングが遅かった。もっと早く離脱するべきだった。だけど、なぜ離脱できなかったのかと言えば、それは二階が大臣になっていたからなんだ。当時、二階が運輸大臣になっていたから、早く離脱しようと思っていたのに、実現できなかったんだ。いま考えると、早めに離脱していたら、二階もついてきた可能性はあった。だが、二階が大臣になったばかりだから、つい情にほだされて、政権から離脱する決断ができなかった。言ってしまえば、いまから振り返って考えると、情が濃すぎたんだな」

小沢は思う。

〈あのときにやっておけばよかった。その遅れが、逆にいえば、自由党分裂につながり、半分以上が保守党にいくことになったのかもしれない〉

四月五日、自民党は、森喜朗を新総裁に選出。公明党、保守党とともに森を総理に指名し、自公保三党による森連立政権が発足した。

第五章

ねじれ国会の時代

政権交代への布石

小沢・鳩山由紀夫会談

自由党が連立政権を離脱してまもない平成十二年四月十三日、民主党の鳩山由紀夫代表と自由党の小沢一郎党首がひそかに会談した。仲立人は、民主党副代表の石井一であった。鳩山は、平成十一年九月の民主党代表選で、菅直人を破り、新代表に選出されていた。

小沢は、自自連立について会談の席で言った。

「自民党に、だまされた。野中の卑怯な手法に、またやられてしまった。一度はひれ伏して、何としても連立を、と言ったのに、裏からわが方に手を突っこんできた」

会談は、雑談に終始した。

石井は、ふたりのやりとりを聞きながら思った。

〈小沢は、「鳩山は、どの程度のタマなのか」と人物の見定めをしている。鳩山は、「小沢は何を考えているのか」ということを探っているようだな〉

雑談のなかで、小沢はさらりと言った。

「野党連合を形成し、国民に政権構想をしめして総選挙が戦えればいい。首班候補は、第三者でもいいじゃないか。おたがいに共通の首班候補を探せないだろうか。全野党が共闘すれば、自民党は一発で吹っ飛ぶぞ」

しかし、民主党は、民主党を中心とした勢力で、孤高の道を歩むという方針を決めている。

石井は思った。

〈その着眼点は、鋭い。が、われわれの首班候補は、あくまでも代表の鳩山だ〉

四月十五日夜、鳩山は、熊本市の街頭演説で小沢と会談したことを明かした。

この発言は、波紋を広げた。民主党内には、不満が渦巻いた。

「総選挙前に野党色をアピールしようとする自由党に、利用されるだけだ。鳩山代表の政治センスを疑う」

しかし、石井は、自由党との接触に不満の声をあげる者らにピシャリと言った。

「連立を飛び出たのだから、チャンスじゃないか。自民党に業を煮やした人間とおたがいに野党という立場で話し合いを持つということの、なにがいかんのか！」

そう言うと、みな黙りこんでしまった。それ以上、批判は出なかった。

自由党と民主党の選挙協力

六月二十五日投開票の総選挙では、一部で、民主党と自由党の選挙協力は実現する。

この総選挙に向け、五月二十日から全国放映された自由党のテレビCMが話題を呼んだ。

スーツ姿の小沢が、ビルの谷間を歩いていて、突然、何者かに左右の頬を何度も引っぱたかれる。顔をゆがめ、よろけそうになる小沢。それでも足を踏ん張り、「日本一新」と言いきり、何事もなかったように歩き始める。そして、ナレーションが入る。

「叩かれることを恐れては、未来につながる政策は実現しない」

小沢は、このアイデアを見ていった。

「ちょっと、ふざけていると思われはしないか」

担当者が、太鼓判を押した。

「そんなことはありません。絶対いけます」

大筋のアイデアは広告代理店の専門家や若手議員に任せるが、決め台詞やコピーは、すべて小沢がチェックした。

「党の理念が、ちゃんと入っているか」

「興味や関心を引くためには、子どもが真似するようなものが入ってないとダメだ」

達増拓也は、広報副委員長としてテレビCM作りに関与したが、小沢は、嫌な顔も見せず四時間も撮影につきあった。

小沢は、最後の編集作業にも立ち会った。

「この間が、ちょっと短すぎるんじゃないのか」

CMも、ぴたっとはまれば効果は大きい。小沢は思った。

〈マスメディアは、どうしても、政策の中身のことを全然取り上げない。CMによって票を増やすのではなく、国民が視線を自分や自由党に向けてくれればいい。それによって政策の中身を見れば、いいということがわかってもらえる〉

自由党のこのテレビCMに、羽田孜はおどろいた。

〈若いころのシャイな小沢ならば、このようなCMには出なかったにちがいない〉

自民党山崎派の甘利明は、自由党のCMをはじめて見たとき、敵ながらいいCMをつくったと感心した。

〈これは、やられた〉

かならず比例で自由党は勢力をより伸ばすと直感した。

次回総選挙への手応え

予想通り総選挙の結果、自由党は、小選挙区で四名、比例で十八名の二二議席を獲得し、三議席増やす。自公連立を批判する牢固たる自民党支持層の票を取りこんだのである。比例は、六六〇万票も獲得した。公明党は、創価学会員がフルに活動して七八〇万票である。その公明党に一二〇万票差に迫ったのだ。東京の得票数などは、公明党を五万票ほど上回った。いっぽう、保守党は一八議席から七議席に減らした。

小沢は、自公保三党で過半数を割ると見ていた。が、自民党二三三議席、公明党三一議席、保守党七議席と与党全体で計二十一議席となり、絶対安定多数を二議席上回った。

〈国民は、まだ踏ん切りがつかないということだろう。日本人というのは、変化嫌い、改革嫌いだ。大多数の日本人が、いままでどおりでうまくいくことを望んでいる。が、同時に、このままではうまくいかないのではないかとも思っている。おなじ人間が、矛盾した心理を抱えている〉

だから、今度は変えないといけないという意識で投票行動をするだろうと予想していた。が、結果として国民はまだ踏ん切りをつけることができなかった。しかし、兆候は出ている。国民が、もう少し勇気を出して、今度こそは……となる日は近いと思う。

投票率が、もう少し伸びていれば、みんな引っ繰り返っていただろう。

しかし、森総理や野中幹事長らは、それほど深刻な危機感は持っていないだろうと見ていた。かれらは、時代認識がない。政治思想、政治理念、あるいは歴史認識から危機感をもっているのではなく、ちょっと失敗して、都市部では弱くなってしまったなという感覚ではないか。そうでなければ、われわれが主張した大改革に賛成するはずだ。が、賛成せずに反対する。それは、時代認識がないということだ。改革をしなくても大丈夫だと思っている。

自民党は、郡部でもっているようなものだ。しかし、そのうち郡部も引っ繰り返る。そうすれば、自民党は下野せざるをえない。

自民党は、公明党の助けで当選した議員が増えている。ますます公明党と離れられなくなったのでは、と思われる。

小沢は思う。

〈それは、わからない。しかし、創価学会は、負ける選挙はできない。常に、やれば勝つということでみんながんばってきた。それなのに、今回負けてしまった。これは、深刻な問題であるということだけは事実だと思う〉

小泉旋風

平成十三年七月二十九日の第十九回参議院選挙では、自民党に小泉旋風が吹き、小沢の地元・岩手県選挙区でも大苦戦を強いられたが、僅差で勝利した。議席数は前回と同じ六議席を維持したものの、自由党の比例代表は約四二〇万票にとどまった。

民主党と自由党の合併

参議院選挙での結果もあって、小沢は鳩山由紀夫民主党代表からの民主・自由両党の合併に向けた協議提案を受け入れた。しかし、民主党内の調整が不十分であったこと、及び民主党内の小沢に対する拒否反応のために頓挫した。鳩山辞任後に党代表に選出された菅直人によって、いったん合併構想は白紙に戻ったが、小沢は党名・綱領・役員は民主党の現体制維持を受け入れることを打診し、両党間で合併に合意した。

平成十五年九月二十六日、自由党は民主党と正式に合併し、小沢は、

「一兵卒になる」

と宣言して無役となった。

十一月九日の第四十三回衆議院選挙で民主党は、公示前議席よりも四十議席増の一七七議席を獲得、十一月二十七日に小沢は代表代行に就任した。

民由合併後、小沢が最初に提携したのが社民党出身者で構成する民主党の派閥・新政局懇談会率いる横路孝弘だった。小沢と横路は安全保障面での政策を擦り合わせ、その後横路と旧社民勢力は小沢と行動を共にした。

めまぐるしく変わる民主党代表

平成十六年五月、年金未納問題による混乱の責任を取り菅が党代表を辞任した。後継代表に、小沢が内定したが、直後に小沢自身も国民年金が強制加入制度になる昭和六十一年以前に未加入だったとして、代表就任を辞退した。結局、岡田克也が後任代表となった。

七月十一日に行われた第二十回参議院選挙の後、岡田の要請により小沢は党副代表に就任した。

平成十七年九月十一日、第四十四回衆議院選挙で民主党は現有議席を六十近く減らす惨敗を喫し、岡田は代表を引責辞任し、小沢も党副代表の職を辞して六日後におこなわれた党代表選挙にも立候補しなかった。

平成十八年三月三十一日に、前原誠司が、「堀江メール問題」の責任を取って党代表を辞任、四月七日の民主党代表選挙で小沢は一一九票を獲得して菅直人を破り、第六代の民主党代表に選出された。

両院議員総会の演説で小沢は、「変わらずに生き残るためには、変わらなければならない」という十九世紀のイタリア貴族の没落を描いた映画『山猫』の一節を引用し、その上で「まず、わたし自身が変わらなければなりません」と述べ、「ニュー・小沢」を印象づけた。

代表選後、小沢は菅を党代表代行、鳩山由紀夫を党幹事長にするトロイカ体制を敷いた。また、前執行部と次の内閣メンバー全員を残留させた。

小沢は政令指定都市・都道府県の首長選挙に関しては原則として相乗り禁止の方針を打ち出した。また、国会対応では前原時代の「対案路線」ではなく、「対立軸路線」で与党とは対決姿勢を鮮明にした。

四月二十三日、メール問題での逆風下にあった衆議院千葉七区補欠選挙で、僅差ながら勝利した。

半年後の九月十二日の民主党代表選に小沢は無投票で再選した。九月二十五日、臨時党大会で正式に代表に再任した。

参議院で野党多数のねじれ国会

参議院第一党に民主党

平成十九年七月二十九日におこなわれた第二十一回参議院選挙で、民主党は六十議席を獲得、参議院第一党となり、野党全体（共産党を含む）で過半数を得た。

この参議院選挙の結果を受けて、国会は野党である民主党が参議院の議事の主導権を握る「ねじれ国会」の状態となった。

八月八日には、十一月に期限切れとなるテロ対策特別措置法（テロ特措法）問題について小沢は、アフガン戦争が国際社会のコンセンサスを得ていないとして海上自衛隊の支援活動は認められないと主張し、反対の意向を示した。

首相の安倍晋三は事態を打開すべく、小沢との直接会談を検討したが実現せず、自身の体調の悪化などもあり、九月十二日に辞任を表明した。結局、テロ特措法は安倍内閣総辞職の影響もあり、期限の延長ができずに失効した。

安倍の後任を決める内閣総理大臣指名選挙が九月二十五日におこなわれ、参議院では野党が過半数を獲得しているいわゆる「ねじれ国会」での参議院で決選投票の末に福田康夫（自民党総裁）を抑えて、小沢が指名された。小沢一三三票、福田一〇六票。

衆議院で指名された福田康夫が、衆議院の優越規定に基づき首相となった。

基盤の弱い福田康夫政権

平成十九年十月十九日午後八時、福田康夫首相は、首相公邸で政権発足後はじめて与党幹部との懇親会合を開いた。自民党からは、伊吹文明幹事長、谷垣禎一政調会長、古賀誠選対委員長、二階俊博総務会長、公明党からは、太田昭宏代表、北側一雄幹事長らが出席した。

福田首相はあいさつした。

「みなさんともっと早くこういう場を設けたかったのですが、国会の日程が詰まっており、今日になりました」

福田首相は、懇親会合の直前、北の丸公園の国立公文書館での特別展「漢籍」を視察したことに触れ、漢の名将・韓信が若いとき、ならず者の股をくぐる屈辱に耐えたという逸話「韓信の股くぐり」を披露した。

「二〇〇〇年前の中国の書を見たら、『韓信の股くぐり』が書いてあった。わたしといっしょだと思った。これからもがんばりますから、協力を願います」

二階は、あとで察するのだが、このとき福田首相は、すでに小沢一郎民主党代表との党首会談を決めていたのかもしれない。小沢との会談には、「韓信の股くぐり」の心境でのぞもうと覚悟していたのであろう。

二階も、参院選は野党が半数以上を占めているねじれ現象に危機感をつねに抱いていた。ことあるごとに強調してきた。

「野党と少々話し合っても、この状況を打開しなくてはならない」

いま置かれたねじれた政治状況を解消するには、三年後の参院選ではとてもかなわない。六年後の参院選でも、解消できるかどうか。最悪の場合、九年かかるかもしれない。それほどの政治の停滞は、すなわち、国際社会における日本の競争力に、みずからの手で縄をかけて身動きできなくしているようなものである。

二階は思っている。

〈ねじれ現象を打開するという志のために、どのような低姿勢となっても大連立をなしとげるしかない。福田首相は、そのころから、そう決意していたにちがいない〉

突然の大連立構想

民主党副代表の石井一にとっても、今回、突如として浮上した大連立構想は寝耳に水であった。党内でも、小沢から事前に聞かされていたのは、鳩山由紀夫幹事長だけである。が、その鳩山もまた断片的に話を聞いただけであった。

のちに明らかになるが、まず小沢に接触したのは、読売新聞グループ本社会長の渡辺恒雄であった。さらに渡辺と親しい中曽根康弘元総理も関与していた。その後、福田首相の後見人を任じる森喜朗元首相や森元首相側近の中川秀直がひそかに動いていた。

そうとは知らない石井は、かれらが講演などで大連立の必要性について触れるたびに、不思議に思っていた。

〈おかしなことを言うなぁ。普通、逆のことを言わないかん立場やのになぁ〉

かれらのお膳立てで、まず十月三十日に福田・小沢会談が実現した。

自民党の公明党への配慮

十月三十日午前、公明党代表の太田昭宏は、福田首相から電話を受けた。福田は、これから、民主党代表である小沢一郎との党首会談にのぞむところであった。

福田ももちろんだが、安倍晋三、小泉純一郎ら歴代首相をはじめとした自民党は、節目節目でかならず連立を組んでいる公明党と連絡をとる。自民党側の思いを伝えること、行動を起こしたことの報告をすることで、つねに密な関係性をたもとうと配慮している。

しかも、このたびは、インド洋での海上自衛隊による給油活動継続のための、新テロ対策特別措置法案の行方が混沌とするなかでおこなわれる党首会談である。さまざまな憶測を呼んでいた。福田首相が、小沢代表に、連立を持ちかけるのではないかという噂も立っていた。

福田としては、公明党に対して、より礼を尽くそうとしたにちがいなかった。

太田は、あらためて党首会談にのぞむことを報告した福田に訊いた。

「ところで、今回の首脳会談は、どちらから持ちかけた話なのですか」

福田は、はっきりと口にした。

「こちらからです」

そして、さらに決意を強調するかのように、やや語り口を強めた。

「いわゆる、ねじれ国会といわれる状況のなかで、政策実現の道を模索したいと思っています。特に、テロ特措法、これを何らかの形で成立させる道を模索したい。そのあたりをご理解いただきたい」

「ええ、それは、わかります」

その後、太田は、四十五分間におよぶ会談を終えたばかりの福田から、ふたたび電話を受けた。

太田は、会談の労をねぎらった後、福田に訊いた。

「合意点が見いだせるなどの、なんらかの形ができましたか」

「いえ、いまのところは、まだないです。ないですが、もう一度、会談をします」

大連立のゆくえ

二回目の党首会談は、十一月二日に開かれることになった。

関係者によると、会談では、小沢が、福田に語ったという。

「自衛隊の海外派遣には、恒久法が必要だ。連立協議で恒久法について協議するなら、給油再開のための新テロ特措法案にも、これまでの反対姿勢を改め、成立に協力する」

福田も、恒久法には賛成の立場である。会談をいったん中断し、自民党の伊吹文明幹事長らにいった。

「法制上詰めないといけないので、時間をもらうことになった」

と、首相官邸に引き返したという。


連立の話が福田の口から出たのは、休憩が終わったあとのことであった。

連立については、太田は、福田から直接、二回目の会談の報告の一つとして受けた。

「政策協議、政策実現への新しい体制をつくるということで、政策協議をする機関をつくるか、あるいは、連立するかについて、小沢さんは党に持ちかえりました」

そのニュアンスからは、連立といっても、閣内協力なのか、閣外協力なのかといった中身についてはよく詰めていないようであった。入閣する人数までも詰めた話をしたと、のちに一部で報道されたが、そこまで話し合われたとは太田には思えなかった。

太田としては、党としての結論を早急に出す段階にはないと判断した。実際に連立を組むのかどうか。その推移を見守る段階だと思った。率直に言えば、小沢が連立に同意したとしても、民主党が納得するとはとうてい思えなかった。連立には乗らないといった空気を、太田は、民主党から感じとっていた。

民主党での話し合いの結果、役員のすべてが「(連立は)国民の理解を得られない」などと反対意見を表明し、協議に応じない方針を決めた。

小沢は、福田首相に電話で伝えた。

「連立は、呑めない。受諾できない」

石井は、のちに思った。

〈わたしに言わせれば、小沢は、狐と狸とお化けに騙されてしまった〉

ただし、小沢に瑕疵がなかったのは、党首会談の席で「よし、大連立を組みましょう」と宣言したわけでもなければ、党役員会でみんなに反対されたからといって「それなら、おれに従う奴だけ付いてこい」と啖呵を切ったわけでもなかった。役員会に諮り、反対意見が大勢を占めたあと、小沢は、きちんと福田首相に断りの電話を入れている。

そもそも、民主党内には、いかなるおいしいご馳走があったとしても、自民党と連立を組むという発想や文化がない。そこに、少し隙間風があったのだろう。

小沢の考え方のなかで見落としてはいけないのは、小沢はなにもずっといっしょに自民党と連立を組もうと言っているわけではない。次期総選挙に向けて、とりあえず民主党に政権担当能力があることを国民に示す。そして、安全保障政策だけでなく、民主党が主張している年金問題や医療問題などの政策を早く実現したほうが、一気に政権交代を目指すよりもいいのではないかと判断したのである。

小沢代表の辞意表明

十一月四日、小沢の記者会見が午後四時四十分からはじまった。小沢は、自分で用意した「民主党代表としてけじめをつけるにあたり」という文書を読み上げた。

「福田康夫総理の求めによる二度の党首会談で、総理から要請のあった連立政権の樹立をめぐり、政治的混乱が生じたことを受け、民主党内外に対するけじめとして、民主党代表の職を辞することを決意し、本日、鳩山由紀夫幹事長に辞職願を提出し、執行部をはじめとして、同僚議員のみなさんにわたしの進退を委ねました。

一、十一月二日の党首会談において、福田総理は「衆参ねじれ国会」で自民、民主両党がそれぞれの重要政策を実現するために、民主党と連立政権をつくりたいと要請するとともに、政策協議の最大の問題とみられるわが国の安全保障政策について、極めて重大な政策転換を決断されました。

そのポイントは、

①国際平和協力に関する自衛隊の海外派遣は、国連安全保障理事会もしくは国連総会の決議によって設立、あるいは認められた国連の活動に参加することに限る。従って、特定の国の軍事作戦についてはわが国は支援しない。

②新テロ対策特別措置法案はできれば通してほしいが、両党が連立し、新しい協力体制を確立することを最優先するので、連立が成立するならば、あえてこだわることはしない。

福田総理はその二点を確約されました。これまでのわが国の無原則な安保政策を根本から転換し、国際平和協力の原則を確立するものであるだけに、わたし個人は、それだけでも政策協議を開始するに値すると判断いたしました。

二、民主党は、先の参議院選挙で与えていただいた参議院第一党の力を活用して、「マニフェスト」で約束した年金改革、子育て支援、農業再生をはじめ、「国民の生活が第一」の政策を次々に法案化して参議院に提出していますが、衆議院では依然、自民党が圧倒的多数を占めている現状では、これらの法案をいま成立させることはできません。逆に、ここで政策協議を行えば、その中で国民との約束を実行することが可能になります。

三、もちろん、民主党にとって次の衆議院総選挙に勝利し、政権交代を実現して、「国民の生活が第一」の政治を実行することが最終目標であり、わたしもそのために民主党代表として全力を挙げてまいりました。しかし、民主党はいまだ、さまざまな面で力量が不足しており、国民の皆さまからも『自民党はダメだが、民主党も本当に政権担当能力があるのか』という疑問が提起されつづけ、次期総選挙での勝利は厳しい情勢にあります。その国民の懸念を払しょくするためにも政策協議をおこない、そこでわれわれの生活第一の政策が取り入れられるならば、あえて民主党が政権の一翼を担い、参議院選挙を通じて国民に約束した政策を実行し、同時に政権運営の実績を示すことが、国民の理解を得て、民主党政権を実現する近道であると、わたしは判断いたしました。政権への参加は、わたしの悲願である政権交代可能な二大政党制の定着と矛盾するどころか、民主党政権実現を早めることでその定着を確実にすることができると考えています。

四、以上の考えに基づき、二日夜の民主党役員会において、福田総理の方針を説明し、『政策協議を始めるべきではないか』と提案いたしましたが、残念ながら認められませんでした。それは、わたしが民主党代表として選任した役員から不信任を受けたに等しいと考えます。よって、多くの民主党議員、党員を指導する民主党代表として、また党首会談で誠実に対応してくださった福田総理に対し、けじめをつける必要があると判断いたしました」

翌五日の新聞各紙も、いっせいに報じた。

《小沢氏、辞任の方向》

ところが、そんな小沢の心を突き動かしたのは世論であった。小沢の事務所や自宅には、激励の電話、ファックス、メールが殺到した。

「なぜ、辞めるのですか」

「辞める必要などありません」

この日夕方、小沢は、東京駅にほど近い八重洲ホテルの一室で、慰留にきた菅、輿石東参院議員会長、鳩山の三役懇メンバーを前に、目を潤ませながら語った。

「ありがとう。心配かけてすみません。でも、昨日、けじめだという思いで辞表を出したばかりだ…。心の整理に時間がかかるので、それを待ってほしい」

読売新聞の作為

十一月六日の朝、石井の携帯電話に小沢の秘書から連絡が入った。

「小沢が、石井先生に会いたいと申しております。今日の午後二時に八重洲ホテルにお越しくださいますか」

秘書はつづけた。

「羽田（孜）先生と渡部（恒三）先生も、お呼びしています」

小沢、石井、羽田、渡部の四人は、昭和四十四年初当選組であり、田中派、竹下派で同じ釜の飯を食った。自民党を離党し、新生党を結党したときも行動をともにした仲であった。

石井が部屋に入ってまもなく、羽田が姿を現した。四人は、食卓台のような高いテーブルを回りを囲むように座った。小沢と石井がならんで座り、向かい合って羽田と渡部が座った。

小沢は言った。

「こんなことになって申し訳ないが、悪いのは向こう（自民党側）だ。この話は、われわれが呼びかけたわけでもないし、マスコミにリークしたわけでもない。それなのに、読売新聞は意図的に、呼びかけたのも小沢、仕掛けたのも小沢と報じる。これは、もう陰謀だ。ただ、結果的にそれに乗ってしまい、みんなには心配を掛けたし、国民にも心配をかけた。だから、この際、辞任を撤回しようと思っている。でも、表では、小沢、小沢と言いながら、裏へ回るとぐじゃぐじゃ言う奴がいる。それだけは、耐えられない」

石井は、口を開いた。

「イッちゃんな、そんなもの無いほうがかえっておかしいよ。それやったら、大政翼賛会か、共産党か、創価学会やないかい。そんなことを気にしとって、どうするんだ」

「いや、おれが党首をつづけることに反対でも何でもいいから、そこをはっきりしてもらいたいんだよ」

「よし、わかった。はっきりさせる方法は、あるよ。いま党本部で期別の議員懇談会が開かれている。それをやらしたんは、じつは、おれや。だから、座長に言うたる」

留任に反対した仙谷由人

十一月七日午後四時半すぎ、民主党本部で両院議員懇談会が開かれた。小沢は、代表留任のあいさつをおこなった。

両院議員懇談会の場で小沢の代表続投が決まった。シャンシャンムードが漂う中、挙手して発言を求めたのは仙谷由人であった。

「この会場の内輪の熱気と世間の感性は、相当ギャップがあります。政策を作る際の議論の過程で『小沢代表がこう言っている』と間接話法で語られると、そこで議論が止まってしまう。議論停止、思考停止という感じで危ない。自立の気概が萎えている。小沢代表と議員との意思疎通が表層的で、だんだん少なくなっているのではないか。大連立を巡るギャップはその一つの象徴だ」

小沢と仙谷の闘争が目に見える形で火ぶたを切ったのはこのときだった。「小沢」と聞くと、闘争心に火が着き、とたんに燃えてくる。政界にはそんな人間が二人いる。一人は仙谷、もう一人が自民党で小渕内閣の官房長官だった野中広務だ。

〈梶山静六、中村喜四郎、中西啓介、愛知和男、船田元、二階俊博といった小沢の元を離れていった盟友や愛弟子に共通する傾向がある〉

ベテラン記者によると、どの政治家もいったん小沢の反目に回ると、強迫観念にとらわれてしまうという。

〈小沢を潰さなければ、小沢に自分が潰される〉

そんな声に突き動かされ、小沢と争うことになる。小沢の薫陶を受けたわけではないが、仙谷の言動も同じようなものだという。このままでは、いずれ小沢に刺される。せっかく政権を獲っても、枢要なポストが自分に回ってこないのではないか。仙谷が「反小沢」の旗幟を鮮明にしたのは必然だった。

のちに仙谷が小沢との闘争路線を取ったのはある意味正解だった。政界きっての実力者・小沢に食ってかかる仙谷は、いつしか知名度や格を着実に上昇させてきた。反小沢の抗争は、その点では功を奏しているといえる。

第六章

二度目の政権奪取への戦い

次回衆議院議員選挙の勝利に向けて

総理への意欲

平成二十年九月二十二日、自民党は、福田康夫政権につづき、麻生太郎政権となった。

いっぽう、この日、民主党代表選に小沢一郎は、無投票で三選した。

平成二十一年四月、小沢一郎は筆者に力強い口調で言った。

「迫る衆院選で政権交代を果たせば、わたしは総理になることを受け入れる」

これまで総理になる機会は何度かあったが、あえて拒んでいた。が、今回ははっきりとその機会が来れば、拒まないと口にしたのだ。それまで長く小沢一郎を描きつづけてきた筆者は興奮すら覚えたものであった。

筆者はそのことをはっきりと書いた。

ところが、その一カ月後に思わぬことが起こった。五月十一日、小沢は、西松建設疑惑関連で公設秘書の大久保隆規が政治資金規正法違反で逮捕されたのだ。それを受けて、小沢は民主党代表の辞任を表明。自身の後継を決める代表選では、側近として共にトロイカ体制をを支えた鳩山由紀夫を支持した。

選挙の鬼が出陣

五月十七日、後継の代表となった鳩山由紀夫の要請を受けて、選挙担当の代表代行となった。

ここから衆院選で民主党が勝利を果たすまでの小沢の活躍は凄まじかった。

自民党の重鎮に長崎二区で挑む

福田衣里子に出馬要請

平成二十一年八月三十日投開票の衆院選で長崎県二区から立候補し、自民党の重鎮である久間章生元防衛大臣をみごとに破り、小選挙区で初当選を果たす福田衣里子に立候補の話が持ち上がったのは、平成二十年一月に薬害肝炎救済特別措置法が国会で成立した直後のことである。

声をかけてきたのは、政権を担える内閣をめざす民主党の「次の内閣」で厚生労働大臣を務めていた、長崎県三区選出の山田正彦であった。山田は、京都府六区選出の山井和則とともに、薬害肝炎救済特別措置法成立に向けて力を貸してくれていた。

山田は言った。

「小沢代表と、会ってもらえませんか」

福田は、薬害肝炎訴訟団とともに、民主党代表である小沢一郎と何度か語り合ったことがあった。小沢ほど、薬害肝炎問題に関心を抱く政党の党首を、福田は知らなかった。

薬害訴訟の原告

福田衣里子は、昭和五十五年十月三十日、長崎県長崎市に生まれた。平成十一年四月、広島修道大学人文学部人間関係学科に入学。心理学を専攻した。

しかし、平成十三年、思いもよらぬことが発覚した。出生時の血液製剤クリスマシン投与によるC型肝炎ウイルスへの感染である。

平成十三年三月二十九日、薬害肝炎問題の究明のために、厚生労働省は、血友病以外の患者に血液製剤を投与した可能性のある八〇九の医療機関名リストを発表した。そのなかには、福田が生まれた病院名もあった。じつは、福田が出生したとき、血液製剤が投与されていたのである。

福田は、両親に勧められ、検査を受けた。C型肝炎ウィルスが感染していた。大学を中退し、インターフェロン治療を開始した。

福田は、平成十六年四月、薬害肝炎九州訴訟の原告として、国と製薬会社を訴えた。その際、福田は、あえて苦難の道を選んだ。

「名前を隠さないといけないような悪いことをした憶えはない」と実名を公表したのである。だが、覚悟していたこととはいえ、さまざまなところから誹謗中傷を受けた。傷つくこともあった。

平成十八年八月三十日、福岡地裁で判決が言い渡された。フィブリノゲン製剤に関し、被告である国と製薬会社について、昭和五十五年十一月以降の責任を認めた。しかし、原告・被告双方が控訴した。

福田は、原告の一人として、薬害肝炎の実態を訴えつづけた。また、原告の一人として、平成十四年にはじまった薬害肝炎訴訟を全面的に解決するための薬害肝炎救済特別措置法の成立にも大きく貢献した。

この間、二度目のインターフェロン治療をおこない、ウィルスは沈静化した。経過観察の結果、肝炎は完治した。

立候補を逡巡する福田

福田衣里子が小沢と会ったのは、それから数カ月後の五月、港区赤坂にあるチェリス赤坂の小沢の個人事務所だった。

小沢は、にこやかに切り出した。

「今度の衆議院議員選挙で、長崎二区から出ていただきたい」

おおらかだが語尾はきっぱりと言い切る、小沢独特の話しぶりに、福田衣里子は、あらためて気持ちを引き締めた。

ときの総理大臣である福田康夫が、解散総選挙に打って出るのではないかと言われていた。民主党にとっては、政権交代のチャンスがおとずれたのである。小沢は、攻勢をかけたかった。その候補の一人として、福田衣里子に白羽の矢を立てたのだった。

だが、福田衣里子としては、心血を注いできた薬害救済特別措置法が成立して間もなく、ようやくゆっくりできると思っていた。政界に打って出ることなど、考えたこともなかった。

しかし、薬害肝炎訴訟を通じて、長く、一党支配がつづいていたことによる悪弊ともいうべきものがひた隠しにされた実態を、福田は、まざまざと見せられた。

薬害肝炎をおこしたのは、官僚に責任があるといってもそれは一部の官僚にすぎず、政治家もやり玉に挙がったがそれも一部にすぎない。その政官と癒着していた民間企業もごく一部で、多くは真面目に働いている。それなのにというべきか、だからこそというべきか、ごく一部の癒着、つながり、しがらみのせいで、多くの人たちが犠牲をこうむっているのはあまりにもおかしい。

このおかしさを断ち切る手段は、政権交代しかない。その実感はあった。とはいっても、政治経験もない自分に、いったい、なにができるのか。

さらに、恐怖心もあった。もしも政治家となれば、まさに公人である。原告として実名公表したときよりも、いっそうひどい誹謗中傷を受けるかもしれない。

「とても引き受けられません」

そう言ってから、本音を打ち明けた。

「これから恋もしたいし、結婚して出産して、親を安心させたいですから」

小沢は、隣にいる山田に冗談めかして声をかけた。

「選挙でも、出会いがあるよな」

福田は言った。

「やはり、無理です。わたしは、いままで政治学を学んできたわけではないし、政治に携わってきたわけでもないです。選挙に出て政治家になることに不安があります」

小沢は、それまでの表情のゆるみがわずかに残った表情で言った。

「福田さんの言われることは、充分にわかります。保守の強い長崎県に出ることは、あなたに苦しい戦いを強いることにもなる。しかし、僕は、なにも、政治学を学んできた政治のプロを集めるつもりはない。頭で政治を知っている人だけを集めても意味はない。だから、あなたに、お願いしているのです。あなたは、肝炎のこと、医療のこと、官僚のおかしさをだれよりも知っている。そういった人を集めているのです」

そういってから、小沢は、ふたたび、にんまりと笑顔を福田に向けた。

「まあ、すぐに答えが出るとは思っていないから。考えてみて」

小沢と別れた福田は、ずいぶんと気持ちが楽になっていた。

「頭で政治を知っている人たちだけを集めても意味はない」

その小沢の言葉が、脳裏に焼きついていた。

ただ、それからしばらくたってもう一度会ったものの、決断まではいたらなかった。

福田の決断

福田衣里子が、小沢と三度目に会ったのは、九月のはじめ。選挙までは、秒読みの段階に入っていた。福田康夫総理が、突如として辞任を表明したのである。

「わたしがつづけていくのと、新しい人がやるのでは間違いなく違うと考えた結果だ。政治的に判断した」

つまり国民的人気の高い麻生太郎に選挙の顔を替えて、解散総選挙をおこなった方が追い風になるとの判断であった。

小沢の表情は、これまで会ったときよりも険しかった。

「選挙まで、もう間もない。福田総理のあとを継ぐ総理は、おそらく就任後すぐに選挙に打って出る。早ければ、選挙は一カ月後。早く決めてもらわないと、長崎県連が、選挙態勢に入れない」

小沢は、最終的な決断を迫ってきた。

福田は、もう一度考えた。これまでの間、何度も繰り返し考えつづけたことを思い返した。そして、やっと、一つの結論にたどりついた。

〈ここで怖じ気づいて出なければ、多分後悔するな〉

勝つか負けるか。結果は関係ない。自分を選ぶとしても、それも民意。対抗馬となる久間章生を選ぶとしても、それも民意。勝ち目があるから出るということではなく、少なくとも、いま変えなければいけないことはなにかを訴えていかなければならない。それが、自分に課せられた使命なのだ。

福田は、はっきり言った。

「わかりました。お話をお受けします」

小沢は、心からうれしそうに目を細めた。

「ありがとう」

福田は、平成二十年九月十八日、長崎市内で出馬会見を開いた。小沢、大久保潔重参議院議員らも同席した。

福田は、決意を語った。

「いまの官僚主体の政治を変えないと、救える命が救えない」

小沢も語った。

「福田さんの肝炎の体験を通じて、政治が一部の官僚のためにあるだけではなく、国民のためにあると、みなさんに理解してもらえる」

女性秘書と二人三脚

福田衣里子を擁立できたことで、保守地盤での議席奪取に自信を見せた。

福田にとって、この選挙での勝利は、小選挙区での勝利にしか意味がなかった。小選挙区での勝利こそ、民意を得た勝利だと信じていたからである。

小沢は、福田が出馬宣言をした日から、福田に、女性秘書をつけてくれていた。

「初めての選挙で、不安なこともあるだろうから、わからないことがあれば、なんでも訊けばいい。洋服のことでも、グチでも、なんでも話したらいい」

その女性秘書は、元衆議院議員で小沢一郎の側近である達増拓也の秘書をしていたが、達増が平成十九年四月の岩手県知事選に出るのを機に、小沢の元で秘書をしていた。

その岩手県から、いきなり長崎県に移ったのである。衆議院議員時代の達増のもとで秘書をしているときには、地元の岩手県までちょくちょく帰れたが、長崎県となると、なかなかそういうわけにはいかない。それでも、彼女は、はじめての長崎をよろこんでいた。

「みかんがなっているのをはじめて見たわ」

彼女は、小沢からの指示を受けていた。

「じかに接すれば、福田の人間的魅力がわかってもらえる」

洋服をいっしょに買いに行ったり、福田の悩みも聞いた。

当初、選挙は、十月二十六日におこなわれると見られていた。しかし、福田政権を引き継いだ麻生総理が、経済政策を優先するとして、なかなか解散に踏み切らなかった。一カ月の予定だった女性秘書の長崎滞在もずるずると延びた。

保守の厚い壁

福田は、長崎県二区内を走ってまわった。

はじめのうちは、手を振るのも、集会に出るのも恐る恐るであった。「年配の人に手を振るのは失礼ではないか」と躊躇することもあった。それでも、勇気を振り絞っての選挙活動がつづいた。

小沢からは、「山の中、山の奥まで、すみずみまで行くように」と指示されていた。やってみて気がついた。たしかに田んぼや畑に出ている有権者、車椅子の有権者、高齢の有権者には、街中で開かれる集会に出てもらうことはなかなかできない。自分から赴いて行くことが大事だ。

そこで、軽自動車を街宣車にした。大きな街宣車が入ってはいけないような田舎道でも、軽自動車ならば走れる。

運転は、大久保潔重、西岡武夫、犬塚直史といった参議院議員の地元秘書、県議、市議らも協力してくれた。毎回選挙となると、みなで力を合わせるのが長崎流らしい。

福田は、有権者が一人もいないようなところでも、台の上に立っていた。背が低いので、演説するときにはかならずその台に立った。

しかし、福田の声は、なかなか有権者に届かなかった。それどころか、地元民からは、福田に対する不安の声が上がった。

「若い女に、なにができるんだ」

「農家には後継者もいない。そんな地元の問題がわかっているのか」

「どんだけ、長崎にカネもってこれるのか」

久間が落選することの恐ろしさも感じていたらしい。

「久間さんがいなくなると仕事がなくなる」

「久間さんがいなくなると、うちの会社は、潰れてしまう」

そう思う有権者の声も聞いた。

福田は、選挙活動をはじめてみて、保守の壁の厚さを感じとった。それでも、福田は、選挙区内を走りまわった。走行距離は、六万キロ。地球一周分より長い距離である。

大物の選挙区入り

小沢一郎が、福田衣里子の選挙区に入ったのは、平成二十一年五月二十九日のことであった。

農漁業が主体の強固な保守基盤となっている、諫早市の中山間地を視察した。

小沢は語った。

「長崎二区は、全国の中の重点区の一つ」

と、認識を示すいっぽうで、久間を強く牽制した。

小沢は、それからは、一度も長崎県二区には足を踏み込まなかった。抜き打ちで事務所をおとずれた選挙区もあったと、福田は耳にしたが、自分の選挙区ではそのようなことはなかった。

七月十二日、民主党代表の鳩山由紀夫代表が、選挙区入りした。雲仙市のしいたけ生産組合を視察した後、小浜マリンパークでおこなわれた福田の集会に参加した。約五〇〇人を前に語った。

「自民党の長期政権に問題がある。あぐらをかいて国民の声が聞こえなくなり、政策作りを官僚に丸投げした」

鳩山は、政権交代の必要性を訴えた。

風向きの変化

平成二十一年八月十八日、第四十五回衆議院議員選挙が公示された。

福田衣里子にとって、まさに、いよいよであった。さいわい、選挙が延び延びになったことで、福田は、選挙区を、そこにいる人たちを身近に感じるようになっていた。演説も、当初は、薬害肝炎の話が中心だったが、農業や漁業の話もするようになっていた。

それにともなって、空気が変わるのを実感しはじめた。軽自動車でまわる福田に、手を振り返す人の数があきらかに増えた。肺気腫をわずらっているのか、鼻にチューブをあてた老人が、わざわざ窓から顔を出して手を振ってくれたりもした。

集会では、車椅子で来たり、杖をついてやってきてくれた。動員している久間陣営とはちがい、自然発生的に人が集まった。決起集会では、何千人規模であった。渋滞ができるほどだった。

「エリちゃん」

相性で呼んでくれるほど身近に感じてもらえるようにまでなった。

福田は勇気づけられた。

〈負けるわけにはいかない。命がけの政治をしなければ〉

そのうち、会う人会う人が、福田のことを心配して訊いてくるようになった。

「エリちゃん、体は大丈夫？」

C型肝炎のイメージが強かったので、それをネタに、思わぬ噂も流された。「病気で入院している」とか「演説中に倒れた」という、根も葉もないものであった。福田は、C型肝炎に限ってはすでに全治している。

福田には、言い返したいことはいくらでもあった。だが、同じ土俵に立っては中傷合戦になるばかりなのは目に見えていた。代わりに、自分が元気だということを猛烈にアピールした。名刺には、空手のマークを刷りこんだ。高校時代に、空手をしていたことも強調した。

選挙区を自分の足で走って支持を訴えることもあった。宣伝カーに箱乗りをして手を振った。夏の盛りの選挙戦は、いつの間にか、もともと色白の福田を、すっかり日焼けさせていた。

エリのクマ退治

マスコミは、長崎県二区を、平成十九年七月に投開票された参議院選の岡山全県区になぞらえた。「姫の虎退治」をキャッチフレーズに活動した民主党候補の姫井由美子が、自民党前職で自民党参議院幹事長の片山虎之助を破った。福田が、防衛大臣をも務めた大物の久間章生と戦う姿を、「久間」を「クマ」と読みかえて「エリのクマ退治」とはやし立てた。

福田にとって、久間は、たしかに倒さなければならない相手ではあった。しかし、福田は、年上に対して「熊」よばわりをするつもりはまったくなかった。

それよりも困ったのは、福田が行くところ行くところ、報道陣が必要以上におとずれたことである。地方に行けば行くほど、テレビカメラに慣れていない人が多い。カメラを向けられると、どうしていいのかわからなくなってしまうお年寄りも少なくなかった。あるお年寄りは、身を固くして、福田から手を離さなくなってしまった。福田が、報道陣に、撮影しないように頼んだことも多かった。


いっぽう久間も必死だった。選挙前から地元をまわり、平成二十一年七月十八日には、長崎県南島原市の広場で開かれた夏祭りのカラオケ大会に飛び入りし、五木ひろしの『倖せさがして』を熱唱したりもした。

長崎県知事の金子原二郎までもが、久間の応援にまわっていた。

「長崎県にとって、久間さんは大事な方です」

福田は、金子が無所属でもあるので、あくまでも中立の立場をとるものと思いこんでいた。ところが、あきらかに久間に寄った演説を繰り返していた。

しかし、福田が耳にした久間の選挙戦術は、昔ながらのそれであった。利益誘導を約束しさえすれば票を獲得できると思いこんでいるらしい。赴いた地区赴いた地区で、「ここのこの道を整備します」「ここところを結ぶ道を造ります」とひたすら訴えつづけていた。

そのいっぽうで、久間は、福田を攻めつづけた。

「政策のわからない候補者を、国会に送っていいものでしょうか」

当確の予感

福田は、選挙の行方は、最後の最後までわからなかった。以前から親しくしている記者からは、自分が少しリードしているとの情報が入っていた。それでも、選挙途中からは、久間が追い上げてきていた。

だが、選挙戦最終日の八月三十日、福田は、最後の演説を終えたときに実感した。

〈わたしは、勝てる〉

確固とした根拠があったわけではない。

その直感は、みごとに当たった。福田は、「当選確実」の報を事務所で聞いた。

福田は、最終的に、一二万六七二票を獲得した。長崎県二区で、民主党支持層と社民支持層のそれぞれ九一％を固め、無党派層の六七％に支持を広げた。共産党支持層の七九％を取り込み、自民党支持層の二七％、公明党支持層の二六％にも食いこんだ。男性の支持が五五％と厚く、女性でも、久間を上まわった。年代別では、二十代から六十代のと幅広い世代で久間を上まわる支持を得た。

選挙速報を流す放送局のうち、最後の最後に、NHKが当確を出した。福田は、それを見てはじめて、近くの結婚式場「平安閣」に移動した。当選の万歳三唱は、事務所で開く予定にしてたが、マスコミだけでなんと一〇〇人も集まっているという。支援者をふくめて、とても事務所には入りきらないということで、急遽、平安閣のロビーを借りることになったのであった。

福田は、平安閣のロビーに入ると、「エリココール」が鳴り響いた。

「エリコ！　エリコ！」

福田は、国政での抱負を問われると、表情を引き締めた。

「肝炎患者支援の法制定と、地域医療の施策を実現させたい」

だが、福田は、自分が当選しても、まだ気をゆるめられなかった。久間の票の動向を、注視していた。その動きによっては、久間が、比例で復活するかもしれない。小選挙区で勝つことがなによりの目標とはいえ、もしも、久間が比例で復活当選を果たすのであれば、自分の勝利は真の勝利ではなかった。

久間落選の報が入ったのは、夜もかなり更けてのことだった。そのときはじめて、真の勝利を実感できた。

福田は、初登院した九月十六日、議員会館の部屋に着いておどろいた。鉢植えの花が、贈られていた。

贈り主名は、鳩山由紀夫。

「ともに、これから新しい日本をつくっていきましょう」

とメッセージカードには書かれていた。

二児の母が愛媛一区に挑戦

地元の人気アナウンサー永江孝子

平成二十一年の総選挙で、四国の愛媛一区から民主党公認で出馬し、自民党の塩崎恭久に挑み、比例で復活する永江孝子宛に、平成二十年六月、民主党からの電話がたびたび入るようになった。永江は出張取材が多く、職場を留守にすることが多かった。そのため、一度も電話に出ることができなかった。電話の主は、永江にメッセージを何も残さなかった。

永江孝子は、昭和三十五年、愛媛県松山市に生まれた。地元の学校に通い、神戸大学法学部を卒業後の昭和五十八年に、愛媛県をおもな放送対象地域とする南海放送に入社した。

永江は、アナウンサー、ニュースキャスターとして人気を博し、地元の人気地域密着番組『もぎたてテレビ』のパーソナリティを十八年間務めていた。また、結婚二十二年目の主婦であり、二児の母親でもあった。

立候補を断った永江

東京から愛媛にやって来た民主党の事務局次長に、永江はキッパリと言った。

「お断りします」

かれが言った。

「小沢代表に会わずにお断りを受け取ってしまうというのは、あまりにも切ない。一度、小沢代表に会ってくださいませんか」

永江は、仕事柄、小沢一郎がどのような人物なのか興味があった。

〈それに、小沢に直接、断りの返事をしたほうが、かえって話が早いわ〉

永江は、小沢に会うことを決めた。

永江は、夫の弘喜に、民主党から自分に出馬要請があったことを話した。

「小沢さんに会いに行ってきますけど、断ってきます」

弘喜は、小さな商いをしていた。所属する卸商組合「協同組合松山卸商センター」では、理事を務めていた。組合役員は、全員が自民党籍であるため、弘喜もまた自民党員であった。

ゆらぐ永江の気持ち

平成二十年八月に入ってまもない日の夕刻、愛媛の地元アナウンサーである永江孝子は、民主党代表の小沢一郎と会うため、広島市中区中町にある全日空ホテルへ向かった。

ホテルに到着し、五階にある待ち合わせの懐石料理店「雲海」に向かうと、小沢は、満面の笑みで永江を迎えてくれた。

小沢は日本酒、永江はビールで乾杯した。小沢は健康を気遣ってか、コース料理などは頼まず、海鮮サラダだけを注文した。

小沢は、政治の話は一切口にしなかった。愛媛はみかんの国、小沢の地元の岩手はりんごの国ということで、それぞれの故郷の名産品や、出てくる料理の食材についてなど、他愛ない話に終始した。

永江は、小沢とにこやかに会話をしながら、衆院選出馬の話をどうやって断ろうかと考えていた。が、小沢はなかなかそのタイミングを作ってくれない。永江は感心した。

〈相手に隙を与えないところは、さすが小沢さんね〉

永江は、自分のアナウンサーとしての仕事について話した。永江の担当する番組『もぎたてテレビ』では、愛媛県中を歩き、田畑を耕しているお年寄りなどに「じいちゃん、何作りよるんですか?」などと聞いて回っていた。

永江は言った。

「わたしは、そういう取材の仕事をこよなく愛しているんです」

すると、小沢が、突然言った。

「あなたにとって、仕事はとても大事なものだと思う。だが、日本の民主主義を本物にするためには、二大政党制が必要です。大儀のために、そこを曲げてお願いしたい」

永江は、小沢の言葉に胸を打たれた。

〈本当に、その通りだわ〉

結局、永江は選挙の話を断ることができなかった。いや、それどころか、小沢と別れる頃には、「選挙に出てもいい」という気持ちにさえなっていた。

二時間ばかりの会食の間、小沢が政治の話を口にしたのは、この一言だけであった。

別れ際、小沢は永江に言った。

「よく前向きにお考えください。よろしくお願いします」

二人は、握手をして別れた。

永江は、小沢が用意してくれた車に乗り、宇品の高速艇フェリー発着場へ向かった。

その車には、最初に永江にコンタクトを取ってきた民主党事務局の次長が同乗していた。

永江は動揺していた。

〈小沢さんは、わたしの一番弱いところを突いてきたわ〉

永江は、地方の疲弊した姿を、仕事を通じていやというほど眺めてきた。地元の人々の切実な声を何度も聞いた。

民主党事務局の次長は、永江が小沢にハッキリと断りの返事をしなかったことを悟ったのだろう。あまり小難しい話はせずに、あっさりと引き上げていった。その気の利いた対応に、永江の心は再び揺れた。

永江の決断

帰宅した永江は、夫の弘喜に聞かれた。

「小沢さんは、どうだった?」

永江は答えた。

「…うん、普通のおじさんだった」

永江はこれまで、テレビに映る恐持ての小沢の顔しか知らなかった。ところが、実際に会ってみると、じつにいい笑顔を見せる。永江は、その柔和な表情に思わず見惚れてしまうほどだった。

また、小沢は「政界の黒幕」などと言われており、巨漢のイメージがあった。が、実際に会ってみると、ごく一般的な体型をしている。そのため、永江の小沢に対する第一印象は、夫に言った言葉どおり「普通のおじさん」であった。

弘喜は、それ以上何も語ろうとしない妻の様子で、何かしら悟ったのだろう。質問を重ねようとはせず、そのまま床についた。

永江はその晩、眠れぬ夜を過ごした。


翌日の夜、永江は夫の弘喜と共に夕食をとっていた。

永江は、思い切って夫に相談した。

「わたし、やっぱり、やっちゃだめかな…」

選挙に出たいという妻の言葉に、弘喜はごく普通の態度を崩さなかった。しばらく黙っていた後、口を開いた。

「孝子が真剣に考えて決めたんだったら、いいよ」

永江は驚いた。絶対に反対されると思っていたからである。

弘喜が理事を務める卸商組合の顧問は、自民党の塩崎恭久であった。塩崎は、組合の飲み会にいつも顔を出してくれていた。弘喜は、衆院選のたびに塩崎の名前を書いて投票していた。

永江は、おそるおそる聞いた。

「でも、組合のほうとか、まずいんじゃない？」

弘喜は、あっさり言った。

「いや、僕は理事をやめるよ」

弘喜は、自民党政治が限界に来ていることを感じていた。地方は疲弊するばかりであり、一度政権交代をしたほうが、自民党のためでもあると考えていた。

思ってもみなかった出馬

永江は、さっそく民主党本部事務局次長に電話をかけた。

「お受けいたします」

まさか、このような返事をすることになろうとは、自分でも思っていなかった。小沢代表に直接会い、あの一言を聞かなかったら、絶対に受けていなかったはずである。

南海放送にも事情を話し、退職願を提出した。

ホッとしたのもつかの間、夫婦は、あることに気づいて顔を見合わせた。

「選挙に出て、勝てるんだろうか？」

何と言っても、敵は塩崎恭久である。総務庁長官を務めた元衆議院議員・塩崎潤の長男として生まれ、当選回数五回、安倍内閣の内閣官房長官などの経験者である。周囲の人々に迷惑をかけてしまうことも、不安であった。

永江はこの日から、ぐっすりと眠ることができなくなってしまった。


九月二十日、小沢一郎代表は、愛媛県松山市内で記者会見を開き、次期衆議院議員選挙愛媛県第一区の公認予定候補者として、永江を擁立することを決定したことを発表した。

小沢は、永江に言った。

「普通、選挙は長くて六カ月だ。だが、きみの場合は二カ月だ。だから、あっという間だよ」

なかなか訪れない解散総選挙

自民党では、福田康夫首相の辞任にともない、二日後の九月二十二日に自民党総裁選を予定していた。五人の各候補者による街頭演説会がおこなわれ、マスコミも連日大々的に取り上げられていた。が、当初から「選挙の顔のすげ替え」「解散総選挙を睨んだ選挙活動」と言われており、新政権誕生後、この秋にも早々に解散総選挙となることが予想されていた。

永江は、気持ちを引き締めた。

〈勝てるかどうかはわからない。ただ、注目選挙区にはなるだろう〉

注目されるということは、永江に風が向くということでもある。

選挙期間が短いのであれば、その間、自分なりに精一杯やればいい。

〈激戦になれば、比例復活の道も残されている〉

ところが、解散総選挙の時期は、なかなか訪れなかった。

自民党内の圧倒的人気を得た麻生太郎首相は「選挙の顔」として、解散ができなかった福田にかわり「解散・総選挙をおこなうことを前提に」首相になったとも言われ、野党も速やかな衆議院解散・総選挙の実施を要求した。

記者の首相に対するいわゆるぶら下がり取材では、九月二十四日の内閣発足後一カ月間に、二十八回中少なくとも十七回で解散が話題になった。が、麻生はいずれも解散・総選挙の時期の明言を避けた。

永江が立候補することになった愛媛一区には、民主党の市議会議員が一人もいなかった。県議会議員も、横山博幸ただ一人である。

が、横山も、愛媛全体の面倒を見なければならず、民主党愛媛県連はとても「組織」と呼べるようなものではなかった。

逆に、連合愛媛は、組織が大きすぎるため、地域に根を張る地元密着というわけにはいかない。組織はゼロではないが、新構築しなければならない状態であった。

小沢一郎事務所からは、秘書軍団の一人と、民主党本部の職員が四国に張り付くことになった。

永江後援会を組織する

平成二十一年四月、元南海放送アナウンサーで愛媛一区から民主党推薦で出馬予定の永江孝子は、中学校区約三十箇所での集会を予定通り終わらせた。

春に解散総選挙があることを見込んでのスケジュールであった。が、選挙はまた延期される
という噂である。永江は思った。

〈ああ、また選挙が延びるのか…〉

が、まだまだ歩き足りない。自分が集会や街頭演説に回った場所を塗りつぶしていくと、選
挙区のほんの一部でしかないことがよくわかった。

麻生政権がずるずると解散しないで来たことは、政治家として新顔である永江にとっては、
かえって好都合であった。

永江は、気を引き締めなおした。

〈これで、また回る時間ができた〉

永江は、各中学校区で開く集会の二巡目にかかることにした。

小沢一郎代表の秘書は、永江に言った。

「一番大事なことは、地域に根付いた、ちゃんとした後援会を作ることです。回った地区ごと
に、核になって応援してくれそうな人を選びなさい」

民主党愛媛県連自体が、選挙慣れしていなかった。組織も弱い。

いっぽう、報道機関にいた永江は、自民党の塩崎恭久の後援会の凄さを知っていた。地区ご

とに支部があり、非常に細やかである。

小沢からも連絡があった。

「後援会ができたら、おれも行くから」

吉良は、後援会を作る手ほどきをしてくれた。

永江は、アナウンサー時代の知り合いや同級生など、身近な人に集まってもらい、後援会を作ってもらった。

小沢の地方行脚

平成二十一年五月後半から、民主党の小沢一郎代表代行が、次期衆院選に向けて地方行脚を始めた。

自らを支持する党内グループ「一新会」系や自ら擁立に携わった陣営を集中的に回っており、「衆院選後を見据えた派閥固め」との見方が党内で広がっている。惨敗した平成十七年郵政選挙と比べ大幅な議席増が見込まれるだけに、支援団体幹部などから「小沢系は昔の自民党田中派以上の規模になるのでは」との声もあがった。

六月十二日、民主党の小沢一郎代表代行が、松山市総合コミュニティーセンターでおこなわれた「ながえ孝子の青空読み聞かせ&子育てふれあいトーク」に参加した。母子が中心の会合であったが、小沢一郎がやって来るということで、大勢の人々が会場に詰めかけた。

小沢は、あいさつした。

「ありがとうございます。永江をお願いします」

小沢が会場広場のシートに腰かけると、小沢の膝に子どもたちがすぐに寄ってきた。

このときの小沢も、非常にいい笑顔であった。永江は思った。

〈恐持ての顔と、このチャーミングな笑顔とのギャップに、きっとみんなグラッとくるのね〉

会合の後、永江は、小沢に尋ねた。

「これからわたしは、何を用意したら良いでしょうか」

小沢は答えた。

「本人が用意するものは二つある。選挙活動中は、精神的に非常に不安定になったりして大変だから、愚痴もこぼせて弱音も吐けるような人をそばに置きなさい。それを選べるのは、あなたしかいない。もう一つは、どういう事を自分が思って政治の世界に行くのか、五分くらいの演説を一つ考えなさい」

相談相手には、南海放送の元後輩でフリーアナウンサーの女性に頼んだ。結局、後援会組織が弱いため、その女性が中心になって組織作りを行ってくれたため、永江のそばにいてもらうわけにはいかなかった。

が、永江はもともと楽天家だった。そばに誰もいなくても、意外と平気であった。

演説は、地域密着番組『もぎたてテレビ』を通じて地元の人々から聞いた話を中心にまとめた。

「もう農業じゃ食っていけんけん、息子には、農業は継ぐな言よんじゃ」

「ふるさとの元気が萎んで行くなぁ、何とかならんのやろか」

「地方は、本当にしんどくなるばかりだ。こんな政治は、おかしいじゃないか」

「国は無駄遣いがあったり、天下りが止まらない」

永江は、結んだ。

「現場の思いをすくい上げるよう、国が変わらないことには地方は良くならない。だから、わたしに仕事をさせてほしい」

小沢が来たことで士気も上がり、後援会の人たちもよく動いてくれた。

選挙区での惜敗

八月十四日、永江孝子は、目標にしていた「辻立ち一〇〇〇回」を達成した。

永江は思った。

〈最後の三日、一週間が勝負だ〉

八月二十六日、投票日まであと三日となった。

有権者たちの反応に、永江は自信を持った。

出口調査の反応も良かった。NHKの記者からは、当確が出た後の万歳三唱の撮影シーンについての相談もあったという。

〈これは、いける〉

が、永江は、相手候補者の塩崎恭久の巻き返しの強さを、このときまだ理解していなかった。

八月三十日夜、愛媛一区から出馬した民主党推薦の永江孝子の後援会メンバーたちは、松江市の勤労会館に集まっていた。永江本人は、別の部屋でテレビの選挙速報を見ていた。ところが、愛媛一区の情報だけが出てこない。開票機械の故障が原因であったため、どのチャンネルを回しても同じだった。マスコミの報道以外から、経過報告が入ることもない。永江は、ジリジリしながら結果を待った。

日付が変わって、八月三十一日になった。

永江のもとに、開票所に様子を見に行った関係者から電話がかかってきた。

「どうも、票が足りません」

机に積まれた票は、どう見ても永江のほうが二〇〇〇票ほど足りないというのだ。

永江は、内心で叫んだ。

〈どうか、何かの間違いであってください…〉

やがて、愛媛一区の開票機械が直ったという連絡が入った。その直後、投票結果がバンとテレビに表示された。

結果は、塩崎恭久当確、永江孝子比例当選、であった。

永江はショックを受けた。

〈落ちたんだ。しくじってしまった…〉

比例で当選したことは、永江の頭になかった。「申し訳ないことをした」という思いだけで、一杯であった。

永江孝子にとって選挙戦は、目隠しされた競馬の馬のような心境であった。とにかく初めてのことなので、周囲に言われたとおりに選挙に集中するしかない。自分自身で、最初から最後まで経験して、初めて「ああ選挙というのは、こういうものだ」と理解できるのである。

厚かった塩崎恭久の壁

永江の選対メンバーは、選挙後になって初めて、これまでの選挙戦の経緯の詳細について教えてくれた。

「西松の事件の後、民主党の支持率はこんなに下がっていたんだ」

「自民党の塩崎さんは、こんなことをしていて凄かったよ」

永江は思った。

〈どうしてみんな、教えてくれなかったんだろう〉

そのときに教えてもらっていたからといって、永江自身で何かできたわけではなかった。やはり、選挙に集中するため、〝競走馬の目隠し〟をされていたのだろう。教えてもらわなくて良かったとも思ったが、周囲の人たちはみんな知っていたのだ、とつくづく思い知った。

〈小選挙区で勝てると思っていた自分は、甘かった〉

他の新人候補者たちには、演説の仕方や、街頭演説の回数などのレクチャーを受けている者たちがいた。が、永江はそうした指導は受けていなかった。

永江は、みんなから言われていた。

「永江さんは、しゃべりのプロだから」

が、アナウンサーと政治家のしゃべり方はまったく違う。そこも勉強であった。小選挙区で勝利できなかった永江からすれば、「教えてほしかった」という思いが残った。

「小沢ガールズ」の立候補

小沢はこの福田衣里子と永江孝子の他、いわゆる「小沢ガールズ」と呼ばれることになる女性を選挙に挑ませた。

石川二区で森喜朗元首相を相手に戦った田中実絵子、東京十二区で太田昭宏公明党代表を相手に戦った参院議員の青木愛、千葉七区から福島二区に選挙区替えした元祖小沢チルドレンの太田和美、東京十区で小池百合子元防衛相を相手に戦った江端貴子、東京二十三区で伊藤公介元国土庁長官と戦った櫛淵万里、茨城六区で丹羽雄哉元厚生相と戦った大泉博子、神奈川三区で小此木八郎元経産副大臣と戦った岡本英子、京都五区で谷垣禎一元財務相と戦った小原舞、愛知七区で鈴木淳司総務政務官と戦った山尾志緒里などだ。

三宅雪子、保守の牙城の群馬四区へ挑む

運命の衆議院解散

平成二十一年八月十八日、衆院選公示の日。流れは完全に民主党にあった。自民党の選対幹部である菅義偉の目から見ても明らかなほどだった。これまでに経験したことのない激動だった。新聞は「自民一〇〇議席」と書き始める。六月末の党内の情勢調査では、一二〇。現実味のある数字だった。現実には解散直後、予想獲得議席数は若干上向いている。一六〇までの可能性は出てきたと菅義偉は踏んでいた。

自民党の選挙対策担当者として菅義偉が常に意識せざるを得なかったのが、小沢一郎の影だ。小沢は選挙対策担当の代表代行として民主党の衆院選戦略のすべてを牛耳っていた。

「小沢さんはすごい」

選挙前からそんな言葉を多くの人が口にしていた。菅は、そのたびに疑問が湧いた。

〈小沢さんは、古いタイプの政治家。今様には合わない〉

小沢が選挙に備えて地方を回る際、訪ねる先は決まっている。労働組合の幹部か地域・職域団体の長といったところだ。それら支援団体の上層部に根回しをすることで選挙を乗り切っている。菅の認識とは根本的なずれがある。残念なことに現在の選挙ではそうした活動では票は取れない。

ただし、うらやましい点もある。小沢が全権を掌握していることだ。小沢のように、思い通り選挙を取り仕切ってみたい。菅にもそんな思いはある。だが、自民党には党中央の権限もあれば、派閥もあり、地方組織もある。

「ここの選挙区で、かれを出したい」

「この候補者は、外そう」

トップダウンで候補者を決定する。そんなスタイルの選挙をするのは夢のまた夢だ。権限も資金も手元に集中してある小沢とはずいぶん差がある。

空白となっていた群馬四区

民主党は、衆議院が解散されたとき、五選挙区に分かれている群馬県では、一区、二区、三区で公認候補を擁立し、五区は、社民党候補の推薦を決めていた。が、四区だけは、解散日にいたっても公認候補が決まらず、空白区であった。

民主党は、群馬四区に過去三回、鳩山由紀夫代表と交流が深く、群馬県に民主党を旗揚げした中心人物の中島政希を公認した。が、中島は自民党公認の福田康夫に歯が立たず、いずれも落選の憂き目を見た。

挙句の果て、小沢が擁立したのが、祖父に元自民党衆院議員で、計六回、労相をつとめた故石田博英、父親に元外務官僚でシンガポール大使などを歴任した故三宅和助を持つ、フジテレビ社員の三宅雪子であった。

親交のある三宅に出馬要請

民主党が東京都議選で大勝した翌日の七月十三日、三宅のもとに小沢から電話が入った。

「雪子ちゃん、今夜、ご飯でも食べようよ」

じつは、小沢は、三宅の祖父と面識があり、三宅の父親とも親しく、小沢家と三宅家は、家族ぐるみの付き合いをしていた。三宅は、報道局経済部の記者時代、政治部に頼まれ、小沢番を担当したこともあった。が、小沢にとって三宅は、あくまで「親しい友人の娘」であり、三宅の父親が平成十六年一月に亡くなったあとも、ときおり食事に誘ってくれていた。

三宅は思った。

〈都議選も終わったので、ぽっと時間が空いたのかな〉

三宅は、気軽に応じた。

「いいですよ」

この夜、三宅は、小沢と夕食をともにした。

しばらく世間話をしたあと、小沢は、ふいに真剣な表情になった。

「ところで、雪子ちゃん、今度の総選挙に出ないか?」

じつは、三宅は、十六年前の平成五年七月におこなわれた総選挙の際、自民党を離党し、新生党を立ち上げたばかりの小沢から立候補を要請されたことがあった。三宅の擁立を小沢に勧めたのは、三宅の祖父石田博英の秘書を経て国会議員となり、小柄な体格と歯切れのいい弁舌で〝政界の牛若丸〟と呼ばれた山口敏夫であった。が、当時二十八歳であった三宅には、まったくその気がなく、丁重に断った。

しかし、その後、社会経験を積んでいくうちに、いまの世の中を良くしたい、という気持ちが日増しに強くなっていった。三宅には、知的障害の弟がおり、もともと福祉には興味があった。五、六年前には母親が階段から落ち、介護を必要とする状態になった。福祉問題に関心が高く、多発する事件などにも心を痛め、「自分に何か出来ることはないだろうか」と真剣に考えていたところであった。

小沢は、三宅が家族を大切にしていることや、地域のつながりが薄くなっているのを憂えていることをよく知っていた。

「きみの、その気持ちが政治家向きだ。知識はあとからついてくるので、心配しなくていい」

しかし、三宅は、事が事だけに、さすがに即答はできなかった。

「少し考えさせてください」

なお、小沢は、選挙区については何も言わなかった。

三宅は推測した。

〈おそらく、東京十二区だろう〉

東京十二区は、公明党の太田昭宏代表が立候補する注目選挙区の一つであり、以前から「小沢一郎が岩手四区から〝国替え〟するのではないか」との憶測を呼んでいた。しかし、ここにきて「小沢は、別の候補を立てるようだ」との見方が強まっていた。

予想外の選挙区

その夜、三宅は、やはりフジテレビの社員で社会部に所属する夫に相談した。それまで三宅は、国政選挙が近づくたびに、冗談めかして夫に言っていた。

「わたしも、選挙に出ようかな」

すると、夫は、その都度、本気で反対した。

「選挙に出るなんて、とんでもない！」

ところが、今回は、理解を示してくれた。

「きみがやりたいと思うなら、反対はしないから」

夫や母親の了解を得た三宅は、翌日、小沢に電話を入れた。

「立候補のお話、お受けします」

さらに、フジテレビの日枝久会長にも報告した。

「総選挙に出ることになりました」

それから数日後、夫は、小沢と会い、三宅の体力面、精神面などについていろいろと訊かれたらしい。夫は、その際、「大丈夫です」と太鼓判を押したという。

その後、三宅は、小沢に呼ばれ、小沢事務所に出向いた。三宅は、緊張した面持ちで小沢が待つ部屋に入った。

〈正式に選挙区が決まったのだろう〉

小沢は言った。

「群馬四区から出てもらいたい」

東京十二区だと思っていた三宅は、おどろきを隠せなかった。

〈えッ！　東京十二区じゃないの〉

そのうえ、群馬四区と聞き、さらにびっくり仰天した。群馬四区は、自民党の福田康夫前首相の選挙区ではないか。三宅の祖父の石田博英は、官房長官、運輸相、通算六期の労相を歴任したが、最後の閣僚職は、福田の父親の福田赳夫内閣の労相であった。また、三宅は、福祉関係のボランティア活動で福田の妻貴代子とも親しくしていた。

三宅は、躊躇した。

「福田さんと戦うのだけは、ちょっと……」

三宅は、事情を説明した。が、小沢は、一歩も引かなかった。懸命に説得してきた。

「雪子ちゃん、政治というのは、そういうものではないよ。もっと冷酷なものだ。情などは捨てて、戦うときは、戦わなければいけない」

三宅は返事を保留した。

「少し考えさせてください」

三宅は、夫に相談した。夫は、三宅の背中を押した。

「今回は、勝っても、負けても、得るものがある。これだけの大物と戦えるチャンスは、そうめったにないよ。思い切って、やってみたらどう?」

三宅の気持ちは固まった。

〈福田さんと戦えば、ある程度名前も売れるだろうし、自分がやりたい社会福祉活動の取っ掛かりになるかもしれない〉

三宅は、日枝会長に報告した。

「群馬四区から出ることになります」

日枝も、てっきり東京十二区だと思っていたのだろう。ひどくびっくりしていた。

「えッ! そうなの……」

なお、七月二十四日、小沢は、記者会見を開き、東京十二区の公認候補に民主党参議院議員の青木愛を擁立することを発表した。

三宅の決意

七月二十五日、三宅は、小沢事務所に小沢を訪ね、決意を伝えた。

「群馬四区から立候補します」

小沢は、満足そうにうなずいた。

「よし、頼んだよ」

三宅は、不安を口にした。

「ただ、演説とか、討論会とか、うまくできないかもしれませんよ」

「そんなのは、大丈夫だから。心配しなくていい。なんとかなるよ。それに、群馬県では、石田博英の孫というのは、絶対に効くから」

「でも、うちの祖父が亡くなってから、もう十六年も経つんですよ。若い人たちは、名前すら知らないでしょうし」

「いや、そんなことはない。石田先生の孫という肩書きは、絶対に選挙に有利に働くよ」

そして、自信たっぷりに言い切った。

「雪子ちゃんは、選挙区で絶対に勝てる」

三宅は、にわかに信じられなかった。

「本当ですか？」

「本当だとも。絶対に勝てるから」

三宅は、〝選挙の神様〟とも言われる小沢の言葉だけに、大いに勇気づけられた。

〈その言葉を信じよう〉

三宅は訊いた。

「それで、これからどのようにすればいいでしょうか」

「まずは、出馬会見だな。明後日（二十七日）やるから」

三宅は、準備期間の少なさに慌てた。

「明後日ですか……」

「そう、明後日だ」


小沢事務所を後にした三宅は、会社にもどり、殴り書きの休職届を提出した。本当なら退職届を提出し、退路を断ったほうがよかったのかもしれない。が、三宅には、知的障害の弟と介護の必要な母親がいる。無職となれば、養っていけない。

それに、いざ退職となれば、たとえば、パソコンを止めたり、荷物をまとめたり、退職金をもらうための書類を書く作業などが必要だ。出馬会見が二日後に迫り、その時間も物理的になかったのである。

なお、フジテレビは、就業規則で公民権の行使が保障されている。小沢は、三宅の家族を心配し、日枝会長に休職あつかいにするよう頼んでくれたようだが、その配慮がなくても、三宅は休職できたという。


いっぽう、中島は、かつて三宅の祖父石田博英の秘書をつとめていたことがある。三宅の擁立を知らされた中島は、マスコミにコメントした。

「恩師のお孫さんが、わたしの後継に選ばれるのなら大変うれしい。石田先生の志を継ぐ者として（三宅の）当選を目指して全力を尽くしたい」

中島の公認に異論を唱えていた角田も、小沢裁定を受け入れた。

「候補者名は知らないが、小沢代表代行が擁立する候補を支持する準備は整っている」

こうして、民主党の空白区となっていた群馬四区は、中島を比例代表北関東ブロックに転出させ、三宅を擁立する方針を決めた。

強力な助っ人の参戦

三宅が立候補表明の記者会見を開く前日の七月二十六日、参議院山梨選挙区選出の米長晴信のもとに小沢から連絡が入った。米長は、フジテレビの記者出身で、平成十九年七月の参院選で初当選をはたしていた。

「明日、きみの先輩の三宅さんが記者会見を開くのだけれども、きみが嫌じゃなければ、選挙を応援してくれないか?」

小沢は、このようなケースで「やれ」と強要することはない。が、小沢を師事する米長とすれば、「嫌です」と断れるわけがなかった。

米長は答えた。

「命がけでやらせてもらいます」

しかし、米長は、民主党山梨県連の総合選対本部長をつとめている。その米長が他県の候補者の応援に入るのは、普通に考えておかしい。

米長は、小沢にお願いした。

「小沢先生のほうから輿石(東)先生に、『米長を手伝わせるよ』と一言、いっていただけますか？」

党代表代行の輿石は、米長と同じ参議院山梨選挙区選出の大物で民主党参議院のドンと呼ばれていた。旧社会党出身だが、小沢との関係は良かった。

小沢は答えた。

「わかった。輿石さんに言っておくから」


七月二十七日、三宅は、小沢とともに高崎市内のホテルで記者会見し、正式に立候補を表明した。輿石の了解を得た米長も、記者会見に同席した。

三宅は、記者会見がはじまる前、事前にまとめたあいさつ文などのメモを懸命に暗記した。

〈できるだけメモは見ないようにしないといけない……〉

しかし、大失敗を犯してしまうかもしれないという恐怖と緊張のあまり、なかなか頭に入ってこなかった。

すると、そんな様子を見て取った小沢が、三宅の緊張を解きほぐそうとしたのか、優しい口調で言った。

「雪子ちゃん、メモを見てもいいんだよ」

三宅は、その一言でスッと気持ちが落ち着いた。

やがて、記者会見がはじまった。

三宅は、正式に立候補を表明した。

「いまの日本には、元気がない。この状況を変えるには、民主党が政権を獲るしかないと考えていた。そんなときに、小沢先生から立候補の話をいただいた」

政治家として取り組みたい問題について、こう述べた。

「弟に障害があり、以前から福祉政策に関心があった。障害者や高齢者を地域が温かく見守る社会をつくりたい」

三宅の横に座った小沢は、群馬四区を重点選挙区にする考えを示した。

「女性の国会議員が少ないので、優秀な女性候補がいればいいという思いでいた。(四区は)長年、自民党の強い地域だったが、いまもそうだとは思わない。群馬県民も、大多数が政権を代えなくてはと思っていると確信している」

記者会見を無事に終えた三宅は、少しだけ自信がついた。

〈これだったら大丈夫かな〉

根深い県連内の対立

この会見に先立ち、分裂状態がつづいていた民主党県連正常化の会合が開かれ、会長に労組系の富岡由紀夫参院議員、会長代行に保守系の中島を起用する人事などが決まった。

小沢は、会見でそのことについても触れた。

「わたしが話し合いに入って、今日を迎えた。それぞれのいきさつや感情を乗り越え、政権交代を目指す選挙に向けて新体制を作ることができたのは大きな成果だ」

会見には、一区から四区の立候補予定者のほかに、保守系、労組系それぞれの県議も同席した。そこには、県連の再スタートを印象づける狙いがあった。

記者会見後、記者団に囲まれた富岡が、

「党本部に迷惑をかけたが、県連の再建ができた」

と取材に答えた。

ところが、その矢先、すぐ横で保守系と労組系が四区の選挙対策本部の構成などをめぐって言い争いをはじめた。

労組系の県議が、小沢の眼の前で提案した。

「富岡さんを選対本部長にし、富岡さんの秘書を事務長にしてほしい」

その秘書は、社会党事務局に十七年間籍を置いた、なかなかのつわものであった。

保守系の県議は、これに反発した。

「そういうわけには、いかない！」

場内は、騒然とした。が、ひとまず、

「とにかく話し合おう」

と会合の日時を決めて収まったが、記者団の前でおたがいが感情を爆発させるほど両者の対立が根深いことが露呈した。

三宅の選対本部の戦略

米長に同行してきた秘書の藤川晋之助は、眉間に皺を寄せた。

〈これは、まずいなぁ……〉

それから数日後、高崎市の富岡の事務所に富岡、米長、富岡の秘書、藤川など五、六人が集まり、話し合った。

「今後、どうしようか」

その結果、あれよあれよという間に「富岡選対本部長では、分裂する。それなら、米長選対本部長、藤川事務長でいこう」という体制が決まった。群馬の選挙で他県の参議院議員が選対トップをつとめるのは極めて異例だ。選対幹部に保守系、労組系とも入れないことで両者のバランスを取った苦肉の策であった。

三宅雪子の選対本部の事務長となった藤川晋之助は、戦略を練った。

〈保守系と労組系を一体化させなければ、選挙に勝てない〉

労組系には、運動員、いわば「兵隊」の数は多い。組織や団体、企業や町内会、個々人に直接働きかけることで一票一票を掘り起こしていく「ドブ板選挙」、いわゆる「地上戦」はお手の物であった。

いっぽう、保守系の中島側には、兵隊は少ない。後援会も弱体化している。それに、民主党候補は、総じて党首の人気や党の清新イメージを利用して「風」を巻き起こす、いわゆる「空中戦」ばかりおこない、地上戦はあまり経験がなかった。

そこで、藤川は、保守系を梃子入れするため、全国の選挙区にちらばっている選挙通の知人に連絡を入れた。

「悪いけども、差し支えのない程度で、こっちに一人、回してほしい」

その結果、松木謙公の秘書をはじめ十二人のサムライが群馬四区に集結した。

藤川は、保守系、労組系に訴えた。

「みんなでいっしょに戦いましょう」

しかし、両者の対立の溝は、想像以上に深かった。

「いっしょにやるのは、嫌だ」

結局、保守系と労組系は、それぞれ選対本部を別々に作り、藤川は、両方の選対本部を行き来することになった。

藤川は、労組系の幹部に要請した。

「とにかく、一万二〇〇〇票を固めてください」

群馬四区には、一万二〇〇〇人ほど労組の組合員がいる。が、これまでの国政選挙の比例の得票数は、その半分の六〇〇〇票ほどであった。

藤川は、さらに発破をかけた。

「組合員の方は、奥さんや家族にも協力をお願いしてください。そうすれば、二万にも、三万にもなりますから」

いっぽう、保守系は、票を固めるといってももともと数が少ない。そこで、できるだけ露出する作戦を展開し、マスコミに取り上げてもらうことにした。

三宅のキャッチフレーズは、雪子という名前から、『真夏の雪子が日本を変えます！』というものであった。藤川は、その象徴として大小のビーチボールで精緻に作った雪だるまを選対本部の事務所前に置いた。

真夏に雪だるまは、不思議な光景だ。通行人が足を止めたり、子供たちが写真を撮りにやってくるなど事務所前は賑わいを見せた。

藤川は、これらの戦略を総じて百余国の乱れし国々を一つにまとめたとされる卑弥呼になぞらえ、「卑弥呼作戦」と名づけた。

つまり、群馬四区は、保守系と労組系が対立してきたが、三宅が立候補したことをきっかけに、一致結束して戦おうという思いが込められていた。

選挙戦の三カ条

いざ選挙活動がはじまると、三宅が以前から知っている「やさしい小沢」は姿を消し、まさに「選挙の鬼」に豹変した。

小沢は、三宅に三カ条を課した。

【一日五十回は、辻立ちをする】

【他の候補の悪口は、絶対に言わない】

【睡眠だけはとる】

藤川は、はじめて三宅の演説を聞いたとき、内心心配した。

〈これで、大丈夫だろうか〉

三宅は、急遽、立候補が決まったため政治の勉強をしていない。演説も、素人の域を出ていなかった。

藤川は、三宅に、基本的な話し方、有権者への手の振り方、握手の仕方、あいさつ回りをするときの姿勢など一からすべて教えた。

はじめのうちは、緊張のあまりどこかぎこちなかったが、日を追うごとにたくましくなっていった。

三宅は、フジテレビでは、営業局も経験している。そのため交渉能力があり、あまり人見知りをしなかった。

それに、三宅には、吸収力もあった。三宅の演説の先生役は、米長の友人である参議院議員が中心となった。まず初日に応援演説に入ったのは、平成十九年七月の参院選で初当選した青森選挙区の平山幸司であった。小沢一郎政治塾出身の平山は、街頭演説、いわゆる辻立ちがうまかった。

さらに、連日、参議院議員が応援演説に訪れ、選挙の戦い方を現場で教えた。その甲斐があり、三宅の演説は、急速に進歩していった。

藤川は眼を細めた。

〈まだまだ未熟だが、国会議員になって鍛えられれば、ちょっと面白い存在になりそうだ〉

小沢流の辻立ちは、交差点などの人目につくところではなく、人のいないところに行き、家のなかで聞いている人を狙うというドブ板戦術であった。街宣車で住宅街に入り、適当な場所を見つけたら街宣車から飛び出し、一分間だけスピーチをする。三宅に向かって手を振ってくれる人がいれば、すかさず走って近づき、握手をする。そして、また街宣車で数百メートルだけ移動し、同じことを繰り返した。

祖父の残した大きな遺産

選挙戦当初、三宅は、泡沫候補あつかいされていた。それゆえ、有権者の反応も悪く、軽く五十回は辻立ちができた。が、徐々に反応が良くなってくると一カ所に時間がかかり、回数をこなすのが難しくなった。

しかし、三宅は、三カ条を守るため懸命に辻立ちをこなした。小沢のチェックも厳しく、選挙期間中、七、八回、三宅の携帯電話に連絡が入った。

「今日は、何回、辻立ちをやった？」

「五十六回、やりました」

「よし、よし。それで、体は、大丈夫か？」

「はい、大丈夫です」

「そうか、その調子でがんばれ」

三宅はお願いした。

「小沢先生も、一度、応援に来てくださいね」

小沢は、電話の向こうで声を立てて笑った。

「ハハハ、おれは、行くときは急に行くから前もっては言わないよ」

なお、小沢との通話時間は、たいてい一、二分であった。また、このチェック電話は、三宅だけでなく、女性新人候補には全員、おこなっていたようである。

三宅が意外だったのは、小沢が指摘したとおり、祖父石田博英の知名度の高さであった。三宅は、よく年配の有権者から声をかけられた。

「あなた、バクエイさんのお孫さんなんだってね」

「おれは、バクさんが大好きだったよ」

祖父の名前は、「ひろひで」だが、労相を計六期つとめ、戦後の労働行政に「石田労政」と呼ばれる一時代を築いた祖父は、永田町だけでなく、県民からも「バクエイさん」の愛称で親しまれた。群馬県は、これまで福田赳夫、中曽根康弘、小渕恵三、福田康夫の四人の首相を輩出している。それだけに、もともと政治に関心がある人が多く、祖父の名前や功績をしっかりと覚えてくれていた。

陣取り合戦

藤川は、全国から集めた十二人の兵隊を中心に独自に選挙区内を調査した。

選挙区内を地域ごとに分け、それぞれ五人一組の部隊を戸別訪問させる。一日に一人が百軒ほど歩けば、三日間で計一五〇〇のサンプルが集まる。それを分析すると、たとえば、Aという地域は、自民党が強いのか、民主党が強いのか、あるいは、浮動票が多いのかなどがおおよそわかる。

そのデータをもとに、福田が強いと見られる地域は青色、三宅が強いと見られる地域は、赤色、浮動票が多い地域は、黄色のシールを地図に貼った。こうすれば、選挙区内の情勢が一目瞭然となる。

選挙は、陣取り合戦だ。戦国武将と同じで自分たちが取った場所に旗を立てていく。スタッフには、青色と黄色のシールの地域を重点的に回らせ、三宅のポスターを家の門や玄関に貼らせてもらった。さらに、強力な支援者を見つけたら集中的にスタッフを送り、後援者になってもらった。こうして、赤色シールの数をしだいに増やしていった。

青色シールの地域の有権者は、三宅のポスターは絶対に貼ってくれなかった。ところが、一週間後、ふたたび調査に行かせると状況が変わっている地域もあった。一週間前は、「このあたりは、うちもふくめて絶対に民主党は応援しないよ」とけんもほろろだったのに、「おれはダメだけど、息子くらいは民主党に入れるかもしれない」という有権者も少なからずいた。

また、群馬四区の保守層には、特殊な政治事情があった。中選挙区制時代、群馬四区は、旧群馬三区であり、自民党候補は、福田赳夫、中曽根康弘、小渕恵三の三人であった。

そのうち、福田と中曽根は、毎回、「上州戦争」と呼ばれるほど激しいトップ当選争いを繰り広げた。自民党県議も、福田派、中曽根派に分かれ、激しく対立してきた。そのため、群馬四区となった現在も、かつて中曽根元首相の支持してきた有権者は、福田陣営を快く思っていなかった。

中曽根派の切り崩し

藤川は、そこに眼をつけ、ひそかに切り崩しを図った。中曽根元首相の長男で参議院議員の中曽根弘文は、一年後の平成二十二年夏の参院選で改選を迎える。五選を果たすためには、なんとしても福田陣営の協力を得なければならない。それゆえ、中曽根の支持者たちは、中曽根派の幹部から締め付けを受けていた。

ところが、藤川らが接触すると、ポロポロと三宅側にこぼれてきた。

「総選挙後、民主党政権になるだろう。それなのに、この地域だけ民主党議員がいないというのは、この地域のために良くない。だから、今回に限って民主党に協力するよ」

ただし、群馬四区に残っている小渕派の切り崩しはなかなか難しかった。藤川が聞いた話によると、福田側の要請で小渕陣営の幹部が集められたとき、「小沢一郎によって殺された小渕恵三の恨みを、忘れるな！」とみんなでシュプレヒコールをおこなっていたという。

小沢は、自由党時代、小渕首相との党首会談で自自公連立政権からの離脱を表明した。その直後、小渕は脳梗塞で倒れ、一カ月半後に死去した。小渕には、心臓病の持病があり、それに加えて首相の激務が脳梗塞を引き起こしたと考えられているが、自由党と決裂したことも、その要因の一つではないかという見方もあった。

　藤川は思った。

〈小渕派は、ちょっときつい。切り崩すなら、中曽根派だ〉

地元公権力からの嫌がらせ

　いっぽう、選挙戦当初、三宅陣営は、さまざまな嫌がらせを受けた。

　たとえば、辻立ちである。三宅は、小沢から指示されたとおり、一日五十回以上の辻立ちを決めた。交通量の多い交差点などに立ち、政策などを訴える辻立ちは、正式には、事前に警察署の道路使用許可を取らなければならない。しかし、わずか一分程度のスピーチなので、たいていは許可を取らない。

　ところが、公示の数日前、警察署の刑事二課から連絡が入った。

「辻立ちは、道路交通法違反だ。一日五十回以上辻立ちをするというなら、すべての場所で許可を取ってほしい」

　応対した藤川は、思った。

〈おそらく、福田派の県議や市議から抗議があったのだろう〉

藤川は反論した。

「わたしは、これまで北海道から沖縄まで何十回と国政選挙に参加しているが、そんなことを警察署が言ってきたのははじめてだ。なにも大勢の人を集めて演説するわけではない。街宣車から降り、わずか一、二分間、スピーチするだけなのに、すべて申請書を出せというのか。それは、もう嫌がらせじゃないか。本当に悪いというなら改めるが、おかしいではないか」

刑事は口ごもった。

「いや、まぁ、そうはいっても」

また、プレハブの選対本部事務所も難癖をつけられた。あるとき、高崎市役所の建築指導課の職員が姿を見せ、言い放った。

「このプレハブは、違法建築です。すぐさま撤去してください」

藤川はムッとした。

「それなら、全国の候補者がプレハブの事務所を立てているが、みんな建築確認を取っているというのか。いますぐ調べてくれ。すべてそうだとすれば、われわれは従うよ。しかし、そうでないのなら、あなたの言うことを聞くわけにはいかない。帰ってくれ！」

しかし、その職員は、後日、二度も事務所にやってきた。藤川は、そのたびに、「帰れ、帰れ！」と追い返した。

さらに、選挙管理委員会も、福田派の影響を受けているようであった。通常、公職選挙法に違反している場合は、電話や文書などで指導を受ける。ところが、わざわざ選挙管理委員会の職員が選対本部事務所に現れた。

「この旗は、ダメです」

「このポスターは、違法です」

一通りチェックした後、藤川に言った。

「あなたのサインをください」

つまり、福田派に対し、「きちんと三宅陣営に行って注意してきましたよ」という証明が必要なのだろう。

藤川は苦笑した。

〈福田さんも、総理まで経験されているというのに、こんな嫌がらせをするとは、けちくさいじゃないか〉

しかし、藤川も、黙ってはいなかった。マスコミ各社の記者が取材に訪れるたびに、それらの不満をすべてぶちまけた。

「ちょっと、話を聞いてよ」

今回の総選挙は、民主党に注目が集まっている。記者たちは、話のウラを取るため、こぞって警察署、市役所、選挙管理委員会などに取材攻勢をかけた。三宅陣営には、連合系の職員もいる。ある職員が、藤川に洩らした。

「大変ですよ、二十を越えるマスコミから問い合わせが入り、『無理やりそういうことをしているのか』『だれの差し金だ』と質問され、担当者は、ヘトヘトになっていました」

これまでの選挙とは違うマスコミの反応の凄さにおどろき、そうした嫌がらせは、ほとんどなくなった。

藤川は、ニヤリとした。

〈こっちの作戦勝ちだ〉

風が吹き始める

投票日の一週間ほど前、新聞各社は、全国の情勢調査の結果を発表した。各社とも、「与党劣勢・民主優勢」を伝え、群馬四区の情勢分析も、「福田氏と三宅氏が接戦を演じている」と報じた。

すると、有権者の三宅を見る目が明らかに変わった。それまで以上に反応も良くなった。辻立ちを終え、聴衆と握手をしていると、あちこちから声をかけられた。

「凄いね、福田さんと競っているんだって」

「がんばって、あのおじいさんを倒しちゃいなよ」

三宅は奮い立った。

〈あともう少しだ。がんばろう〉

小沢の選挙応援

八月二十三日夜、三宅の携帯電話に小沢から電話がかかってきた。小沢は、いつものように辻立ちの回数などをチェックしたあと、さりげなく訊いてきた。

「ところで、明日は、何をしているの？」

選挙期間中、小沢が翌日の予定を訊いてくるのは、はじめてのことであった。

「明日って、もちろん、選挙活動ですよ」

「ふ～ん。じゃ、明日も、がんばれよ」

そう言い残すと電話を切った。

三宅は、ピンときた。

〈もしかしたら、明日、こっちに来るのかもしれない〉

投票日を六日後にひかえた八月二十四日、藤川は、警察官から訊かれた。

「今日、ＳＰ付きの民主党の幹部がこっちに来るらしいのですが、だれなんでしょう？」

藤川はピンときた。

〈そんな大物は、小沢先生しかいない〉

小沢は、今回の総選挙では、全国を街頭演説で駆け回る鳩山由紀夫代表ら他の幹部とは一線を画し、〝神出鬼没〟の動きで各陣営を回っていた。それも、事前に連絡は入れなかった。そうすることで、各陣営の本来の選挙運動を確認し、選挙態勢が緩んでいる場合は具体的な指示を出した。したがって、小沢の訪問は、マスコミにも公表されない「アポなし」が多かった。

藤川は、民主党本部に電話をかけ、担当者に訊いた。

「今日、小沢先生がこっちに来るの？」

担当者は、小沢から口止めされているのだろう。明快な返事をしなかった。

「いや、よく、わかりません」

藤川は、突っ込んだ。

「予定にないのなら否定するはずだ。否定しないということは、来るということだね」

担当者は、言葉を濁した。

「う〜ん、どうなんでしょう……」

藤川は確信した。

〈小沢先生は、今日、絶対に来る。しかし、自然体で迎えよう。妙に取り繕うようなことをしたら、『何をやっているんだ！』と一喝されてしまう〉

さらに、藤川は、別の思いを抱いた。

〈三宅は、福田さんにだいぶ迫ってきたということだな〉

選挙戦序盤、民主党の世論調査では、三宅は福田に二〇ポイント程度離されていたようであった。小沢は、シビアだ。小選挙区での当選の見込みの薄い候補者のもとに、わざわざ顔を出すようなことはしない。三宅のもとにやってくるということは、すなわち福田とのポイントの差が縮まり、小選挙区で当選する可能性が高まったということにほかならなかった。

二十四日、三宅は、選対本部事務長の藤川晋之助から聞かされた。

「小沢先生が来るかもしれないよ」

三宅は言った。

「ああ、やっぱり、そうですか」

三宅は、前日夜の小沢とのやりとりを藤川に伝えた。

藤川は、うなずいた。

「それは、間違いないな」

この日の午後、住宅街で辻立ちをしていた三宅のもとに連絡が入った。

「小沢先生は、午後四時頃、高崎駅に到着するらしい」

その情報をキャッチした三宅は、ＪＲ高崎駅の東口に移動し、駅前から少し離れたところで街頭演説をはじめた。

それからまもなく、東口二階の出入り口付近が騒々しくなった。どうやら小沢が到着したらしい。やがて、小沢が大勢の記者を引き連れ、姿を現した。

小沢は、出入り口から車寄せに通じる階段を下りながら演説中の三宅に向かって、「がんばっているな」とばかりに軽く右手を上げた。

三宅は、演説を中断し、聴衆に小沢の来訪を告げた。

「みなさん、いま小沢代表代行が高崎駅に到着され、あちらの階段を歩いておられます！」

聴衆の視線が、いっせいに小沢に注がれた。

三宅は期待した。

〈そのままこっちに来て、応援演説をやってもらえないかしら〉

しかし、三宅の願いは叶わなかった。

小沢は、そのまま車に乗り込み、三宅の選挙事務所に向かった。

それからまもなく、小沢は、テレビ局や新聞社など大勢の記者たちを引き連れ、三宅の選対本部事務所に姿を現した。これが、小沢効果の一つであった。「この選挙区は、全国から注目されている」と思わせるだけで陣営の士気は上がった。

小沢は、事務長の藤川に言った。

「いま、駅前で街頭を演説をやっていたよ。なかなか、がんばっているじゃないか」

藤川は思った。

〈今日は、ご機嫌がいいな〉

小沢は、運動員を激励したあと、事務長の藤川に指示した。

「組織の票とか、固定票をあてにしてはいけない。浮動票や無党派層を徹底的に掘り起こしてくれ。それに、今回、民主党の風は、凄く吹いている。これまでは、電話作戦にしても、『うるさいな』という対応が多かったけども、今回は、ちがう。電話作戦一つでも効果がある。だから、できることは、すべてやりなさい」

そう指示すると、次のアポなし訪問に向かうのか、颯爽と選対本部事務所を後にした。

鳩山由紀夫代表の選挙区入り

翌八月二十五日、今度は、鳩山由紀夫代表が群馬県に入った。鳩山代表は、一区から四区まですべて回り、各候補者と街頭演説をおこなった。

群馬四区のＪＲ高崎駅前には、約二〇〇〇人の聴衆が駅前や歩道橋を埋め尽くした。鳩山代表とともに街宣車の上に立った三宅は、あまりの人の多さに、まるで自分が人気アーチストのボーカルとしてコンサートを開いているかのような錯覚に陥った。

〈ああ、これは凄いな……〉

街頭演説後、街宣車を降りた二人は、詰めかけた聴衆たちから握手攻めにあい、もみくちゃになった。

三宅は感動した。

〈鳩山代表の人気は、小泉さんの首相時代に匹敵するのではないだろうか〉

さらに、この夜、輿石東代表代行も、高崎市内で開かれた四区の労組選対総決起集会に駆け付け、激励した。

「自民王国である群馬四区の戦いを全国が注目している」

群馬四区は、この二日間に民主党の代表、二人の代表代行の三人の大幹部が訪れるという破格のあつかいを受けた。

陣営は、大いに盛り上がり、幹部らは興奮した口調で言った。

「藤川さん、これは、凄いよ。この勢いのままいけば、福田さんは一〇万票を割り、三宅は、勝てるかもしれないよ」

しかし、藤川は、ただ一人、冷静であった。

「いや、そんな簡単な戦いではない。福田さんは、絶対に一〇万票を越えるよ」

福田康夫陣営の真の強さ

群馬県は、この三十数年間に福田赳夫、中曽根康弘、小渕恵三、福田康夫の四人の首相を輩出した保守王国である。保守層、なかでも確実に投票所に足を運ぶ六十代、七十代の有権者は強固だ。他県であれば切り崩せるが、群馬県には、眼に見えない厚い壁があった。

しかも、この二日間の出来事は、福田陣営を本気にさせた。それまで福田陣営は、「こんな小娘を相手にしゃかりきになる必要はない」とばかりに横綱相撲を展開していた。福田のポスターも、選挙掲示板以外には、ほとんど見かけなかった。

福田陣営は、たとえるなら戦国の兵法で兵力が敵部隊より多いときに有効な陣形とされる「鶴翼の陣」を敷いていた。兵力で劣る三宅陣営が槍をもって中央に突っ込んできたら、それを囲んで叩けばいいというスタンスであった。

しかし、報道各社が公示後に実施した世論調査の結果、こぞって「与党劣勢・民主優勢」を伝え、群馬四区の情勢分析も、「福田氏と三宅氏が接戦を演じている」と報じた。

さらに、民主党幹部の相次いでの選挙応援に福田陣営は焦った。県議や市議たちは、引き締めに躍起となり、運動員に檄を飛ばした。

「このままでは、ダメだ！」

福田陣営の運動員は、二十五日を境に眼の色が変わった。

藤川は、危機感を覚えた。

〈これは、まずいぞ〉

たとえば、選挙戦最終日の八月二十九日、群馬選挙区選出の自民党参議院議員の山本一太が福田の応援に駆けつけた。テレビ番組に出演する機会が多く、知名度の高い山本は、街頭演説でネガティブ・キャンペーンを展開した。

「選挙権がない人を当選させたら、上州の恥です！」

選挙権は、三カ月以上、同じ区市町村に住所がなければ認められない。したがって、一カ月前に立候補が決まった三宅には、群馬四区での選挙権はなかった。

福田も、三宅を批判した。

「みなさん、この選挙区に変な人が来ちゃってね。若ければいいというものじゃないんですよ。なんか、わたしを年寄りあつかいしてね」

それらの演説内容を聞かされた三宅は、カチンときた。三宅も、できることなら演説でこう訴えたかった。

「民主党政権が誕生すれば、自民党は野党となります。野党議員となる七十三歳の老人に、いったい何ができるというのでしょうか」

そのフレーズが喉元まで出かかったこともあった。が、三宅は、小沢から課せられた三カ条の一つである「他の候補の悪口は絶対に言わない」という指示を最後まで守りつづけた。

なお、総選挙後、三宅は、日本テレビの人気番組「太田光の私が総理大臣になったら…秘書田中。」に出演した際、やはり、この番組に出演していた山本に声をかけた。

「山本さん、三宅雪子です。あんまりいじめないでくださいね」

山本は、まさか福田の応援演説でこき下ろした三宅からあいさつされるとは思っていなかったのであろう。おどろいた様子で、苦笑いを浮かべていた。

田中眞紀子の応援演説を要請

じつは、藤川は、こうなることを見越し、小沢が選対本部事務所にやってきたとき、要請していた。

「選挙戦の最後に陣営を盛り上げるためにも、田中眞紀子さんを応援演説に呼んでください。そうすれば、〝角福戦争の再来か〟と注目を集めますから」

田中の父親の田中角栄と福田の父親の福田赳夫は、ポスト佐藤栄作の座をめぐる権力闘争をきっかけにして長年、激しく対立した。その政争は、おたがいの名前の一文字ずつを取り、「角福戦争」と呼ばれた。

田中が三宅の応援演説に駆けつければ、マスコミは、その因縁をこぞって報じるだろう。そうなれば、ますます無党派層の関心を引き、投票率が上がるにちがいない。

しかし、小沢は、首を横に振った。

「おれも、それは一回、考えた。でも、やはりきついよ。福田陣営をもっと怒らせることになるし、あまりいい手じゃない」

選挙のプロから見れば、「田中角栄憎し」で凝り固まった福田赳夫の、かつての支持者の怒りを呼び覚ましてしまうのではないかという恐怖がある。が、角福戦争の時代を知らない無党派層の若者には、そのような意識はない。

三宅も、小沢に電話をかけた。

「眞紀子さんをお願いします」

しかし、小沢は、了解しなかった。

「田中眞紀子は、人を集められるけども、票にはつながらないよ」

小泉内閣で外相をつとめていた田中は、平成十三年七月の参院選の際、群馬選挙区で立候補した自民党公認の吉川真由美の応援演説に入った。しかし、話が脱線し、吉川が田中の肩へ手を回した瞬間、

「この候補者、なんておっしゃるんですか。知らないから触らないでください。知らない人に触られたくありません。では、地元に用事がありますし、外務省に用事がありますので、この辺で失礼します」

と駅前の聴衆に向かって演説した後、すぐに帰った。結局、吉川は落選してしまった。

さらに、小沢は三宅に言った。

「田中眞紀子を呼ぶと、群馬の人たちは〝角福戦争〟を思い出し、そっちに関心がいってしまう。だから、僕は呼ばないほうがいいと思う」

結局、田中の応援演説は実現しなかった。

藤川は、残念でならなかった。

〈眞紀子さんが来てくれれば、五〇〇〇票は違うだろう〉

選挙最終盤の戦い

米長をして〝鬼軍曹〟と呼ばれる藤川は、気を取り直し、少し気の緩みかけた陣営に発破をかけつづけた。

「このままでは、十万二〇〇〇票対九万二〇〇〇票の一万票差で負けるぞ！」

選挙戦最終日の八月二十九日午後六時、福田は、ＪＲ高崎駅西口で最後の街頭演説をおこなった。

「変な風が吹いている。そういう空気を変えないといけない。明るい高崎、明るい群馬、明るい日本をつくりましょう」

その後、約十五分間、「たすきが嫌い」と言われている福田は、危機感からなのか、名前を書いたたすきを掛けて駅周辺を歩き、有権者と握手した。

それからまもなく、三宅も、同じＪＲ高崎駅西口で最後の演説をおこなった。シンボルカラーの水色のＴシャツを着た三宅は、降り始めた雨のなか、声を張り上げた。

「みなさまの一票で逆転のドラマを。わたしは雲の上の政治家にはならず、みなさんのご意見を国会に届けます。主人公は、わたしではありません。みなさんです！」

選対本部長の米長晴信が、マイクを握った。

「みなさん、彼女は、この選挙中、一言も福田さんの悪口を言いませんでした。この人柄に一票を入れてください」

三宅は、その言葉に感動した。


いっぽう、福田陣営は、最後まで攻勢を緩めなかった。投票日の八月三十日にも、当選が確実視されていた群馬五区の小渕優子陣営のスタッフを動員し、電話作戦を展開した。

公職選挙法では、投票日に「××に投票してください」と個人名を上げると違反になる。

そこで、「××の選挙事務所の者ですが」とさりげなく候補者名を名乗ったうえで、「投票は、お済みでしょうか。もしまだのようでしたら、投票に行ってください」と呼びかける。これなら違反にならない。

しかし、残念ながら三宅陣営には、そのような組織力がなかった。

選挙区での敗因

投開票の結果、三宅は、九万一九〇四票を獲得したが、十万三八五二票の福田に約一万二〇〇〇票差で敗れた。が、重複立候補した比例代表北関東ブロックで復活当選を果たした。

午後十時十五分頃、三宅は、選挙事務所で厳しい表情のまま、深々と頭を下げた。

「たくさんの票をいただき、ありがとうございました」

集まった支持者から拍手が起こり、歓声が上がった。

「大健闘だ。出馬表明からわずか一カ月で、よくここまで頑張った」

目を潤ませてマイクを握った三宅は、選挙戦を振り返り、決意を語った。

「最初は、福田前首相を相手に無謀な勝負だと思っていました。でも、みなさんの応援のおかげで、あと一歩まで迫ることができました。みなさんの声、弱者の声をきちんと国会に届けます」

三宅は、のちに思った。

〈ちょっとピークが早かったのかな。鳩山代表の来県が二十八日くらいだったら、情勢は変わっ

ていたかもしれない〉

藤川は、三宅が当選したよろこびと同時に悔しさを噛み締めた。
〈一万票差まで迫ったと思っていたが、一万二〇〇〇票も離されたか。あと一週間もあれば、その差は、もっと詰まったのに……〉

今回、解散から投開票までの期間は、過去最長の四十日間であった。が、三宅が立候補を表明したのは、七月二十七日である。わずか三十日間あまりの短期決戦となった。

藤川が、あえて選挙区での敗因を上げるならば、三宅陣営は、最後まで保守系と労組派が一体化できなかったことだ。

労組系は、かつてないほど懸命に選挙運動を展開した。が、問題は、保守系であった。群馬四区は、高崎市、藤岡市、多野郡で構成されている。保守系を中心とする選対本部の小さな部隊の運動は、大票田の高崎市で手一杯であった。藤岡市や多野郡までは、とても手が回らなかった。

そこで、藤川は、選対本部とは別に選対事務所を立ち上げた労組系に要請した。

「三十人、こっちに兵隊を回してください」

労組系は、快く了承した。

「いいですよ」

ところが、保守系のほうが労組系といっしょに動くのを嫌がった。保守系は、過去のいざこざをいつまでも引きずり、労組系よりも頑なであった。そればかりか、選挙期間中も、二、三回、大喧嘩となり、そのたびに藤川が仲裁に入った。

藤川は、残念でならなかった。

〈両者が協力すれば、保守系が右足、労組系が左足となって互角の戦いとなり、数百票差で勝つか、負けるかの展開になっただろう〉

その意味では、藤川にとってこの戦いは、不完全燃焼に終わった。

選挙の神様の真骨頂

八月三十一日、三宅雪子は、小沢の秘書の携帯電話に連絡を入れた。

〈小沢先生への伝言を頼もう〉

三宅が秘書と話していると、小沢の野太い声が耳に届いた。小沢は、たまたま、その秘書の隣にいたらしい。秘書は、携帯電話を小沢に手渡した。

「三宅さんです」

三宅は、電話に出た小沢に詫びた。

「先生、すみません、選挙区で負けてしまいまして……」

小沢は、過去のことはまったく振り返らなかった。

「いいの、いいの、そんなのは。ところで、足の具合はどうなの?」

三宅は、自転車で街宣中、ふとしたはずみで転んでしまい、左足のじん帯を痛めていた。

「大丈夫です」

「そう。じゃ、足を治してがんばってね」


なお、三宅雪子が立候補したことで、比例代表北関東ブロックに転出した中島政希も、四度目の挑戦にして念願の初当選を果たした。

さらに、東京十二区から立候補し、公明党代表の太田昭宏と戦った青木愛は、見事に小選挙区で当選を果たした。

三宅は、仮に自分が東京十二区、青木が群馬四区から立候補していたら、両方とも落選していたような気がするという。その意味では、小沢の読みはズバリと的中した。そこが、〝選挙の神様〟といわれるゆえんなのであろう。

藤川晋之助は、民主党の勝因の一つは、小沢のいわば〝ストッパー戦略〟にあると思う。

たとえば、群馬四区は、三宅が福田に迫ったことで、福田は他の候補者の応援に行けなくなってしまった。

同じように、これまで全国各地を応援で飛び回っていた石川二区の森喜朗元首相も、民主党新人の田中美絵子の猛追を受け、選挙区にべったりと張り付いた。

こうなると、激戦となっている選挙区の自民党候補は、最後の一押しが期待できない。

小沢は、こうなることを見越し、有力な新人候補を自民党のベテラン候補にぶつけたのではないか。

藤川は、小沢の軍師ぶりにうなった。

〈まるで、三国志の諸葛亮孔明のようだ〉

次回選挙へのアピール

三宅は、選対本部事務長の藤川と相談し、総選挙の翌日から選挙区で辻立ちをはじめた。

公職選挙法では、選挙後、街頭で「当選させていただき、ありがとうございました」とお礼を述べる、いわゆる「お礼街宣」は禁じられている。そこで、藤川に法律に触れない程度のあいさつ文を書いてもらい、選挙区をくまなく歩いて回った。

「民主党の三宅雪子でございます。みなさまのおかげで政権交代を実現しました。近いうちに鳩山政権が誕生いたします。これから、わたしも精一杯、国政の場でがんばっていきます」

小沢からも、

「新人議員は、特別国会召集まで上京せずに地元で活動するよう」

というお達しが出ていた。三宅の辻立ちは、特別国会が召集される三日前の九月十三日まで続いた。

特別国会召集日の九月十六日午前二時、三宅雪子は、新調したばかりの白のスーツで国会議事堂に向かった。この日の睡眠時間は、わずか一時間半であった。

三宅は、数日前から心に決めていた。

〈一生に一度の記念だし、有権者に意気込みを見せるためにも、初登院一番乗りをしよう〉

開門時間を五時間後に控えた午前二時四十七分、三宅は、車で国会議事堂の正面玄関に到着した。車を降りると、マスコミのほかは、まだだれも姿を見せていなかった。

三宅は、念のため記者に訊いた。

「誰も、いないですね」

「はい」

三宅は、念願の一番乗りを果たした。

それから十分後の午前三時、二番乗りの議員が姿を見せた。香川二区で初当選した民主党の玉木雄一郎であった。

三宅は、冗談めかして玉木に言った。

「先に来ちゃってすいません」

玉木は、ひどく悔しがった。

「ホテルから四十分程度歩いて国会に来たんですよ。タクシーに乗っていれば、一番乗りだったかもしれませんね」

三宅は、コンビニで買ったサンドイッチを朝食として食べるなどして、開門までの約五時間を費やした。

午前八時、ようやく国会議事堂の正門が開いた。雨はすっかりやみ、綺麗な青空が広がっていた。一番乗りの三宅を真ん中にし、五人の民主党新人議員が一礼し、国会議事堂に足を踏み入れた。その映像は、テレビ各局の番組で繰り返し、放映された。

この効果は、絶大であった。選挙区にもどると、あちこちから声をかけられた。

「あなた、白のスーツ姿で一番乗りした人でしょう。他の四人の男性議員が黒っぽいスーツだったので、白が映えて、凄く良かったよ」

ポイントとなった北海道の選挙戦略

目標は全選挙区での勝利

「北海道の全十二小選挙区で勝利する」

平成二十年十一月七日、道内完全制覇を目標に掲げる民主党代表の小沢一郎は、新党大地代表の鈴木宗男と札幌市のホテルで会談し、次期衆院選で選挙協力することで合意し、協定を取り交わした。

中身の柱は、

【新党大地は、北海道内の全十二小選挙区で民主党候補を支援する】

【民主党は比例代表北海道ブロック（定数八）で大地の二議席獲得に全力を挙げる】

というものだった。

この日の会談には、連合の高木剛会長も同席した。鈴木は高木との間で「新たな政権実現のために共に力を合わせる」との文書を交わし、格差是正や生活者のための政治の実現などの政策で合意。同時に、大地の民主党候補支援の見返りに、連合の比例区での大地支援を確認した。

新党大地との協力関係

大地は、平成十七年の衆院選比例北海道ブロックで約四三万票を獲得した。道東を中心に根強い支持基盤を持ち、特に中選挙区時代に鈴木の地盤だった釧路市、根室市など七区では、自民、民主を上回る票を獲得した。また北見市、網走市、稚内市など十二区でも自民、民主と伍する戦いを展開していた。

いっぽう、対抗する自民党は、札幌市厚別区、江別市など五区に党内最大派閥の領袖で元官房長官の町村信孝、帯広市など十一区に財務・金融大臣などを歴任した中川昭一、十二区に小泉政権で党ナンバーツーの幹事長を務めた武部勤が磐石な地盤で鎮座していた。この大物三人を、なんとしても追い落とさなければ道内完全制覇は果たせない。特に自民党総裁の座を虎視眈々と狙う町村や、将来の総裁候補である中川が小選挙区で敗北すれば、党内での求心力低下につながり、自民党に大きなダメージを与えることができる。そのためには新党大地の協力が不可欠だ。小沢はそう考えたのであった。

大地の鈴木代表のもとには、じつは、自民党からのアプローチもあった。福田康夫総裁時代の伊吹文明幹事長、古賀誠選対委員長は熱心だった。

ところが、麻生太郎が総裁になり、幹事長が細田博之に交代すると、急にアプローチが途絶えた。

自民党は、比例で公明党から票を回すことを求められれば大地に回す余裕は無くなる。とはいえ、鈴木はこの変化を、大地の協力が無くても、麻生総裁なら選挙に勝てると判断した自民党の自信の現れだと受け止めた。

大地が比例で二議席獲得するためには、六五万票程度が必要だ。自民党との協力は、もはや無いだろう。ならば連合北海道の協力も期待できる民主党と組むしかない。鈴木は決断したのだった。

小沢と鈴木、高木の三者会談が終了すると、そのホテルで記者会見がおこなわれた。

小沢は、言葉に力を込めた。

「大地の協力は、大変力強く思っている。この協力関係をテコに、何としても北海道から日本の政治を変えたい」

鈴木も応じた。

「北海道から日本をチェンジする。新しい政治の流れを作りたい」

高木は語った。
「大地と目指すところはいっしょ。考え方を共有できた」

小沢の選挙区初応援は北海道

自民・公明の連立政権か、民主党中心の政権か。政権選択をかけた第四十五回衆院選挙は、八月十八日に公示された。

道内十二小選挙区完全制覇を目標に掲げる民主党の小沢一郎代表代行は、公示後最初の地方応援先に北海道を選んだ。

その日午後、札幌入りし、そのまま江別市内の同党候補小林千代美の選挙事務所に直行した。小林は五区で、自民党の町村信孝に十年越し三回目の戦いを挑んでいた。昭和四十三年十二月生まれの四十歳。中央大学法学部卒業後、製パン会社に勤務し、営業として働く。平成十五年の衆院選で、比例復活ながら初当選するも、十七年には町村に約五万票の大差をつけられて落選していた。が、今回は民主党への全国的な追い風を受け、最大のチャンスが訪れていた。

小林の選挙事務所は、突然の小沢の訪問に驚き、緊張が走った。小林本人は、遊説中で留守であった。

小沢は、スタッフ一人一人に笑顔で「ご苦労さま」と声をかけてまわった。陣営幹部には、厳しい表情で檄を飛ばした。

「ここは、今回の選挙のシンボリックな選挙区だ。全国の注目区だ。ここで勝利することは北海道全域、日本全体の選挙の行方にも大きな影響を及ぼす。絶対に勝ちに行く。エンジン全開で頑張ってくれ」

小沢は、わずか十分ほどの滞在で、札幌市中央区の民主党北海道合同選対本部に向かった。

小沢と鈴木宗男の綿密な連携

この日、民主党と選挙協力の協定を交わしている新党大地の鈴木宗男代表は、札幌市北区の札幌サンプラザ前で三区の候補者である民主党の荒井聰の遊説に立ち会い、自らの第一声をあげた。

「小泉純一郎政権以降、勝ち組と負け組の格差社会が広がった。戦後日本の復興を支えた七十五歳以上の高齢者を線引きする後期高齢者制度や、弱者に負担を強いた障害者自立支援法は廃止する。弱者に生きる誇りを持ってもらい、安心、安全な社会を取り戻す。北海道から、あすの日本をつくっていこう」

翌朝、鈴木は新聞で小沢の五区入りのニュース記事を読み、小沢の動きに感心した。

「さすが選挙上手の小沢さんだ。これで五区の人たちは、バーッと燃え上がるだろう」

鈴木は以前から、小沢が丹念に地方まわりをする姿勢に共感していた。

都会は一時のブームやムードに流されるが、地方の支持傾向はなかなか動かない。そんな地方の人たちの心を本当に動かし、民主党に引き寄せるには五十人、一〇〇人の小さな集落にまで何度も足を運び、自らの行動と生の声で訴えるしかない。小沢はそれをやっている。そしてその姿は、テレビを通じて都会の数百万人の有権者にも届く。都会の人たちも、多くは地方の出身者だ。自分の故郷がテレビに映り、こんなにも田舎は疲弊しているのか。元気が無いのか。そこに小沢が足を運び、熱心に訴えている。これが都会の人たちの心をも動かす。

小沢の選挙のやり方には、その選挙区以外の有権者にも波及的な効果があると鈴木は思っていた。


選挙期間中、鈴木は小沢と電話で何度もやり取りをしながら戦いをすすめていった。鈴木は特に、腰が悪くて機動力に劣る七区の仲野博子を気遣い、公開討論会や街頭演説のたびに細かい助言を与えて励ましつづけた。

弱者のための政治

民主党の選挙応援をしながら、鈴木は何度も「弱者のための政治」を訴えつづけた。政治の基本には、人の心の痛みを推し量る「情」がなければならない、というのが鈴木の持論だった。その意味で鈴木は、自民党の強敵、町村信孝、武部勤の政治のやり方には「情」が足りないと映った。

町村の発言は官僚的なことが多く、国民目線ではない。福田康夫総理のもとで官房長官を務めているときは、総理よりも自分のほうが経験抱負で能力もあるという態度を見せることもあった。

武部幹事長は、小泉純一郎総理に対して「偉大なるイエスマン」と胸を張った。だが「国民に対して偉大なるイエスマン」であるのが、政治家の仕え方ではないのか。そんなことを思うたびに、国民もまた自分と同じ思いを感じているはずだと考え、そこに町村や武部の隙があり、攻め入るポイントだと思い定めていた。

政権交代の流れをつくった北海道

八月三十日投開票の第四十五回総選挙は、民主党が公示前一一五席から三〇八議席に大躍進し、民主党は遂に「政権交代」を成し遂げた。

民主党が政権交代ムードの流れを作る起点として力を注いだ北海道も大きな成果をあげた。北海道内十二小選挙区と定数八の比例代表北海道ブロック計二〇議席は、民主党一五（小選挙区十一、比例四）、自民党三（小選挙区一、比例二）、公明党一（比例）、新党大地一（比例）という結果だった。

新党大地の選挙協力を得て北海道十二小選挙区全勝を目指した民主党は七区で、仲野博子がわずか九一四票差で自民党の伊東良孝に惜敗し、目標に一勝が届かなかった。ただし、仲野は、比例代表で復活当選だった。

しかし、民主党が最重点地域として戦った五区、十一区、十二区では激戦を制して勝利。五区の小林千代美は町村信孝に三万一五一〇四票の大差で、十一区の石川知裕は中川昭一に二万八八三七票差、十二区の松木謙公は武部勤に一万四四七六票差で自民党の牙城を切り崩した。町村と武部は、かろうじて比例で復活したが中川は初めて議席を失った。自民党には大きな衝撃が走った。

比例で二議席を狙った新党大地は、民主党の支援を得たが、残念ながら代表の鈴木宗男の一議席に終わった。

鈴木は、三十日午後九時二十分すぎに札幌市中央区の選対本部に入り、選挙戦を振り返りながら、改めて抱負を語った。

「新党大地としての存在感を示せた。国民にやる気や活力を与える政治をしたい」

選挙協力した民主党との関係についても、語った。

「北海道から政権交代の流れをつくれた。今後の鳩山政権にも一〇〇％協力する。民主党の鍋の中の塩のような存在感を示したい」

ちなみに比例北海道で当選四人の民主党の得票数は、一三八万八三一八票、得票率四〇・六。当選二人の自民党は、同じく八〇万五八九五票、二四・二。次に得票数が多かった新党大地は当選一人で四三万三一二二票、一三・〇。以下、当選一人の公明党の三五万四八八六票、一〇・七、当選〇人の共産党の二四万一三四五票、七・三、当選〇人の社民党の一一万三五六二票、三・四などとつづく。

松木謙公が実践した小沢の選挙戦略

藤波孝生の秘書だった松木

若い頃、松木謙公は、中曽根派のホープだった藤波孝生の秘書を務めていた。

そのころ、小沢は、竹下派七奉行の一人として将来を嘱望されていたが、松木は藤波と派閥が違うということもあって、あまり知らなかったという。

小沢が海部俊樹内閣で四十七歳の若さで幹事長に就任した頃、松木は永田町で小沢とすれ違ったことがあった。

そのとき、小沢は永田町のＴＢＲビルから議員会館への道を、秘書や番記者ら三十人ほどを引き連れて颯爽と肩で風を切って歩いていた。

その様子を見て、松木は恐れおののいた。

〈なんだか目つきがおっかない男が降りてくるなあ〉

松木は思わず避けて通った。よく見ると、その男は小沢一郎だったという。

松木は事務所に帰ったのちに、藤波に尋ねた。

「先生、小沢一郎っていうのはどういう政治家なんですか?」

藤波は松木に教えるように答えた。

「あの田中角栄さんが目に入れても痛くないいくらい可愛がっている人間だ」

藤波はさらに言った。

「いいか。小沢一郎っていうのは、総理大臣になるとかではなく、この政治の世界で長い間トップを走る人間だよ」

さすがの藤波も、小沢がその後、自民党を飛び出して、二度の政権交代を起こすことまでは予測していなかっただろうが、「政治の世界で長い間トップを走る人間」という藤波の予言は間違っていなかった。

松木は、のちに小沢と親しくなると、その当時のことを冗談めかして話した。

「三十人も引き連れて歩いているオヤジは怖かったですよ」

小沢はその話を笑って訊いていたという。

松木の標的は武部勤

松木謙公は、前年同様、ゴールデンウイークの五月三日から、河村たかし仕込みの自転車街宣の二周目をスタートさせた。

そして、総選挙の公示を二日後にひかえた八月十六日、斜里町、清里町、小清水町を最後に選挙区の市町村を制覇した。今回、自転車での総走行距離は、約八〇〇キロであった。

八月十八日、いよいよ総選挙が公示された。

松木は、このまま自転車街宣をつづけるつもりでいた。ところが、選対本部の幹部から待ったがかかった。

「自転車だと、選挙区を回るのに時間がかかりすぎる。それでは、同じ場所を一回しか回れないからダメだ」

松木は提案した。

「一番遠いところから、最初で最後のお願いをやっていけばいいじゃないか」

しかし、松木の提案は却下された。

松木は、やむなく選挙区を一周する自転車街宣をあきらめた。

〈郷に入れば郷に従え、だな〉

結局、選挙期間中、自転車街宣をおこなったのは、計三回、走行距離は、トータルで二、三十キロであった。

しかし、いったんついたイメージというのは大きい。松木が街宣車に乗っていると有権者からたびたび声をかけられた。

「あれッ、松木さん、今日は、自転車じゃないんだね」

松木にとって最大の強敵は、過去二度、選挙区で敗れた自民党の武部勤であった。

平成十五年十一月の総選挙は、松木の八万二七三一票に対し、武部は一一万八二五八票と約三万六〇〇〇票差がついた。

武部が幹事長として采配を振った前回の平成十七年九月のいわゆる郵政解散選挙では、松木の一〇万一八二五票に対し、武部は、一二万四四六五票と約二万六〇〇〇票差に縮めた。

優勢に運ぶ選挙戦

今回、マスコミ各社の世論調査では総じて松木が優位に立っていた。が、松木は、まったく気を緩めなかった。

〈選挙は、水物だ。何が起こるかわからない〉

　世論調査によると、武部は、重複立候補した比例代表北海道ブロックでの復活当選も微妙な状況であった。それだけに、武部は、「オホーツク武部党」を掲げ、なりふり構わず、必死で戦っていた。選挙区に張り付き、公示後としては初めて離島を訪れるなど、これまでにない「どぶ板」選挙を展開。「おれは、絶対に生き残ってやる!」という気迫を感じた。

　たとえば、今回、注目選挙区の一つとなった北海道十二区は、たびたびテレビ番組の特集でも取り上げられた。松木のもとには、複数のテレビ局が何度も密着取材に訪れた。が、じつは取材は受けたもののお蔵入りになったケースも多かった。テレビの宣伝効果は高い。民主党に追い風が吹くなか、テレビに出ると松木が有利になると判断したのか、武部は、取材を拒否した。テレビ局とすれば、公平を期するため特集が組めなくなったのである。

　また、武部陣営は、「オホーツクの火を消すな」「宗谷の火を消すな」と書かれた黄色い短冊を投開票日の三日前くらいから、空き家をふくめ支持者の家の門や玄関にベタベタと貼りまくった。知らない人が見れば、「変な新興宗教かな」と思うほど異様な光景であった。

　小泉旋風が巻き起こった前回の郵政解散選挙では応援に入ってくれた小沢は、今回、松木の選挙区には姿を見せなかった。民主党独自の調査でも、松木のポイントは高かったのか、小沢は言った。

「おまえは、勝手にやれ」

松木は、苦笑した。

「でも、わたしの相手は、元幹事長ですよ」

小沢は、意に介さなかった。

「ああ、武部なぁ」

なお、小沢が公示日に地方応援第一弾の地として選んだのは、小林千代美が立候補した北海道五区であった。北海道五区は、自民党の町村信孝の地盤であり、民主党北海道が政権交代実現の「最重点区」に位置付けていた。

松木によると、小沢は、それまで小林とほとんど接点はなかった。が、政権交代実現のために梃入れに入った。なお、小林は、町村に競り勝ち、選挙区で当選を果たす。

選挙区で武部に競り勝つ

八月三十日、総選挙の投開票がおこなわれた。

松木は、一二万七一六六票を獲得し、約一万五〇〇〇票差をつけ、選挙区で初めて武部に競り勝った。

松木は、小沢に当選報告の電話を入れた。

「やっと選挙区で勝つことができました。本当にありがとうございました」

小沢は、めずらしく褒めてくれた。

「おお、よくやったな」

松木にとっては、その一言がなによりもうれしかった。

なお、武部は、比例代表北海道ブロックで復活当選をはたした。戦前の予測では、自民党候補は選挙区で全滅するが、比例代表北海道ブロックで二議席を確保し、北海道五区の町村信孝と北海道七区の伊東良孝が復活当選するのではないかと見られていた。が、釧路市長を二期つとめた伊東が選挙区で勝ったため、武部と町村に比例代表の二議席が回ってきたのである。

武部陣営は、復活当選が決まったとき、次のような掛け声で万歳三唱をおこなった。

「オホーツク武部党、バンザイ!」

あるテレビ局のキャスターが、武部へのインタビューで意地悪な質問をぶつけた。

「武部さんは、オホーツク武部党を掲げて戦ったわけですが、自民党の比例枠で復活当選したことについて、どう思いますか?」

武部は、不愉快そうに答えた。

「わたしは、必ずしもそうは思っていません」

選挙区での四つの勝因

松木謙公は、今回の勝因は、大きく分けて四つあると考えている。

まず、小沢一郎が代表時代の平成二十年十一月に結んだ新党大地との選挙協力である。

鈴木宗男は、北海道では絶大な人気を誇っていた。鈴木ファンは純粋な人が多く、鈴木が代表をつとめる新党大地は、平成十九年七月の参院選で約六二万票を獲得した。その票を単純に割れば、一つの選挙区に四万票から五万票を持っている計算となる。これは、創価学会を支持母体とする公明党支持者のおよそ倍にあたる。

松木は、民主党と新党大地が正式に選挙協力を表明する以前から、鈴木と個人的に信頼関係を築いていた。新党大地の新年会にも、すべて出席していた。

また、新党大地副代表の多原香里が、平成十九年七月の参院選に無所属で立候補し、新党大地、民主党、国民新党の推薦を受けたとき、民主党は、新党大地と道東と松木の地元北海道十二区限定で選挙協力をおこなった。

松木は、多原の宣伝カーに同乗し、全道を回った。その際、民主党が多原をバックアップしていることをアピールするため、真夏にも関わらず、「民主党」のロゴ入りの冬物のジャンパーを着込んだ。暑くてたまらなかったが、ジャンパー以外に「民主党」をアピールする服が見当たらなかったのである。

そのようなこともあり、新党大地との選挙協力は、スムーズに進んだ。仮に今回、新党大地の支援がなければ、選挙区での当選は厳しかったかもしれない。

松木にとっては「郵政政策研究会」（郵政研）の存在も大きかった。自民党の主要な支援団体の一つであった特定郵便局長のＯＢ会「大樹」に、郵便局長と婦人会が加わり、衣替えした郵政研は、郵政民営化に反発して自民党と袂を分かち、今回、国民新党を支持した。約五〇〇〇人の北海道地方本部は、小選挙区では、「郵政民営化の抜本的な見直し」で国民新党と合意した民主党の候補を、比例代表では、国民新党と統一会派を組む新党大地を支援した。

松木も、郵政研の支援を受けた候補の一人であった。それも、松木が支援を要請したのではなく、郵政研側が手弁当で自主的に動いてくれた。郵政研の北海道十二区の固定票は、それほど多くない。が、地元に密着していた職員らが動くことで、「ああ、みんな松木のことを応援しているのだな」という波及効果が生まれた。

松木は、総選挙後、郵政研の会合でこうあいさつした。

「わたしは、これまで二度の総選挙も懸命に戦いました。それでも、自民党候補に差をつけられ、勝てなかった。その理由が、いまわかりました。あなたたちが、選挙運動をやっていたんですね」

そう思わせるほど、郵政研の選挙運動は、凄まじいものがあった。

三つ目の勝因は、共産党である。

共産党は、平成十九年九月、全小選挙区での候補者擁立を目指す従来の方針を改めることとし、候補擁立の目安として「①七月の参院比例選で得票率が八％以上の小選挙区②各都道府県で一選挙区以上」などを決めた。こうした方針に基づき、具体的な調整を進め、今回、小選挙区の候補を一五二人とし、前回の総選挙の二七五人の半数近くに絞った。

北海道十二区も、擁立が見送られた選挙の一つであった。これまで十二区で立候補してきた共産党候補は、毎回、一万五〇〇〇票前後を獲得してきた。一般的に、その七割が野党候補に流れるとされている。これも、今回、松木が票を伸ばした要因の一つであった。

四つ目の勝因は、民主党に吹いた風だ。民主党が平成十九年七月の参院選で大勝した、いわゆる「逆転の夏」以降、松木が街頭演説をしていると聴衆の反応が良くなった。通りすがりの車の窓から「がんばれよ!」と手を振ってくれる人数も倍に増えた。それも、参院選後の一過性のものではなく、今回の総選挙までつづいていたのである。

連合との共闘の歴史

小沢と連合の共同戦線

連合事務局長の古賀伸明は、第四十五回総選挙で、民主党が公認・推薦する候補者を応援するため、二十六都道府県、一二八箇カ所で遊説をおこなった。

この選挙戦では、高木剛会長や古賀ら連合の幹部が、小沢代表に同行するということはなかった。小沢は、二年前の参議院選挙のとき、全国各地の地方連合会への行脚をおこなっていた。小沢は、すでに、地方連合会の幹部や組合役員とは顔見知りになっていた。高木や古賀が間に入らなくても、直接、地方連合会の組合役員たちに会いに行ける。そのため、わざわざ高木や古賀が、小沢に同行する必要がなかったわけである。

平成十九年七月の参議院選挙が近づくころ、民主党の小沢代表は、連合の地方組織である地方連合会への行脚を重ねていた。高木と古賀は、小沢が全国各地の地方連合会を訪れるときは、かならずどちらかが小沢につき添うようにしていた。

小沢と連合が親密な関係を築くのは、この参議院選挙のときからである。小沢は、民主党が、自民党に比べて、地方の後援会組織が弱いと認識していた。そのため小沢は、民主党の地方における支持基盤を、連合に求めたのであった。

人心掌握の巧みな小沢

いっぽう、連合の組合員のなかには、当初は小沢を警戒する向きもあった。小沢は、もともと自民党出身の政治家で保守的な思想を持ち、寡黙で豪腕といったイメージを持つ者も少なくなかった。しかし、小沢が地方連合会へあいさつ回りを繰り返すにつれ、連合の幹部や組合員たちは、しだいに小沢と打ち解けるようになっていった。それは小沢が労働者重視の政策を打ち出したことも関係しているが、小沢の人柄によるところも大きい。

小沢は、地方連合会を訪れると、夜の酒の席までつき合い、組合役員たちといっしょに杯を酌み交わした。小沢は、いつも熱燗を好んで飲んだ。小沢は、一カ所に座ったままでいるようなことはせず、みずから組合役員たちの席の前に移動し、手酌をしてあいさつする。そして組合役員の声を真摯に聞き、民主党政策の支持を訴えた。しばらくすると、また別の場所に移動し、組合役員一人ひとりと言葉を交わすのだった。

ただし小沢は、狭心症の持病があるため、たいてい夜九時すぎになると、

「そろそろ、僕は、もう…」

と断って、退席していった。

それでも小沢と語り合った組合役員は、「よし、いっしょにやろう！」という気になっていた。

当時、連合の事務局長で、小沢と行動をともにしていた古賀伸明は、思った。

〈小沢さんは、人の心を掴むのが上手い〉

小沢のＰＲ戦略

参議院選挙をひかえ、小沢が地方行脚を重ねていたころ、民主党内には、テレビ討論の出演を避け、地方に出向いてばかりいる小沢の姿勢を批判する声もあった。たしかに小沢が訪れる場所は農村部が多く、街頭演説をしていても、都市部のように黒山の人集りができるようなことはなかった。しかし、小沢の頭には、選挙に向けて確固たるＰＲ戦略があった。

あるとき、小沢は、連合事務局長の古賀伸明に語った。

「おれが行くところは、別に聞く人が少なくても、かまわないんだ。おれが行けば、たとえ山の中でも、絶対にテレビが映してくれる。マスコミが『小沢がここに来た』と報じてくれる。

それでいいんだ」

小沢には、常に新聞社やテレビ局の記者がついて回る。たとえ山村地域であっても、小沢の動向は、マスコミを通して国民に伝えられる。山村地域で地方支援策や農業支援策を訴える小沢の姿は、都市部で演説するありきたりな様子よりも、よほどインパクトをもって国民に伝えられる。そういったことを意図して小沢は行動していたのだった。

古賀伸明は、感心した。

〈本当にすごい人やな……〉

古賀は、小沢が有権者の心を掴む政策を上手に打ち出すことに感心した。参議院選公示前のあるとき、小沢と古賀は、それぞれ別の地域で遊説や後援会組織への訴えをして回り、夜になって合同して、いっしょに食事をした。小沢は、その場で切り出した。

「いやー、古賀ちゃんな、若い奥さんたちに、子ども手当の話をしていたら、目がキラキラ輝く。やっぱり、これだな」

のちに、小沢の言った通り、子ども手当は、民主党のマニフェストに盛り込まれることになった。古賀は、一連の動きを見ていて、小沢流のマーケティングリサーチといったものを感じた。

連合事務局長の古賀伸明は、小沢はＰＲ戦略に優れていると感じた。小沢は、その三年前の平成十六年七月におこなわれた参議院選挙での岡田代表のマニフェストを批判していた。

「学者の論文じゃあるまいし。こんな厚いやつ、誰も読みはしない」

小沢は、党のキャッチフレーズを「国民の生活が第一。」と定め、マニフェストの主要項目を「年金制度改革」「子ども手当」「農業の戸別所得補償制度」の三つに絞り込んだ。

小沢は、マニフェストについて、古賀に語った。

「三つから五つ。これをパッパッパッと出す。これでいい。国民は、それを見て、『おっ！』と思うんだ」

選挙を熟知する小沢

古賀は、小沢とともに選挙運動をおこないながら、小沢は選挙に勝つためには何をしなければいけないのかを熟知していると感じた。

連合事務局長の古賀伸明は、平成十九年七月の参議院選で、小沢とともに全国を遊説して回った。特に農村部が多い一人区に力を入れた。田舎に行けば行くほど、ポスターやビラ貼りなど、民主党候補の実働部隊は、連合が担うことになった。

選挙の結果、民主党は、六〇議席を獲得し、参議院で第一党となった。特に一人区では、二三勝六敗と圧倒的勝利を収めた。

古賀は、選挙戦を通して手応えは感じていたものの、予想以上の大勝利だった。特に一人区での圧勝には驚いた。一人区の四国四県で四戦四勝になるとは、正直予想していなかった。古賀は、実感した。

〈われわれ連合が行動すれば、政治が変わるんだな〉

と同時に、心に誓った。

〈いよいよ今度は、政権交代をしなければいけない〉

参議院選挙の結果、民主党を中心とする野党が参議院で過半数を占め、いわゆる「ねじれ国会」と呼ばれる現象が起きた。年金保険料流用禁止法案、補給支援特別措置法案、改正道路財源特例法案、後期高齢者医療制度廃止法案などをめぐって、与野党は激しく対立した。参議院では、麻生総理に対する問責決議案が可決された。これらは連日マスコミでも報道された。

古賀は、これらの動きは、政治が国民の前にクローズアップされたという意味で、よい効果をもたらしたと思っている。また、国民の間で、一度政権交代をしてみようという気運が盛り上がることになった、と見ている。

自民党組織の自壊

今回の総選挙の結果、民主党は、三〇八議席を獲得し、衆議院第一党となった。

古賀は、民主党が政権交代を果たしたことについて、連合がどれくらいの威力を発揮したのかは計量的には測れないと考えている。国民全体が政権交代を望む大きな流れの中での民主党の勝利だと思っている。ただし、地方組織が脆弱な民主党候補の選挙区で、地方連合会が、ポスターやビラ貼り、集会の準備など、まさに実働部隊として頑張った成果であるということは言えると自負している。

古賀は、麻生政権が崩壊する過程を見ていて、哀れな印象を抱いた。自民党内では、解散直前に、「麻生おろし」が起き、選挙後の首班指名では、麻生総裁に投票することに異論が噴出し、結局、若林正俊両院議員総会長に投票することになった。古賀は思った。

〈組織が崩壊するというのは、こんなものか……〉

古賀は、自民党は、まったく組織の体を成していないと感じた。それは、自民党がいままで政権の座にしがみつくことだけに固執していたため、いったん政権という求心力が失われたとたん、組織がバラバラになってしまったのだと考えている。

それに対して、古賀は、民主党には、長年野党として国会で質問をするために一生懸命に勉強し、優秀な人材がそろっていると思っている。政策ごとに各分野のスペシャリストがいる。副大臣、政務官などの中間層も、層が厚い。古賀は、今後の民主党の政権運営に期待している。

歴史を変えた選挙

バラで埋め尽くされたボード

八月三十日、衆議院議員選挙投開票の当日、参議院議員会長の輿石東は、六本木の貸しホールに出向いた。民主党は、そこに開票センターを設置したのである。当初は、民主党本部に置くことを決めていたが、手狭ということで貸ホールに変更になったのであった。

開票センターには、鳩山由紀夫、菅直人、小沢一郎、岡田克也といった首脳陣が集まっていた。

前評判では、民主党の圧勝はまちがいなく、三〇〇議席を超えるのではないかとも言われていた。だが、輿石は、さすがに三〇〇議席には届かないだろうと思っていた。せいぜい二九〇台だろうと見ていた。

ところが、結果は、輿石の予想をはるかに超えた。民主党は、一一五議席から一九三議席も増やし、三〇八議席も獲得。目標であった政権交代を達成した。

自民党は、三〇〇議席から一八一議席も減らし、一一九議席までに落ち込んだ。公明党も三一議席から一〇議席減らし、二一議席と振るわなかった。

ボードにずらりと並んだ候補者の名前。当選が決まったら、そこに赤いバラをつける。ボードはバラで埋め尽くされ、花園のようになっていた。民主大躍進のたまものである。

鳩山で、見事に政権交代は果たされた。

政権交代の基礎を築いた小沢

鳩山内閣で官房長官に任命された平野博文は、ここでも実務家らしい見方を崩さない。現在の民主党、鳩山内閣の支持率の基礎を築いた功績は、あくまでも小沢代表にあると平野はそう確信している。

日本の戦後政治を振り返ってみると、野党の支持率にはある天井があることがわかる。たとえ第一党とはいえ、野党の支持率が八~九%を超えることはまずないのが政界の常識だった。

偽メール問題でどん底にあった民主党を、小沢は徐々に高みに誘っていった。衆院選直前の三〇%もの数字は確かに期待値も含んでいるとはいえ、小沢の地道な努力あってのものだ。小沢自由党との合併で保守層にも浸透したし、政権担当能力への信頼が増した効果も大きい。小沢のリーダーシップへの国民の信頼感はゆるぎないものだった。

民主党の体質は、とかく「大学生のサークルのよう」などと揶揄されることが多かった。小沢はここにも楔を打ち込んだ。選挙における風頼みを徹底して排除。「日常活動」の重要性を全議員に説いた。小沢は確かに選挙上手といわれる。だが、そこに奇矯な策があるわけではない。田中角栄直伝といわれる戦術も、ふたを開けてみればいたってオーソドックスな手法であることがほとんどだ。

〈政策は大事だが、それ以前に候補者が有権者とどれだけ接点を持っているか。小沢さんが選挙を考えるときの尺度は、これだけだ〉

平野はそう理解している。候補者がいくら立派な主張を並べ立てても、有権者の目線に合ったものになっていなければ何の意味もない。冷徹といえば冷徹。だが、選挙を知り抜いた者ならではの現実主義のあらわれともいえる。

小沢の組織改革

小沢流の選挙への取り組みは、民主党の文化として根付いてきた。自由党との合併以前のように、ひたすら風を待ち、風が起こらなければ執行部批判といった、内向きの体質は一掃されたといってもいい。

政党は個人商店の集まり。平野はよくそう口にする。個人単位が集まって政党というフランチャイズを構成している。一人ひとりの政治家は個人商店の主人にすぎない。自民党の全盛期によくいわれた「自分党」である。政治家が個人として確立していなければ、党の足元もふらついてしまう。そんなあたり前のことを民主党議員に認識させた小沢の功績は、いくら強調してもしすぎることはない。

小沢の党内マネジメントには否定的な声もあった。「独断専行」「閉鎖的」といったステレオタイプな小沢批判の繰り返しである。そんな空気のなかで、平野は小沢のリーダーとしての手腕を高く評価してきた。何より徹底している。民主主義という前提は押さえながらも、トップダウンとスピードは最大限に生かされている。反発する一部の議員にこそ疑問をぬぐえなかった。

〈いま、そんなことをやっとるときか。何のためにいま、政治をやっとるのか〉

平野のそんな思いは少しずつ党内で共有されるようになっていく。結果として、西松問題への姿勢にもよい影響をもたらした。過去に年金未納疑惑で菅直人が辞任したときのような事態にはならなかった。曲がりなりにも民主党は耐えた。国会議員として一票を投じ、選んだリーダーは支えよう。そんな対処ができる組織に成長した。

小沢流選挙の真骨頂

小沢一郎の選挙戦術を高く評価する声はやむことがない。自民党旧田中派以来、小沢の戦術を間近で見てきた渡部恒三の目には、どう映っているのだろうか。

〈『うまい、うまい』ってみんなよく言うけど、そういうことじゃないんだ。候補者の見つけ方、当てはめ方が、小沢流選挙の真骨頂〉

象徴的な例でいえば、東京十二区。公明党前代表の太田昭宏が磐石の基盤を持つここを小沢は早くから重視していた。当初は「国替え」で揺さぶる。自身が岩手四区を離れて出馬すると見せかけ、太田陣営の動揺を誘った。

「小沢は、どこから出馬するのか」

メディアは事あるごとに小沢の選挙区を話題にした。立候補する選挙区を正式に決めたのは八月三日。衆院選直前になってからだった。しかも、小沢自身は岩手四区を堅持。東京十二区には、秘蔵っ子の青木愛参議院議員を据えた。

ほかにも民主党は今回の選挙で薬害肝炎九州訴訟の原告・福田衣里子や、自民党代議士・故石田博英の孫・三宅雪子など、有望な女性候補を各地で擁立していった。

選挙戦で何が大変といって、候補者を選ぶことほど大変なことはない。長く地道な地方回りをつづけてきた小沢の功績といっていい。渡部もこうした試みを実行できるのは民主党、いや政界広しといえども小沢しかいないと買っている。

これらの女性候補は激戦を勝ち抜き、いまや与党・民主党の一大勢力の中に身を置いている。

政権を担う党の新執行部

九月一日、輿石東は、自分の意見を、平野博文に話した。

「おれは、幹事長には小沢さんしかいないと思っている。岡田克也さんは、やがてふたたび幹事長となり、ポスト鳩山に名乗りを上げるリーダーにちがいない。しかし、政権交代とか、こういった動乱期には、小沢さんしかいない。そのことを、鳩山さんによく伝えてほしい」

政権交代が明らかになってから、四日もたってなに一つ体制が決まっていないとなれば、小沢を推すグループがどうだとか、岡田を推す一派がどうだとか、民主党内でごたごたがあるかのように憶測記事が飛びかねない。そこから話がこじれ、政権交代に向けた求心力が失われる恐れもある。

輿石は、せっかく政権交代を達成できた民主党を、かつての細川政権のようにしてはならない、そのためには、隠し立てすることなく、自分の意見は意見としてはっきりと口にするべきだと考えていた。

鳩山は、輿石が思い描いていた選択をした。

輿石は思った。

〈鳩山さんも小沢さんも自民党出身者で、つきあいが長い。鳩山さんは、小沢さんの力の大きさを知り、小沢さんは、鳩山さんの誠実さを知っている〉

民主党の鳩山由紀夫代表は、平成二十一年九月十六日、特別国会の首相指名選挙で、第九十三代、六十人目の首相に選ばれた。

そのとき中井洽は、議場後方にあるボックス席で、渡部恒三民主党顧問、羽田孜元首相、小沢一郎幹事長らとともにいた。中井は、小沢の隣で四番目の席に座っていた。

小沢と中井は、議場を眺めて言葉を交わした。

「景色が違う」

「自民党は、バラバラになるなあ」

「グチャグチャだなあ」

経世会の出身者の実力

民主党の小沢一郎、鳩山由紀夫、岡田克也は、全員が自民党経世会（旧竹下派）出身者であった。

元参議院議員会長の青木幹雄は、小沢を見ていて「ああ、やはり経世会出身者だな」と思うことがあった。

青木は、主要メンバーが全員経世会出身ということが単なる偶然とは考えていなかった。やはり、若いときに鍛えられたのである。そして、自民党を離党してから、さらに鍛えられていったのだろう。

やはり、勝負の世界で戦えるのは、喧嘩がうまい経世会のメンバーということになるのだろう。

小沢は小沢なりに努力を重ねてきた。その結果、参議院もいまや小沢派がほとんどとなった。小沢には、「このままでは終わらせない」というエネルギーがあった。あとは、本人の体力の問題である。これは、どの議員にとっても同様であろう。

民主党を勝利に導いた小沢には、並々ならぬ執念が感じられた。小沢の性格を考えれば、民主党の中で小沢なりに苦労をしてきたはずである。が、数々の苦労を乗り越えて、いま、政権交代を実現したのである。

青木は思う。

〈政権交代にまで至ったのは、小沢さんの執念だ。政治家として生きていく以上、執念を持つことも大事だ〉

自民党が衆院選に引きつづき来夏の参院選でも負けたとしたら、建て直しは極めて困難となる。逆に民主党は、もう恐いものは何もなくなるだろう。あとは、現在連立を組んでいる国民新党と社民党をどううまく切っていくかというだけの問題となる。

青木は思った。

〈いまのままでは、民主党が参院選で過半数を取る可能性は一〇〇%だ〉

が、これはもう自民党の責任によるところが大きく、仕方のないことでもあった。今後、自民党がどのように再生を図っていくかは、執行部の肩にかかっている。が、それは簡単なことではない。

自民党再建のためには、議員全員がまず危機感を持たなければならないはずであった。が、青木が思い出そうとしても、自民党の中に、小沢ほどの執念を持った者は考えつかなかい。

〈自民党建て直しの本当のスタートは、参院選敗戦後になるだろう。再生に向けて、自民党は

一体どのようなスタートを切ることができるのか…〉

自民党の議員たちは、党自体が泥舟状態になっているというのに、「何とか自分が役職につきたい」という気持ちが先に立っているようであった。

第七章

民主党政権の崩壊

政権交代後の低迷

仙谷由人の予測

仙谷由人行政刷新担当相は、『インサイダー』編集長の高野孟に、平成二十二年正月早々縁起でもないことを口にした。

「鳩山政権は、五月までもたないな。小沢も、いっしょに辞任だろう」

高野は、仙谷の言葉にひどくガッカリして反論した。

「しかし、せっかく政権交代したのに、もう五月でつぶれるなんて。せめて何年かもたせなければダメだ」

高野は、仙谷といっしょに旧民主党の立ち上げにかかわった人物である。民主党に対する思いは熱く、「なんとかしてやらなきゃ」という思いでいっぱいだった。それなのに、当事者の仙谷のほうが、他人事のような顔をしている。

高野は、冷静な仙谷の態度が気に入らなかった。仙谷のこうした〝くそリアリズム〟ぶりは、いつも徹底したものだった。

五月末、鳩山政権の支持率はついに二〇%以下に転落した。

民主党執行部の交代

民主党の参議院議員会長で幹事長代行でもある輿石東は、参議院議員たちから不満の声があがっているのを聞いた。

「このままでは、参院選を戦うことができない。どうにかしてほしい」

輿石は、議員たちをたしなめた。

「何でも不満をぶつければいいというものではない。ここは、おれに引き取らせてくれ」

五月三十日、社民党は、都内で全国幹事長会議と党常任幹事会を開き、米軍普天間飛行場の移設問題を巡って、福島瑞穂消費者担当大臣が罷免されたことを受けて、連立政権からの離脱を決めた。

社民党の連立離脱を受けて、鳩山総理の求心力は一段と下がった。

六月二日、鳩山首相は、民主党両院議員総会であいさつし、「政治とカネ」の問題と普天間基地移設問題をめぐる社民党の連立政権離脱の責任を取るとして、退陣の意向を表明した。

また、小沢幹事長に対しても、「政治とカネ」の責任を負うべきだとして幹事長辞任を求め、小沢も、これを受け入れた。

この日午後、菅直人財務相は、記者団に対し、六月四日におこなわれる民主党代表選への出馬を表明した。

六月三日の昼、中堅・若手議員の支持を受けた樽床伸二が、国会内で開いた会合で代表選に出馬する意向を表明した。

「日本の明日を切り開く先頭に立たせていただきたい」

六月四日午後、代表選がおこなわれた。

勝利をおさめた菅は、党人事で、幹事長に枝野幸男、政調会長に玄葉光一郎、国対委員長に代表選で戦った樽床伸二を起用した。

官房長官に仙谷由人を起用した。

参院選の惨敗

七月十一日、参院選の投開票がおこなわれた。その結果、民主党は、菅首相が目標に掲げた「改選五四議席以上」を大幅に下回る四十四議席にとどまった。参議院での民主党の議席は、非改選の六二議席と合わせて一〇六に減少。国民新党との連立与党で過半数を割り込んだ。

いっぽう、自民党は、五一議席と「改選第一党」に復調し、みんなの党も、改選第三党となる一〇議席に躍進した。

民主党は、二十九の「一人区」のうち二十七選挙区で公認を擁立したが、秋田県、栃木県、群馬県、長崎県の計四選挙区で現職候補が落選し、八勝十九敗と大敗した。

民主党の候補者は、いい人材がそろっていた。たとえば、再選を目指した長崎選挙区の犬塚直史は、アメリカのダラス大学院で経営学の修士（ＭＢＡ）を修了した国際派で、絶対に落としてはいけない人材であった。が、自民党新人の金子原二郎前長崎県知事に約七万票の大差で敗れ、落選してしまった。

鳩山が首相に留まっていても旗色が悪かったが、ここまで激減していたかどうか。

のち、九月の民主党代表選挙の前に、平野博文前官房長官と鳩山と小沢の三人は、ホテルニューオータニで食事を共にした。

前首相の鳩山は、前幹事長の小沢に聞いた。

「わたしで参議院選挙を戦っていたら、どれくらい取れました？」

「最低でも、四十七は取れてたよ」

鳩山が退いたことの意味はなんだったのだろうか。

民主党は、小沢前幹事長の方針で、改選定数二以上の複数区に比例票の掘り起こしなどを狙い、原則二人の候補を擁立したが、複数当選は、五人区の東京都と三人区の愛知県にとどまり、二人区での議席独占は皆無であった。

枝野幸男は、小沢の方針は間違っていなかったと思う。ただし、なんでもかんでも無理やりに複数の候補を立てることもなかった。結果的に共倒れはなかったが、しこりを残した県連もあった。

小沢は、参院選で二人区に二人を擁立したが、心配された共倒れはまったくなかった。

比例で自民をはるかにしのぐ票をとれたのも、その影響だと達増岩手県知事はみている。

〈しかし、二人当選させたい地域へのてこ入れを選対でしっかりやるべきなのに、それができていなかったのは問題だ。街頭演説ばかりで、見えない部分での選挙運動がおろそかになっていた〉

一騎打ちの民主党代表選

八月二十六日午前八時すぎ、小沢は、港区の鳩山事務所が入るビルで鳩山と約二十分間、会談した。

会談を終えた小沢は、ビルの前で待ち構えていた約八十人の報道陣に対し、代表選に出馬することを表明した。

「(鳩山から)『出馬の決断をするなら全面的に支援していきたい』という話をいただいたので、不肖の身だが、代表選に出馬する決意をした」

いっぽう、鳩山は、やはりビルの前で報道陣に語った。

「(平成十五年の旧自由党と民主党との合併時) わたしの一存で小沢さんを民主党に入れた。小沢さんを支持するのが大義だ」

九月の代表選は、菅首相と小沢の一騎打ちとなる可能性が濃厚となった。

菅は、八月三十一日午後三時前、ようやく決断した。

「選挙をします」

その三十分後、菅の事務所には枝野幸男幹事長、岡田克也外務相、野田佳彦財務相ら菅陣営の主力メンバー二十数人が続々と結集した。この時点で、菅と小沢の会談はただのセレモニーと化していた。

午後五時七分、菅と小沢は、民主党本部八階で会談をおこなった。ふたりは、代表選後の「ノーサイド」を誓い合った。が、真に受ける民主党議員は誰もいなかった。

任期満了にともなう今回の代表選は、国会議員、党員・サポーター、地方議員の投票を合計し、ポイント換算して勝敗を決する本格的な選挙となった。国会議員は、一人二ポイントが与えられ、約三四万二五〇〇人の党員・サポーター票は、衆議院三〇〇小選挙区ごとに開票され、得票の多い候補が一ポイントを獲得。約二四〇〇人の地方議員票は一括して集計され、得票割合に応じて一〇〇ポイントを各候補にドント式で配分する。

投票できる国会議員は、四一一人で計八二二ポイント、地方票を合わせた総数は一二二二ポイントで、過半数は六一二ポイントとなる。郵便投票でおこなわれる党員・サポーターと地方議員投票は、十一日到着分で締め切られ、十四日午後の国会議員による直接投票と同時に集計結果が発表されることになった。

立会演説会の熱気

代表選の候補者による立会演説会は、九月四日に東京・新宿駅西口、九月五日に大阪府・梅田駅、九月九日に北海道・札幌大通り駅前の三カ所でそれぞれ開かれた。

九月四日の土曜日に開かれた新宿駅西口での立会演説会には、約三五〇〇人、九月五日の日曜日に開かれた梅田駅での立会演説会には、約三〇〇〇人の聴衆が集まった。

そして、最後の立会演説会となった九月九日の札幌大通り駅前での立会演説会には、平日の木曜日にもかかわらず、演説会開始前から詰めかけた聴衆は、なんと一万人以上にのぼった。

この日、今回の代表選ではじめて立会演説会に駆けつけた奥村展三は、その聴衆の多さに圧倒された。見渡す限り、人の波で溢れかえっている。さらに、ビルの窓からも大勢の視線が二人に注がれた。

小沢の懸命な訴え

最初に演説に立った小沢は、声を振り絞って懸命に訴えた。

「このたびの代表選挙は、民主党の代表を選ぶと同時に、それはすなわち、国の政治の最高責任者総理を選ぶ選挙でございます。わたしは、この大事な、重要な選挙戦にあたりまして本当にいま、わたしが代表選挙に出馬すべきであろうか、そしてまた大変厳しい、難しいこの時代に日本国の指導者として、本当にその責任を果たしていけるだろうか、非常に思い悩みました。しかしながら、状況が厳しい、難しい。そうであればあるほど、その責任を回避すべきではない。自分自身が先頭に立って頑張らなければならない。そういう思いに至りまして、出馬を決意することにいたしました。どうかみなさん、最後の最後まで、ご支援賜りますよう心からお願いを申し上げます」

そして、小沢は、菅内閣の予算編成過程について厳しく批判した。

「みなさんもご承知のとおり、かつての日本はもっと公平で公正で平等な社会を形成しておりました。しかしながら『長い自民党政権の下で、長い権力は腐敗する』その言葉のとおり、政策の発案や政策の決定、そして執行、これをすべて役所に丸投げをして、そして政治家は政権、権力を維持するために、自らのポストを維持するために汲々としてやってきた。それが、結局は国民の生活に目を向けない、官僚任せの政治はこういう結果をもたらしてしまったわけであります。わたしどもは、これではいけない、本当に国民の主導の政治、そして国民のみなさんと代表である政治家が、政策の決定、そして執行をする。そういうかたちに政治を変えなくてはいけない。そのことを去年の衆議院選挙でも強く主張をいたしました。

そして、国民のみなさんは、そのわれわれの主張に目、耳を傾け、そして六十五年間、自民党を中心とした政権を本当に勇気を持って、みなさんの力で政権交代を成し遂げたものと思います。わたしたちは、そのみなさんの期待を、われわれの使命を何としても果たしていかなければなりません。わたしは、その先頭に立って、自分の政治生命のすべてをかけて頑張っていきたいと思います」

前年の八月の総選挙ののち鳩山内閣が誕生した。政治の中身は、国民の税金である。それをどうやって国民のために使うか、すなわち予算の編成である。その予算の編成が思いどおりにすすんでいないというのだ。

「すでに去年の予算編成のときには、ほぼ骨格が自民党政権下で決まっておりました。従いまして、その仕組み、中身の制度的なものまで変えることは不可能でしたけれども、鳩山総理以下みなさんの努力によりまして、特に小泉政権以来、削減されてきた福祉の予算、あるいは交付税を中心とした地方への予算、これを増やすことに成功いたしました。すでに骨格ができあがっており、しかもわずかふた月ぐらいしかない、そういう中では精一杯頑張った結果だと思います。

しかし、いまおこなわれている予算編成は来年度の予算でございますけれども、まさに丸々民主党が編成する初めての予算でございます。わたしは、この予算編成の経過をいま見ておりまして、非常に危惧の念を深くいたしております。菅総理も、そのほかの大臣も一生懸命やっておられることは、わたしも認めますけれども、その予算編成の経過を見てみますと、先般すでに閣議決定がなされましたが、一律歳出の一〇％削減という閣議決定がなされました。一律削減、一律すべてのものを削減して、どうしてわれわれの主張を優先的に予算化できるでしょうか。みなさん、このやり方はまったくいままでの自民党政権下と同じ手法、同じやり方、官僚がすべてを影でつくっていくやり方にほかなりません。わたしは、そういう意味で本当にこれで国民のみなさんがわれわれに政権を任せてくれたその期待に応えることができるだろうか、非常に疑問に思っております。

ですから、わたしたちは、本当に『国民の生活が第一、国民主導の政治』を実現して、われわれが、去年の夏にみなさんに約束した政策を実行していかなければなりません。去年の選挙のときの初心に帰って原点に返って、全力で一歩一歩着実に約束したことを実現する。それがわれわれの役目だと思っております」

小沢は、自らの政策を訴えた。

「みなさん、本当に国民主導、政治家主導の政治を実現するために、どうしたらいいんでしょうか。誰も口を開けば、言葉ではそう言います。現実には、いま言ったように予算編成の経過を見ても結局、いままでと同じ方法をやっている。このことを見たときに、みなさんにぜひご理解してもらいたい。官僚の支配の、官僚主導の政治の原点は何か、その力の源泉は何かということであります。すなわち、それは、官僚が、霞ヶ関が全部のお金と権限を握っているからであります。このお金と権限を、地方に関わるものについては全部地方に任せる。わたしは、そのことを主張しているんであります。ですからそのために、いわゆる補助金もすべて地方の財源として、自主財源としていこう。

そのことによって官僚の支配を、官僚の権力を削ることができます。そしてそれと同時に、いま、大変、経済、景気の問題でみんな不安になっております。特に小泉政権以来、非常に大きな格差、東京と地方の格差、また大都会の中でも所得の格差、雇用の格差、大企業と中小零細企業の格差、そういうものが出ております。そのときに、いま円高が非常に進んでおりまして、そしてアメリカと中国の経済の悪化にともなって、日本の経済の先行きが非常に難しく厳しくなっております。菅総理も、一に雇用、二にも雇用、三にも雇用というお話をなさっております。雇用はもちろん大切。しかし、この雇用を確保するために、雇用を増大するためにはどうしたらいいのか、ということが、みなさんの聞きたいことではないでしょうか」

小沢は、そのためにはまず、景気を良くしなければならないと力説した。

「いまの予算で二兆円の予備費があります。これをただちに執行すべきだとわたしは考えております。政府はその半分ということにしてますが、そんなちびちび出していたのでは効果が上がりません。そして、本当にこれからの景気を考えたときには、よりいっそうその状況においては財政出動によって、政府の歳出を増やすことによって景気を上向きにしなければならない、わたしはそのように考えております。

それからもう一つは、いわば国全体の経済をレベルアップしていくためには、地方の活性化が何としても必要であります。地方が活性化しなければ、全国の経済は良くなりません。そういう意味で言ったいわゆる補助金は、全部地方に自主財源としてやって、そして地方の創意工夫でもって、そのお金を使うようにする。それによって地方の地場の産業も育成できるし、また地方の雇用を増やすこともできる、というふうに考えておるところであります。

さらにまた、わたしたち民主党政権は、『コンクリートから人へ』とそう言われております。この理念は正しいものではありますけれども、しかしだからと言って、生活のインフラ整備をやらなくともいいということではないと思っております。たとえば、みなさんも渇望しております新幹線、あるいは高速道路のネットワーク、これは全国的に早期に整備をしなければならない、そのように考えております。特に高速道路につきましては、一般道路はかなり欧米に比べても良くなってます。わたしは、これを都道府県で建設することができる仕組みを提案いたしております。一番日本で足りないのは、そういう高速道のネットワークであります。そして、都道府県にはきちんとその建設費を国債で政府が支援する。それによって非常に大きな効果が出る、中央の官庁で発注すれば、ほとんど中央の業者がそれを受注することになります。お金はまた中央に戻って行ってしまう。地元で全然お金残らない。それがいままでのやり方であります」

小沢は、北海道に即して語った。

「北海道でもって地元で自由にできるとすれば、地元のみなさんがそれを請け負うこともできますし、また、地元にお金が残り、それが地元を潤すことができる。こういう仕組みをぜひともみなさんの力によって選ばれたならば作り上げる、かならず実行するということをお約束いたしたいと思います。

いずれにいたしましても、地方主権、地域主権、中央集権から地域主権、地方分権という言葉は誰も言いますが、そんなら、そのためにはどうしたらいいのか。さきほど言ったようにお金と権限を地方に移すことであります。それからまた、いま申し上げましたように地方で自主的に創意工夫でもって、自らいろいろな事業ができるようにすることであります。それが地域主権の確立することであると同時に、日本経済全体を押し上げる力になるんであります」

小沢は、最後にこう結んだ。

「最初に申し上げましたように、今回の選挙戦、本当に自分自身の心に問いました。しかし、決断した以上、政治生命はおろか、自分の一命を懸けてお約束をかならず守ります」

小沢が演説を終えると、聴衆から万雷の拍手が沸き起こった。

立会演説会の持ち時間は、十五分と決められている。が、小沢の演説は、それを六分ほどオーバーした。

そして、最後に「自分の一命を懸けて」とまで口にした。政治家は、演説は、「政治生命を懸けて」という言葉をよく使う。が、奥村は、「一命を懸けて」という表現は、あまり聞いたことがなかった。

奥村展三は、小沢の迫力に感じ入った。

〈小沢さんの政治家人生は、四十一年にもおよぶ。それなのに、ここで中途半端なかたちで終えてしまえば、それまでの自分の歩みはいったい何だったのか、という強い思いが滲み出ている〉

つづいて立会演説に立った菅首相は、持ち時間十五分のところを十四分で切り上げた。菅首相も、懸命に持論を述べたが、奥村の感触では、聴衆の反応は、小沢と比べていま一つであった。九月五日に開かれた大阪・梅田駅での立会演説会では、菅首相が先に演説をはじめると激しい野次が飛び、小沢に変わったとたん、「小沢コール」が沸き起こったという。

僅差の代表選

九月十四日午後、民主党は、東京都港区芝公園の「ザ・プリンスパークタワー東京」で臨時党大会を開き、代表選の投開票がおこなわれた。

開票の結果、党員・サポーター票二四九ポイント、地方議員票六〇ポイント、国会議員票四一二（二〇六人）ポイントの計七二一ポイントを獲得した菅が、党員・サポーター票五一ポイント、地方議員票四〇ポイント、国会議員票四〇〇（二〇〇人）ポイントの計四九一ポイントを獲得した小沢を大差で破り、再選された。

この日の朝、六人の議員から電話を受けた石井は、菅二〇六人、小沢二〇〇人という国会議員票を聞き、おどろきを隠せなかった。仮にその六人が石井らの説得を受け入れず、そのまま小沢に票を入れていれば、まったく逆の展開になったのである。

長きに渡る政治家人生のなかで、これまで数々の修羅場をくぐり抜けてきた石井も、これにはさすがに肝を冷やした。

〈恐ろしいなぁ……〉

また、党員・サポーター票、地方議員票についても、菅が計三〇九ポイント、小沢が計九一ポイントを獲得し、一見、菅が圧勝したかのように見えるが、数字を細かく分析してみると、実際は、そうではなかった。

政治のプロである約二四〇〇人の地方議員票は、菅六〇ポイント、小沢四〇ポイントとなったが、この差は、ちょっとしたことですぐに逆転は可能である。

党員・サポーター票は、二四九ポイント対五一ポイントとなり、菅が小沢に約五倍もの差をつけたが、得票数は、約一・五倍であった。しかも、衆議院の三〇〇小選挙区ごとに一票でも多く得票した候補者が一ポイントを得る「総取り制」のため菅がポイントを獲得したが、小沢があれだけ「政治とカネ」の問題で叩かれているにも関わらず、一〇票差、二〇票差といううきわどい勝利の選挙区が約五十ほどあった。もし小沢に「政治とカネ」の問題さえなければ、党員・サポーター票はワッと小沢に流れたかもしれない。

石井は、つくづく思った。

〈長年の同志である小沢を応援できず、小沢には悪いことをしてしまった。しかし、いまの情勢では、この選択しかなかった〉

議員の投票は、菅直人首相に二〇六、小沢一郎前幹事長に二〇〇と五分五分であった。

『インサイダー』編集長の高野孟は、その結果を知って思った。

〈何をやったかは知らないが、仙谷が裏で老獪なことをやったにちがいない〉

議員票に関しては、明らかに小沢が有利なはずであった。この結果はどう考えても、仙谷が動かなければ成しえないものだった。

高野は思った。

〈やはり仙谷はかなりの悪党だ。たぬき親父というやつだな〉

が、官房長官ともなれば、そのくらいの芸当はできてしかるべきである。仙谷は久々に官房長官らしい官房長官だといえた。

高野は思った。

〈これほどできる男が民主党に留まっていたのが不思議なくらいだ〉

小沢嫌いのマスコミ

マスコミにサービスしない小沢

読売・朝日・毎日・産経・東京・日経、共同・時事を含めた主要各紙は、すべて小沢一郎嫌いだ。紙面を見れば一目瞭然である。不偏不党・公正中立を建前とする日本の新聞社が、こと対小沢に関しては社の壁を超えて同一歩調を取っている。なぜなのか。

こんな解説をよく聞く。

「小沢は若いころから田中派のプリンス扱い。生意気で態度が大きかった。新聞各社の論説委員クラスは、当時をよく知っている。だから、小沢に嫌悪感を抱いている」

ベテラン記者は、これも一理あると考えている。

もう一つ付け加えるならば、マスコミに一切サービスをしない小沢の姿勢だ。これもなかなかに根深い。あえて敵を作ってしまうのが、小沢流の欠点だ。

産経新聞との確執

産経新聞にくわしい業界紙記者によると、とりわけ小沢批判を強める産経が反小沢の姿勢を明確にしたのは平成十九年夏の参院選前後だという。ときの安倍晋三政権が打ち出した方向性は社論に合致するものだった。そのため、参院選では安倍支持を明確にし、結果的には民主党を批判する立場になった。

そうした紙面作りをつづける中、選挙戦に突入。小沢代表率いる民主党は全国紙で唯一、産経にだけ広告を出さなかったという。産経の経営幹部は、これに態度を硬化させたといわれている。

小沢のこうしたかたくなな態度は確かに謎である。民由合併の直後、党内掌握のために小沢はまず横路孝弘ら旧社会党グループとの融和を図った。党内政治では敵を抱き込む柔軟性を見せながら、対マスコミではなぜか愚直に突っ張ってしまう。もっとも小沢がメディアに対して昔から強気だったのは周知の事実でもある。「おれは迎合しない」と周囲に吹聴してきた。

産経に限って言えば、それでも平成五年前後の政治改革までは、小沢を支持していた。憲法改正や自己責任論を盛り込む『日本改造計画』を著した小沢は、当時、「新保守主義者」、「タカ派」の政治家とみなされていた。

衆院の選挙制度改革が行き詰まり、小沢は同志と共に自民党を離党。新生党を結成し、細川連立政権を作り上げる。このとき、社会党と組んだことで産経との決別は決定的になった。もっとも産経も政治改革には推進の立場で、政権の在り方についてのみ批判を加えた。

その後、自社さ連立政権発足にともない野党に転じた小沢は、新進党を結成。いっぽうの自民党は、返り咲きを果たす。産経は自社の連立にも否定的だったが、政教分離の観点から公明党も批判してきた。小沢との距離が近付くことはなかった。

それどころか、小沢批判の論調はさらに強まっていった。その延長線上で迎えたのが三年前の参院選だったというわけだ。

全国紙の小沢への報道姿勢

全国紙が一体となっての「小沢包囲網」は確かに異常だ。見方を変えれば、大マスコミは規制に守られ、既得権益につかっている存在の代表格。再販価格維持制度はその象徴だ。小沢はかねてそうした規制を壊すと公言している。メディアが小沢を警戒するのはあたり前だ。

〈小沢が政権を獲ったら、何をされるかわかったものではない〉

そんな恐怖心が新聞各社を支配している。かたくななまでのアンチ小沢路線はその証左でもある。

かつて、小沢は自民党幹事長として権力の絶頂にいた。メディアへの愛想のなさは、当時から健在。記者会見で質問にまともに応えることなどほとんどなかった。いっぽうで少人数の記者を集めた裏懇談会は行っていた。

小沢幹事長番のすべてが裏懇に呼ばれていたわけではない。外されていることはいずれ本人にもわかるときが来る。その恨みは一生忘れないだろう。外されていた番記者もいまや各社の幹部だ。マスコミによる執拗な小沢叩きの背景の一つといえるかもしれない。

東京・世田谷の小沢邸で毎年開かれる新年会。そこに招かれる小沢の番記者とは、当時の裏懇のメンバーを指している。

虚実のノーサイド

小沢支持議員の排除

九月十六日、菅直人首相は、党役員人事をおこない、幹事長であった枝野幸男の後任に岡田克也外相、樽床伸二国対委員長の後任に鉢呂吉雄を起用し、菅首相が復活させた党政策調査会の運営を担う玄葉光一郎政調会長の留任を決めた。また、枝野は、岡田幹事長の要請で幹事長代理に就任した。

九月十七日午後、菅首相は、内閣改造をおこない、やはり代表選で自分を支持した仙谷由人官房長官、野田佳彦財務相、北澤俊美防衛相、蓮舫行政刷新・公務員改革担当相を留任させ、前原誠司国土交通相を外相に横滑りさせた。

また、代表選で小沢を支持した鳩山グループからは、海江田万里経済財政担当相と大畠章宏経済産業相の二人が入閣。旧社会党、旧民社党系の中間派グループの議員も入閣したが、小沢グループからの入閣はゼロ。小沢支持を表明した総務相の原口一博と農水相の山田正彦は、退任となった。

ベテラン記者は、仙谷はここでも徹底した分断策を断行し、小沢支持の議員をポストで引き裂こうと試みたという。

原口一博をはじめ、閣内や党執行部にいた小沢支持の有力議員は完全に一掃された。

これだけ大胆な人事は、菅にはできない。「仙谷人事」と評する声がもっぱらだ。口では「ノーサイド」と強調しながら、実際には論功行賞で突っ走る。ここが仙谷の非情さであり、強みでもある。

仙谷のキャラクター

仙谷と縁の深い高野孟は、かって『サンデー・プロジェクト』に仙谷が出演した際に、司会の田原総一朗から訊かれた。

「高野さん、仙谷さんとは長年の付き合いだが、この人は、どういう人？」

高野は、とっさにこう答えた。

「民主党きっての……インテリヤクザです」

インテリも出来るがヤクザも出来る、民主党には珍しい人材だという、これは褒め言葉である。

仙谷は、民主党の「けんか番長」とも呼ばれている。刑事事件の弁護士出身ということもあり、相手を威圧するために、大げさな言動をしたり、強気な態度をとったりする。国会の質問に立てば、ヤクザを連想させるような様である。

それだけに、菅首相が目に余るような言動を繰り返すようであれば、仙谷官房長官が菅首相を見放す可能性がある。それが、菅首相の転ぶときである。

高野は思う。

〈そのあたりが、面白い。菅がどこまでしたたかなリアリストぶりを発揮し、仙谷がインテリヤクザぶりを発揮して両者の緊張感がうまく生まれるか、そこが菅政権の見どころというわけだな〉

高野が見る限り、仙谷は「自分が首相になりたい」という野心を抱いているようには見えない。

〈自らの体調も考慮して、キングメーカーに徹するつもりなのではないか〉

小沢一郎もまた、〝インテリヤクザ〟であった。インテリは政策、ヤクザは政局。この二つができるのは、小沢一郎と仙谷由人しかいなかった。つまり、小沢と張り合えるのは仙谷しかいないということである。

高野は思う。

〈二人の共通点は多い。違うのは、二人が持っている政治カルチャーだ〉

民主党が政権を獲るためには、仙谷一人の力では不可能だった。政権を獲るまでのプロセスの中で、小沢一郎の力がどうしても必要であった。

が、政権を獲ってしまった後となると事情が変わってくる。小沢の政治カルチャーと決別したい仙谷からしてみれば、「小沢さんありがとう。もう用済みです」ということなのである。

一朝一夕では構築できない外交関係

中国漁船衝突事件

平成二十二年九月八日未明、防衛大臣政務官である長島昭久は、秘書官からの緊急連絡で、衝撃的な一報を知らされた。海上保安庁が、公務執行妨害と違法操業の疑いがある中国漁船の船長を逮捕したというのである。中国漁船は、日本の領海である沖縄県尖閣諸島付近で操業していたが、第十一管区海上保安本部所属の巡視船「みずき」に発見されると逃走。しかも、追いかける巡視船に二度も衝突したという。そこで、海上保安庁は、その船長を公務執行妨害で逮捕に踏み切ったのであった。

長島は、海上保安庁の英断を高く評価するいっぽうで、今後どのように対処していくのか、緊張感が走った。

後で聞いたところでは、逮捕までの間、海上保安庁は、当時担当の国土交通相である前原誠司に許可を求めていた。それはおそらく、官邸にまで許可を求めるということだったのだろう。そこまでの時間があったのならば、この逮捕が、中国にもたらす影響を考える猶予があったのかもしれないという声もある。

長島は、この逮捕は妥当だったと思っている。今回の事件は、とても見逃すことはできなかった。

問題は、中国人船長をどこまで勾留するかであった。那覇地検石垣支部は、九月十九日に勾留期限を延長することを決め、二十九日まで勾留した。

日本は、これから、軍のチャンネル、インテリジェンスのチャンネル、財界のチャンネル、さまざまなチャンネルを駆使して外交を繰り広げていかなくてはならない。

民主党政権の脆弱な外交

長島は、民主党政権が抱える外交にかかわる課題は、どのような外交的なパイプを築きあげるかにあると見る。尖閣諸島漁船衝突事件は、そのことを明るみに引き出した。

小沢一郎元代表が、かつて語っていた。

「外交的なパイプは、政権を獲ってからでないと築くことができない」

本来ならば、政権交代前からじっくりと準備をし、政権交代とともに築き上げていたものを土台として、外交を繰り広げていくことが理想だったのだろう。しかし、野党時代に、アメリカならアメリカを訪れたとしても、相手は、野党の政治家をそれほど手厚く遇することはない。野党では、日本の政治への影響力がないからである。その意味では、小沢一郎の言葉は、的を射ている。時間がかかるのはしかたない。

民主党政権は、政権交代して以降、状況対応で必死だった。その間、普天間基地移転の問題で、日本にとって大事なアメリカとの関係を冷えこませた。信頼関係にヒビが入ったのはまちがいない。

これからの半年から一年にかけては、首相官邸が中心となり省庁の枠を超えた体制で安全保障をコントロールしていく。菅首相が代表選前にかかげた外交・安全保障政策の司令塔となる「国家安全保障会議（日本版NSC）」の構築である。それができなければ、せっかく奪った政権の座を外交安保政策の失敗で明け渡すことにもなりかねない。

奥村展三は、尖閣諸島沖中国漁船衝突事件から、首相官邸は、中国に人脈がなさすぎると思う。それならば、中国に太いパイプを持つ小沢一郎を使うべきではないだろうか。

細野豪志前幹事長代理は、中国漁船衝突事件をきっかけに悪化した日中関係を改善するため、九月二十九日に中国・北京を訪れ、中国政府要人と会談したが、小沢に訪中を伝えたのは、日本を発つ直前、空港からかけてきた電話だったという。

つまり、細野の訪中は、巷でいわれているように仙谷官房長官・野中広務元自民党幹事長のラインだったのだろう。奥村によると小沢はまったく噛んでいなかった。

奥村は、普天間基地移設問題を抱える日米関係にしろ、中国漁船衝突事件で悪化した日中関係にしろ、日頃からもっと議員間交流を深めておけば、あるいは違う展開になったのではないかと思う。もっと前向きに交流していく姿勢がなければ、国家として成り立たなくなる。奥村は、その点を危惧している。

強制起訴に激震の小沢グループ

不起訴をくつがえした検察審査会

十月四日、小沢グループに激震が走った。

小沢グループの一新会事務局次長の松木謙公が意外だったのは、この日に東京第五検察審査会が、検察が出した「不起訴」をくつがえしたことだった。しかも、一回目の「不起訴不十分」の結論と、二回目の「不起訴不十分」では、内容がまったくちがう。一回目は、虚偽記載。今回は、政治資金規正法違反である。

そもそも、国民のなかから無作為に選ばれた十一名によって審議される検察審査会で、政治資金規正法違反に触れるのか触れないのかを審査することで、なにが出てくるのだろうか。

公判は維持できないと検察が起訴できなかったものを、素人たちが、とりあえず表沙汰にして裁判所でやりなさいと判断を下したようなものである。それならば、ほかのどちらかわからない事件はすべて裁判するのか。

検察審査会が審査内容を発表したその日、松木は、港区赤坂にあるチェリス赤坂の小沢一郎の個人事務所をおとずれた。午後七時ころだった。このような結論を出してきたことが、悔しくて悔しくてならなかった。せめて、小沢の顔だけでも見たい。顔を見て、握手を交わしたい。松木の思いは、それだけだった。

しかし、すでに小沢は事務所から帰ってしまったあとだった。

松木は、その翌日は、どうしても外せない用事があった。小沢事務所をおとずれることはできない。かわり、小沢事務所に電話を入れた。

「明日、小沢先生と会う時間をつくってほしい。四十五秒でいいのです」

六日に顔を合わせた小沢は、秘書から、松木がどれほど切羽詰った口ぶりでアポイントをとってきたかを聞いていたのだろう。

「いったい、どうしたんだ」

小沢は、キョトンとしていた。

松木は、小沢の手を握った。

「先生に話すことなんか、なにもないんです。ただ、僕は、これからもずっと先生とともに歩ませていただきますから」

小沢は、満面に笑みを浮かべた。

「おお、これからもがんばろう」

松木は、思わず涙がこぼれそうになった。しかし、そのいっぽうで、悔しさがふたたびこみあげてきた。

〈民主党が危機に陥れば、たとえ裁判中でも代表となってほしい。しかし、被告として裁判に立っているときに公職に就くのは無理といわれる。その厳しさはわかる〉

松木は、小沢一郎を見るとき、かつて松木が秘書をしていた元官房長官の藤波孝生とつい比べてしまう。見た目もちがう。性格もちがうが、魂のところは変わらない。どのようなことが起きても動じることなく、腰を据えて物事にあたっている。よけいなことは言わない。言い訳もしない。

政治倫理審査会や証人喚問で釈明するべきだと野党が突き上げている。松木は、そのようなことは必要ないと考える。政治倫理審査会や証人喚問が、裁判所よりも高い機能があるわけがない。野党は、政治的に利用しているにすぎない。いちいち相手にする必要はない。

ここでも、じつは、小沢が代表選に出たことが影響している。もしも、十月四日に東京第五検察審査会が、小沢に対して「起訴議決」を公表したと同時に、民主党首脳部は、小沢に離党勧告を突きつけたかもしれない。それをしなかったのは、小沢が、代表選で、国会議員票の約半数を得たからである。そのことが抑止力となっている。

しかし、いずれ、小沢は裁判の場に立つ。このことは、政治家・小沢にとってマイナスである。そのことがわかっていて、検察審査会が結論を出したのではないかと疑いたくなる。

おそらく、小沢は、自分のことでなくとも、検察審査会のやりかたのひどさは正さなくてはならないと思うことだろう。弁護士も、このようなことが、法治国家としておこなわれてはならないといっている。全面的に戦う姿勢である。あくまでも戦うことによって、問題提起となる。


検察審査会が下す、「とりあえず、公の場で審議しよう」という姿勢は、松木にとっても他人事ではない。自らが法的になんら違反していないにもかかわらず、裁判の場に、強制的に立たされることになる可能性は、自分だけではない。どれほど審議が長引こうとも自分の潔白を晴らそうとしている態度こそ、小沢一郎という政治家の正義感かもしれない。

当然、無罪を勝ち取るのは目に見えている。松木の本音をいえば、裁判そのものは早く終わってほしい。ただ、日本という国は、裁判官が、心象主義で判断を下す可能性もある。

十月四日、東京第五検察審査会は、小沢一郎の資金管理団体「陸山会」の土地購入をめぐる政治資金規正法違反事件で二度目の「起訴相当」議決をおこなった。これにより小沢の強制起訴が決まった。

小沢の考えるところ

ニコニコ動画での質疑

菅政権が行き詰まりを見せるのと比例して、小沢一郎の動きが活発になってきた。

十一月三日、小沢は、都内でインターネットサイト『ニコニコ動画』に生出演し、野党の求める国会招致や菅直人政権の政治姿勢などについて、次のように質問に答えた。小沢の考えを知るうえで、ここに全やりとりを載せておく。

―ニコニコ動画より国会に出るのが先じゃないか。後輩の岡田克也幹事長と会談ぐらいすべきだとの意見や国会軽視との声もあるが。

「いま、みなさんがおっしゃっているのは、政倫審（政治倫理審査会）とか証人喚問とかという話だろう。あのー、僕の今回の問題については、なかなか新聞、テレビが正確に真実を報道していただけないので、整理したい」

「わたしは何も隠すことありません。報告書みてくれたらそれ以上のことはない。去年の三月から、検察の強制捜査が後援会に入った。わたし自身も事情聴取も受けたし、わたしの個人資産から何から全部調べられた。一年余にわたって捜査、公権力による捜査を受けた。それでも結局何も不正がないと不起訴になった。ですからこのことをまず、前提としてわかってほしい。ただ、検察審査会で、そのことをもう一度法廷で明らかにすべきと意見が出ているので、いま、手続きが進められている。

もうわたしは、司法の裁判所の手続きに入ってきているもんですから、それを三権分立の立場からいえば、原則としては司法で取り上げているものを、立法府がいろいろと議論をするというのは基本的にはあまり妥当ではないと。いけないいっちゅうことではないが、妥当でないし、必要でもないんじゃないかと思っている」

「もう一つは、政倫審も証人喚問も基本的に秘密会だ。裁判というのは全部公開だ。わたしは隠していることないから、説明すること何もないんですけども、それを改めて『国民皆さんの公開の場でやりなさい』というのが検察審査会の意見なもんですから、僕はそれに従って、もし、公判ということになれば、きちんと説明したいと思います。それが基本だが、このニコニコ動画、国会にも出ないでどうのこうのという批判があると聞いたが、結局非常に多くの人に（公開され）オープンで意見もいえるし、僕も反論できる。多くの方にわかってもらえるから、むしろ（国会より）いいんじゃないかなと。そう思って出演要請を快く受けたということです」

―日中関係はどうか。

「中国に対してもロシアに対しても米国に対しても同じだが、やっぱりきちんと自分の主張をしないといけないと思う。政府は。日本政府としての主張をはっきりしないとダメだ。僕は尖閣（諸島の問題）についても、中国の首脳と会談したときにはっきり言っている。『これはいまだ何千年の歴史の中で、中国の政権の支配下に入ったことはない』と。『これは琉球王朝の領土で、琉球王朝が貢ぎ物を中国へ出してたかもしれないが、領土になったことはない』と。『それで沖縄が日本と一緒になった。これは日本領土であることは間違いない』と。『これは絶対に譲れない』ということを言った。そしたら、いやあ、はっきり答えなかったです」

「『（中国の元最高指導者の）鄧小平さんが後世にまかせようと言ったんだから、まあまあ』という話をしたが、僕は絶対にこれは譲らんよと、そういう話はもう最初から伝えている。それに対して状況も中国内部も変わったかもしれないが、正論に対して筋論に対しておかしな反論はしない。筋道立った議論、主張をするべきだ。ロシアに対しても」

―ロシア人専門家に聞くと、去年の初夏から北方領土の対話の場が途絶えているらしい。

「自民党も、どこの国に対しても、たいしたチャンネルはあったわけじゃないと思いますよ。ただ、長く政権をやってましたから、いろんな意味でいろんな人を、米国や中国、ロシアの人を知っていたのは事実でしょう。それに反して民主党は初めてなので、知らないということは事実だ。ただ、いままでの関係があったか、ないかということも背景として大事だが、自己主張することは何も初めての人だって国と国を代表してやるんですから、それは堂々とやっていいと思う。そして大陸の連中は、自己主張しない人間をものすごく軽蔑する。僕はあの日米交渉に携帯もネットもそうだが、やらされた。僕は外交は知らなかったが、ギャンギャンやった。だけどもお互い、いい仕事したねといってカラっとして別れた。日本ならあの野郎と感情的になってしまって」

—平和ボケした頭でとなえる強硬論はこわい。

「そうそう」

—尖閣も北方領土も見ていてハラハラする。

「そうです」

—政府はいまになって尖閣諸島沖の衝突事故のビデオを公開した。小沢さんならどう処理していたか。

「僕がもし、政府の責任者だったら、船長を釈放しませんね。しかもですよ、その検察官、いわば行政の役人が日中関係の政治状況、環境を考慮して釈放したというんでしょ。これはもう僕は本当にいけないと思いますね。やっぱり何といわれようが、政府、内閣としてこういう状況をかんがみて、釈放することにしたというべきだと思う。行政の役人が政治判断して、逮捕したり釈放したりなんて、これはまったく法治国家、民主主義国家でなくなる。だから政治家は軽蔑される。国内的にもちょっと、非常に禍根を残したと思うし、中国に対して結局釈放した。これはよくないと思う」

――これで終わりになるといいが。

「中国だってロシアだって過去の経過や歴史的事実は知ってますよ。ロシアだって僕はゴルバチョフ（元ソ連大統領）と会談した際、『戦争で占領したんだ』と。『バカなこと言うな。（旧）ソビエト（連邦）、ロシアと日本は一度も戦争状態になっていない。おまえたちの方が中立条約を破って、一方的に侵略して千島（列島）まで占領したのはソビエトじゃないか』。そういって僕は反論した。ゴルバチョフ（氏）は何もいわなかったですけどね」

――小沢氏ならどうしていたか。

「見せるかどうかは別ですけれども、政府がわかっているんだから。政府が判断すべきことですよね。『一体どうなっているんだ』ということから始まったわけだから政府が毅然として、

『これは日中関係を勘案して釈放することに決定しました』とか、あるいは『領海侵犯ですから、いくら中国が文句を言ったって釈放しません』とか、『法に照らして裁きます』とかいうべきだったんじゃないですかね」

——首脳同士で話せば外交は進むのでは。

「そりゃあ、もう、直接会って本人とやるべきですよ。日本人ちゅうか何ちゅうか、いまのちょっと、悪い癖はね、面と向かってしゃべらないでね、よそんとこでメディアでしゃべったりね。例えば、僕のことでも文句あるんならオレに面と向かって言えと。なんであっちこっちでね、陰口きくんだと。そういうんですよ。外交の問題も同じなんですよ。例えば、中国でも米国でも、その場はニコニコ、ニコニコして、調子のいいこと言って。それで帰ってくると、そうだの、こうだの悪口言うでしょ。それがものすっごく信用を落としている」

——TPP（環太平洋戦略的経済連携協定）についての考えは。

「わたしは自由貿易論者です。そして自由貿易によって一番利益を得ているのは日本です。だから考え方は賛成だ。いま、農業だけ騒いでいますけど、農業だけではない。金融とかサービスから何から全部（TPPには）含まれてますから、その国内の体制を政府がきちんとしないうちに全部オープンにしちゃったら、そらもうごちゃごちゃになっちゃいます。みんなやられちゃいます。ですからそういう、全く無防備な、大きな何の考えもなしに、ただ賛成というのは、わたしはそれはいけないと思います。基本原則は賛成です」

━━農家への戸別補償制度はセーフティーネットのはずだ。

「そーう、そう！」

━━ばらまきとも言われるが。

「徹底されてない。戸別補償方式をするには適地適産しなければいけない。なんでもいいから勝手につくってというわけにはいかない。そんな話ではない。必要なもの、私は東北ですが東北で一番適したもの。九州で適したもの、それを適地適産でやれば、それは私は食糧自給は可能だと思う。日本は、いま、四割以下でしょ。それを民主党は六割とかいっているのかな。六割なんかダメだ。一〇〇％にしろと僕はいってるんだけども。ほんと、できるんです」

「その意味でもセーフティーネット。これは農業だけではなく、水産業もそうですし、あるいは一般のサラリーマンもそうです。完全に日本の雇用制度、良くも悪くも日本の旧来の雇用制度、崩れちゃったでしょ。終身雇用。これ、崩れたまんまでバンバン、バンバン、規制撤廃するからね、失業だの、非正規だのっちゅう問題が起きている。全体が問題なんですよ。だからそういう意味のセーフティーネットをきちんとつくって、それで自由化すべきです」

―アジア太平洋経済協力会議（ＡＰＥＣ）までに、政府がしっかりしたものをつくるかだが、閣内がはっきりしない。

「方向として、日本は自由貿易で生きてきた。方向としてこれを将来の目標としてやるのはいいが、そのために、じゃあ国内政策はどうするんだ。国内の対策はどうするんだ。それをきちんとやらないと、国民は全員が不安になっちゃうと思いますね」

―民主党政権は高い期待を担って政権交代を実現したが、期待に応えていない。原因は？

「若い人たちと毎日、ちょこちょこ会ったりしているが、参院の選挙のとき以上に、むしろ民主党を支えてきてくれた人が、コアな人たちの批判がある。何だという感じで言われる。だから、本当に国民の皆さんがそう思って、ひいきの人でさえそう思っているんだろうと思います。その最大の原因は、もちろん背景としては政権を経験したことがないと。トップリーダーはじめ皆さんが。それが最大の背景にあると思います」

「ただそれは仕方ないことで、やっぱり一番の問題は政治主導。国民主導だから、やっぱり政治家が結論をきちんと出す。各省大臣であれ、誰であれ、その部署にある人が『私はこういう結論を出しました』と。もちろん、みんなが全員一致して同じ結論が出れば一番いいんだけども、みんないろんな意見があるから。最終的には責任者が決めなくちゃいけない。民主主義なんでそうですから。そこをきちんと決めない。『オレが決める。オレが責任を持つ』ということをもう少し心がけないと、役人がついてこない。『新しい政策をやんなくちゃダメだ。いままで通りではダメだ』と思っている役人もいっぱいいる」

「だけど役人の方から新しいことやって、批判されて、コテンパンにやられたら、『責任（は）全部、おまえかぶれ』ということになったら、役人としてはやれないですよ。だから結局、こういう青写真の下で個別の、『この政策、ぜひやってもらいたい、この責任はオレがとる』といえば役人は必ずついてくる。ですから結局、怖いですから、躊躇しちゃうと結局、役人も『責任とらされるよりは、いままで通りやってりゃ無難だ』となっちゃうんだ」

——閣僚になった人など、民主党はもっとできると思っていたが。

「閣僚とかの問題ではなく、自分自身で結論を出して責任を取らないといけない。そういう場面は政権党の中では、野党と違って数多くあるんだということを、わかってなかったということはある。ただ、自民党も長年、政権党だったですがね、自民党も全然ない。ないんだけども、いい時代だったでしょ、自民党は。右肩上がりのいい時代だったから、いろんな矛盾が全部隠されていたわけですよ。そうじゃなくなったもんですから、矛盾が吹き出てきちゃった。だから自民党政権はつぶれちゃったわけだ。この二の舞にしないように民主党政権は絶対、成功させたいですよ。そうしないと観念的な右左の極端な議論に（なる）。両方ダメだ、自民党もダメだ、民主党もダメだ。そういう左右両極の議論が強くなる。これが一番、不幸だ」

—いまの政権に足りないとすれば。

「それぞれ一人一人がね、もう何ちゅうかな、悪い言葉で言えば、開き直りとかいうか、腹を決めることですね。ポジションにつけば、そのポジションなりの仕事（を）、自分の自由にできるんだから。できるんだったら、もちろん民主党の考え方に沿って、具体的政策を自分が決めていく。その腹を据えることじゃないでしょうかね」

—民主党政権をあきらめてないか。

「あきらめてません。もし、これ、失敗したら、ぐじゃぐじゃになって、多分、民主党がダメとなっても、自民党に（政権運営を）返そうとは（有権者は）思っていないと思います。すると民主党も過半数取れない、自民党も取れない、みんなぐじゃぐじゃ、ぐじゃぐじゃになっちゃう。それで極右、極左が出てくる。これは悲劇だ」

――小沢氏は民主党を飛び出すとかいわれるが。

「民主党内でこの間もいっぱい支持してくれる人が、私、いますので。何も私が出る必要はないと思うし、それはいけないと。やっぱりこの政権を成功させるということに全力を尽くしたいと思っています。そういう意味で一人一人が、みんなね、だんだん、だんだん、若い人ほど認識しつつあるんじゃないでしょうかね。有権者と一番、接しているでしょ。一番言われるようですよ。そのためには君ら自身がしっかりしないとダメなんだと。だんだん認識がしっかりしてきている」

――今後、どういう役割を果たすか。首相としてやる局面を待つか。違う展開を待つか。

「まだ裁判になってないので、どうかわからないが、既定路線でいえば、そういった（裁判になる）可能性は高いが、僕のいっていることを理解してくれる人は大勢いますし。話聞かせろという人も全国あちこち、いろいろいますので。そういう意味でポジションがないだけに、フリーですから。全国をできるだけ求めに応じて回りたいと思っています」

――小沢氏は、起訴相当議決は不当という主張だ。政治活動を制限しなくてもいいのでは。

「あ、僕はそのつもりはない。ただポジションがないですから。一兵卒ですから。ただ、私としてできることは、やっていきたいと思っています」

—雇用の問題が好転していないが、処方はないか。

「一つはね、財政の健全化か、景気かという、すぐそういう議論しますけど、それは相対立するもんじゃ僕はないと思ってんですよ。だから景気が悪いときはやっぱり、景気の拡大策を講じなくちゃならない。そのためには必要なときには、多少、国債増発しても仕方ない」

「ただ、非常に、何度もいいますけど、無駄が多いんですよ。これね、全然、これもうメディアが報道しないですけどね、仕分け、仕分けっつってますけど、仕分けもいいんですが、結局、(政府がしたのは予算の)一律カットですよ。全部。財政当局としては一律カット以外にやりようないんですよ。優先順位(は)役人の仲間同士でつけられないんですから。だから、一律カットじゃ、もうお金出てこないんですよ。必要なものはやる。必要でない物はやめるというのを、それぞれの人たち、閣僚はじめ、みんなが腹決めて、それこそまた腹決めてやれば財源は出てくる。しかし、それでも足りない場合は、もちろんやんなきゃいけないと思いますよ。僕は。財政出動を」

「それと、だけどね、雇用の問題はね、景気が悪いから雇用が少ないいっちゅうこともありますけどもね、それ以上に僕は、さっきいった雇用のシステムが非常に崩壊してしまったと。日本的システムに代わる新しい雇用のシステムできたのかというと、そうでない。もうパッパカ、パッパカ切り捨てることのできる米国流のシステムになっちゃって、本当にみんなが働いてくれて会社があるんだと。だから、できる限りクビ切りはしないで、解雇しないで、みんなでがんばろうという経営者の意識がなくなってきてますよ。大企業ほど。僕は本当にけしからんと、この大企業は」

「で、中小企業の方がむしろ『長年働いてくれた。おれがみんな面倒みなきゃ』って私財を投入してまでね、一生懸命やっているところ、いっぱいありますよ。それで、そこが技術をもってるんですね。日本は。中小零細企業が。だから僕はそういうね、経営者としての心構えと、それから雇用の制度が、これはもう一度見直すべきだと。あの『小泉某』によってね、みんなめちゃくちゃにされましたけど、雇用の仕組みをもう一度やり直すということは必要だと」

――小沢氏がトップならどこを切りつめるか。

「僕は(地方向け補助金の)一括交付金(化)、一括交付金って代表選のときもいったもんだから、菅さんも、政府も一括交付金っていってますけどね。あれをね、一括交付金っちゅうのを本気にね、今度の予算で実現できたら大したもんです。去年の予算のときも交付金、交付金と僕も役人にだまされちゃったんだけど。結局、補助金なんですよね。名前だけ変えたんですよ。そうじゃなくて、地方に自由に使えるお金を出せば、それが本当にもう、いまのお金の、極端にいうと半分でいいんです。自由に使えないいんですから」

「例えばね、そん中でも、『いや、おまえ、いうけれども、福祉の関係は十五兆円。これは全然切れないいじゃないか』という議論があります。しかし、これもね、実態はみんな地方がやっているんですね。だから、僕は十五兆円、もう全部地方にやっちゃえばいいんですよ。そうして、例えばいま、高齢化社会で介護ってあるでしょ。介護はいろんな特養だ、なんだかんだ、かんだなんだって厚生省（現厚生労働省）の、いっぱいつくっているでしょ。それでそこに補助出ししている。もちろん人件費補助もあるけれど。そういう厚生省のメニューにしかお金を出さないんですよ」

「地方に任せなさい。そうすれば、自宅で介護できる人は自宅でやる。その方が本人にとっても幸せなんです。そして、その個人の家庭をサポートしてやる。補助金を出してやる。支援金だしてやる。そういうことも自治体にまかせれば、自由にできるわけです。いま、厚労省にやらせたら、できないです。十五兆円もお金使って、ろくなアレ、できないじゃないですか。だから、そういうことを考えると、僕は非常に無駄を省くという作業は、まだまだできると思います」

――いまのやり方だと生ぬるい？

「いや、財務省がね、みんな（旧）大蔵（省）、財務（省）が悪いといいますけどね、かれらだってね、いままで通りでいいと思っていないですよ。さっき言った話ですよ。だけども、ここは役人の方から『こんなのやめて、こうやった方がいいじゃないですか』とか言うことはできないですよ。役人の立場としては。それは政治がやらなくちゃなんない。そして青写真をちゃんとつくって、それで『これをやる』と。『結果はおれが責任を持つ』というふうにやればね。財務省だって優秀な連中、いっぱいいますから」

——責任を持つ覚悟がないから、民主党政権はフラフラしているように見られるのか。

「国民の皆さんからね。まあ、それぞれの人が腹決めて、自分の思った通り、きちんと責任持ってやりゃいいんじゃないですか。その結果の判断は国民がするんですから」

——覚悟を持ってやっていく？

「あ、僕はそうですよ。はい。僕はだから何も悪いことしてませんから。何もやましいことないですから。ただいまの制度上ね、検審（検察審査会）でもう一度公判でやれっちゅう話になっちゃいましたから、やりますけれども、政治活動をつづけていきたいと思っております」

——小沢さんの国家ビジョンとはどんなものか。

「僕が言ってんのは自立と共生という理念なんですけどね。一番はまずは日本人に必要なのは自立。ちゅうのは自分自身の価値判断を持ち、自分自身で意見を持ち、そして自分の責任で行動するという日本に、僕は、なるべきだと。自立した日本人の集合体が自立した国家なんです。日本なんです。それがまず第一だし。日本人としては」

「それから国家の理念としては共生。これは国内でも人々の、国民同士の共生、仲良くするっちゅうこともありますが、他国民、諸国民との共生。すなわち、平和の問題。それから、もう一つは自然との共生。これは環境の問題。だから、僕は個人個人の日本人には自立を求めているし、そして自立した個人が国家を構成すると。そして日本は他の国と、他の民族との共生と自然との共生。環境と平和と。これを僕はね、二十一世紀のね、このあるべき姿としてね、日本が発信できるような国になりたいと。そうあるべきだと、そう思ってんですよ」

「日本人ぐらい偏見もない、宗教的な壁も何もない、あるいは文化的な壁もないでしょ。何でも取り入れて、全部、自分のものにしちゃうでしょ。だから、ものすごく共生の理念に日本人っちゅうのは、性格的に、あるいはＤＮＡ的にあってんじゃないかと思ってんですよ。だけど、それを発信できる、二十一世紀の社会、国家というもんはこういうもんだという発信（を）できる日本になるべきじゃないかなと思ってんです」

――岡田幹事長が企業・団体献金を認めることにした。これはどういうことか。

「うーん、ま、もう政治資金の関係ではね、ちょっとわかりません。かれの真意は」

――いまの菅政権をどう思うか。

「だけど、それは代表選挙で菅さんを選んだんだし、そのときは世論調査なるものは七割だかあったでしょ。まあー、それはやっぱり、総理は党内手続きで選ばれるんですけど、結局に背景にあるのは、国民が選ぶんですから。この間、七割支持したのが、すぐ半分なっちゃうっつうのも、僕はね、おかしいと思うんですよね。国民もね。もっと国民がしっかりしなきゃダメですよ。国民、しっかりしないと、政治家もしっかりしないですよ」

――そういう意味では菅直人首相に小沢さんが何か言ってもいいのでは。

「だから菅さんは自分がこうだと思うことを、首相はもう万能ですから、思うことをきちっと主張して、自分の責任で断固やったらいいんじゃないんですかね。僕が菅さんと、いつか話したときもいったんですよね。『総理大臣なんだから、好きなようにしたらいいんじゃないの』と。『その代わり責任をとって、国民があとはどう考えるかは別の問題』」

――小沢さんは後継者を育成しなかったのが欠点といわれる。人材育成の考えを。

「僕もだんだんこの年になりまして、本当に後継者を、次の世代を担う本物のね、政治家を育てたいと。あるいは政治の分野じゃなくたっていいんですけど、本物の若者を育てたい。そう思ってます。それで政治家でも、むしろ若い人たちに私は非常に期待してます。自分が直接選挙戦を手がけたということもありますけれども、しかし、政権をとるっちゅうことは、多くの候補者が多くの人たちにもまれて当選してきたわけだから、こっからその意味で、風ももちろんあるんだけども、風だけでないものを政権党の議員として、いま、現実を眺めながら、感じつつあるんじゃないかと」

民主党政権の最終章

意外な調査結果

産経新聞社とFNN（フジニュースネットワーク）が十一月二十、二十一の二日間におこなった合同世論調査で、いまの首相にふさわしい政治家は誰かを聞いたところ、民主党の小沢一郎元代表が八・六％でトップになった。「ポスト菅」の有力候補とされる前原誠司外相と岡田克也幹事長は順位と数字を下げた。手持ちの首相カードも色あせ、「政治とカネ」の問題で裁判を控える小沢がトップとなるところが、いまの民主党の窮地を象徴している。

小沢は、前回五位（六・一％）から二・五ポイント増で首位へ。前回二位（八・九％）の菅直人首相は三位の舛添要一・新党改革代表（六・八％）に次いで四位（六・六％）へ後退。前回唯一、二ケタのトップ（一〇・二％）だった前原は二位（七％）。岡田は三位（六・八％）から七位（五・四％）へ転落。首相に「ふさわしい人はいない」も六・三ポイント増の三三・三％にのぼった。

十一月二十二日、調査結果を知った小沢は、「へえー」と言っただけだったという。

民主党では岡田、前原両氏を次期首相の二枚看板として位置づけてきた。しかし、岡田は小沢の国会招致が実現しないことで批判を浴びている。前原は対中、対露外交での行き詰まりなどでイメージが落ちているようだった。

小沢を支持する市民や国会議員の集会が、十一月二十四日夜、東京都豊島区内の公会堂で開かれた。小沢に近い辻恵、川内博史民主党衆院議員や市民約五〇〇人が参加した。

小沢は約七分間のビデオメッセージを寄せ、その中で強調した。

「本当の議会制民主主義を定着させることに政治生命をかけてきた。まだまだやらなければいけないことがたくさん残っている。全力でがんばる」

頼りになる小沢外交

輿石東参院議員会長が小沢一郎を支持するのには、もちろんそれだけの理由がある。

小沢は、相手が誰であろうと言うべきことはキチッと言う男である。

平成二十年五月七日夕刻、民主党の小沢一郎代表は、来日した胡錦濤主席と会談した。胡錦濤主席は、自ら中国国内の〝アンバランス〟の解消に言及した。それを受けて、小沢代表は、イタリア統一戦争を描いたルキノ・ヴィスコンティ監督のイタリア映画『山猫』のセリフを語った。

「変わらずに生き残るためには、自ら変わらなければならない」

また平成二十一年十二月十日にも、中国を訪れた小沢一郎幹事長と一四〇人からなる訪中団が、胡錦濤総書記と会談した。

小沢は、胡錦濤に言った。

「日中米は、正三角形の関係であるべきだ。それがそれぞれの国と世界の安定につながる」

首相の立場にない小沢幹事長が、胡錦濤国家主席と会談するだけでも話題となったが、訪中団全員との握手については、小沢の要望だからこそ実現したことであろう。

そもそも、二人の関係は昨日今日築き上げられたものではない。

小沢は、田中角栄首相に同行して訪中したことがある。当時は小沢も胡錦濤もまだ若手であり、その頃からの交流である。そうした人間関係、信頼関係が外交にも生きるのは当然であった。

平成二十二年九月二十九日の朝日新聞に掲載された森喜朗のインタビューの見出しは、『対

中外交 小沢氏乗り出すべきだ』であった。

森喜朗は、小沢一郎について次のように語った。

「民主党の小沢一郎元代表は、約一四〇人の議員を連れて訪中し、胡錦濤国家主席と会談するなど中国との関係は深いはず。外交に『脱小沢』はない。小沢さんが乗り出すべきだ」

また、平成二十一年二月十七日に行われたアメリカのヒラリー・クリントン長官との会談においても、小沢はしっかりと意見を述べた。

「日米同盟というものは、単にアメリカに追随したり従ったりしているだけではない。わたしどもが政権を獲ったら、きちんと言うべき意見は言わせていただきます」

そうした外交姿勢を見ても、小沢は頼りになる。

先読みのできる小沢

さらに小沢一郎は、先の先まで読んで行動する政治家である。

平成二十一年十二月十五日、天皇陛下は中国の習近平国家副主席と会談されることになった。

このとき、小沢幹事長は「一カ月ルール」を無視した特例会見を強行したとして各方面から厳しい批判を受けた。「次期主席になるかどうかもわからない男」への過剰な配慮と皮肉る者も多かった。

ところが、平成二十二年十月十八日に閉幕した中国共産党中央委員会総会（五中総会）で、習近平政治局常務委員（国家副主席）が中央軍事委副主席に選ばれ、二年後の第十八回党大会で交代する胡錦濤総書記の後継者としての地位を固めた。

このニュースを聞いた輿石東参院議員会長は思った。

〈やはりあのときの小沢さんは、五年後、十年後の日中関係を読んで対応されたのだ〉

先の先まで読んだ上で中国との関係を考え、日本の行く末を考えられる政治家を民主党内で探そうと思っても、なかなか見当たらないのが現状である。

輿石は思う。

〈政権の中枢にいた小沢さんは、与党の権力の強さと弱さ、したたかさともろさ、問題点をすべて知ってる。この人を使わないで、一体誰を使うというのか〉

野田佳彦と小沢の極秘会談

民主党の代表選が近づく平成二十三年八月二十五日前後、野田佳彦はじつは小沢と極秘の会談をおこなった。

これまでまったく接点のない両者を結んだのは、野田の政治の師の一人である細川護熙元総理だった。

細川は、野田が代表になった場合には小沢の力を頼るべきだと思い、野田にアドバイスをしていた。

「小沢さんは、一〇〇人以上のグループを持っているのだからそこに気を使わないで政治なんて動きっこない。ちゃんとあいさつした方がよいよ」

三人の会談は、小沢と野田双方から「同じ党にいるのに、話もしたことがない」との話を聞いた細川が設定した。

細川は、小沢が代表選で野田支持に回ることを期待していた。

会談には野田も小沢も記者を巻き、細川も参加して、都内のホテルで食事抜き、四十分ほどおこなわれた。小沢が野田の増税論について言及した。

「言っていることはわかるが、すぐやる話ではない。選挙で増税か否かで仕分けられると大変だ」

野田は説明した。

「すぐ増税という話じゃないです。いまの財政を考えたら、何とかしなければならないということは、みんなわかっていることじゃないでしょうか。どういう段取りでやっていくかは、もちろん慎重に考えたいと思っています」

細川も、野田にアドバイスした。

「将来の増税を国民に理解してもらう努力が必要だ」

会談後、細川はそれなりの感触を得たという。小沢も細川に伝えてきた。

「とてもよかった」

海江田万里支持を表明した小沢

八月二十六日には、小沢一郎が前原誠司を支持せず、対抗馬を支援する方向が明らかになった。

近藤洋介は、仙谷由人が小沢に会いに行ったことが予想外の出来事だった。小沢に会いに行ったはいいが、その小沢が難色を示したということで、民主党の前原に対する風が変わってしまった。

〈一体、なんなんだ……〉

そんな雰囲気が、いっせいに広がった。野田陣営にとっては、追い風となる風だった。

この決定によって、代表選は今回も親小沢と脱小沢をめぐる激突となることが確定した。

小沢一郎は、八月二十六日、ついに沈黙を破った。海江田万里支持を表明した。

野田を支援する手塚仁雄は思った。

〈これでまた、本命が変わる〉

手塚は、小沢グループはせいぜい七〇票から八〇十票と読んでいた。マスメディアの票読みの半分である。たいがいのメディアは、小沢グループは一四〇から一五〇を固めていると見ていた。

しかし、いずれにしても、野田は、小沢グループよりも票はとれない。小沢グループが推す海江田万里の一位が揺らぐことはありえない。あとは、いかに、野田陣営が、二位に食い込むかであった。

ほかの立候補者では、鹿野道彦が二十名を集めた。馬淵澄夫が最後の最後まで推薦人を集められるか、微妙なところにいた。

八月二十七日午前九時、民主党の代表選が告示され、野田佳彦財務大臣、前原誠司前外務大臣、鹿野道彦農水大臣、海江田万里経済産業大臣、馬渕澄夫前国土交通大臣の五人が立候補した。

加熱する代表選

代表選に向けた多数派工作が加熱するなか、一、二位による決選投票にもつれる公算が高まってきた。

一回目の投票では、小沢と鳩山の支援を受ける海江田が一位となる見通しだ。が、過半数を取れるかどうかは微妙な情勢だった。二位には前原、野田、鹿野の三人の誰かが入る可能性が高まっていた。

海江田陣営の幹部は、八月二十八日、戦術の変更について語った。

「昨日までは『決選投票では頼む』という活動をしていたが、一回目の投票で過半数を取りにいく戦術に切り替えた」

海江田陣営のターゲットは、中間派を標榜する鹿野を支持する議員に向かった。

鹿野陣営の幹部は、反発した。

「小沢グループが凄まじい『引きはがし』を始めた。議員が何人か、まったく顔を出さなくなった。ポストで釣っているのか何かわからないが、うちを狙い撃ちにしている」

海江田陣営が一回目の投票で過半数を狙い、激しく活動するなか、前原、野田、鹿野の各陣営は決選投票への進出を狙い、二位争いを必死におこなっていた。どの陣営も、一回目の投票で二位の座を勝ち取り、決選投票で三位以下の陣営の支援を受けて、海江田に勝つ戦略を描いていた。

菅総理を支持するグループは八月二十八日夜、決選投票で海江田以外に投票する方針を決めた。

グループ幹部は、語気を強めて語った。

「海江田さんを破り、『小沢支配』を絶対に許してはいけない。一回目と決選投票の間は時間がないので、いまから徹底させる」

八月二十八日、旧民社党系グループは、自主投票を決めた。

野田陣営からは、配慮する声があがった。

「ベテランで識見もある川端達夫衆院議院運営委員長を、幹事長に起用すべきだ」

鹿野陣営の幹部もこの日、党主催討論会が開かれる都内ホテルで、エレベーターに乗り合わせた議員に決選投票での支援を呼びかけた。

「決選投票では完全中立の鹿野さんに投票を。でないと、『親小沢』と『反小沢』で党が割れてしまう」

野田と前原の陣営では、決選投票では二位以内に残った方に支持票を集中させる「二、三位連合」を想定していた。

野田陣営には支援を期待していた前原が立候補したしこりも残っていた。が、岡田克也幹事長、玄葉光一郎政調会長、安住淳国対委員長ら党執行部の幹部が野田の支援にまわった。菅グループも野田、前原の両陣営を仲介する形で、グループとしてどちらを支援するかは明確にせず決選投票での主流派結束に動いた。

野田と前原の仲介に汗をかいた玄葉は、周辺に語った。

「しこりは解消された」

野田勝利の原動力は前原との「二、三位連合」にあった。連合が実現したのは、やはり松下政経塾で同門だった絆なのだろうか。

山田宏の見方は複雑だ。

〈背景には、政経塾も確かにある。だが、ＯＢのすべてが一致して行動するわけではない〉

代表選でも政経塾系議員の動きはばらばらだった。

支持を伸ばす野田

ＴＰＰに慎重な姿勢を見せたり、三党合意の破棄に言及するなど海江田が発言の迷走を見せ、前原が外国人による違法献金問題などで失速するなかで、逆に一時は当選圏外で立候補すら危ぶまれた野田だったが、安定感ある受け答えと愚直でブレない姿勢を示すことによって少しずつ支持議員を伸ばし、息を吹き返していた。

野田の支持が伸びた背景には、海江田だと小沢の影響が強い、前原だと解散しかねない、鹿野は地味すぎる、馬淵は経験不足などの議員心理が中間派議員に働いていることが要因だった。

野田陣営の幹部は、野田の勢いについて満足そうに打ち明けた。

「野田さんはずっと前から根回ししてきたんだよ。それがいま花開いている」

八月二十八日、代表選を翌日に控えた夜遅く、野田に一本の電話が入った。

電話の相手は、野田の政治の師の一人であり、かつて所属した日本新党の党首だった細川護熙元総理だった。

細川は、なにかと野田に目をかけ、また期待していた一人であった。

代表選前日、野田の演説を心配した細川は、アドバイスするために電話をしたのだった。

ここ数日、野田の演説は硬さが目立っていた。そのため、細川は懸念を抱いていた。

〈最近の野田君の演説は、財務大臣の所信表明みたいだ。あれでは、心に響かない〉

細川は、野田に危惧を伝えた。

「もっと、演説に野田さんの人間性が出るような訴えかけをしないと、心に響かない。野田佳彦の人間性を出さないとダメだぞ」

野田は、細川のアドバイスに耳を傾けていた。

「わかりました。考えてみます」

また、細川は、野田の政治姿勢についてもアドバイスした。

「増税路線について、批判が厳しくなっているが、それを曲げちゃおしまいだ。突っ張らないといけないよ」

混戦の民主党代表選

代表選は、八月二十九日の午前十一時から東京都千代田区のホテル・ニューオータニではじまった。

小沢一郎元代表、鳩山由紀夫前総理らの支援を受ける海江田万里は、約一四〇票を固め優勢を維持しているが、第一回投票での過半数獲得は難しい情勢と見られた。

野田佳彦、前原誠司の二人が二位を争っており、両陣営は決選投票での逆転をにらんで反小沢勢力による「二位~五位連合」を模索。野田選対顧問の岡田克也幹事長と前原陣営の仙谷由人代表代行は都内で会談し、どちらが二位になっても決選投票での連携を確認した。

野田は前原より劣勢だったが、中間派を中心に支持を拡大し、八〇票前後を固め、前原を上回る勢いとなっていた。

ただ、態度を決めていない議員は七十人近くいるとみられ、動向が焦点となった。

野田の熱い演説

野田は、民主党の両院議員総会で、民主党代表選に向けて最後の演説をおこなった。原稿は、すべて野田自身が書き上げた。

野田は、自分の過去を振り返った。

「シャイな文学好きの、そんな少年でもありました。いまもときおり読みます。時代小説が大好きです。時代小説で政治の素養というものを学んだと思っています。司馬遼太郎から夢と志の世界を、藤沢周平から下級武士の凛としたたたずまい、矜持を、山本周五郎から人情の機微を学びました。政治に必要なのは、夢、志、矜持、人情、血の通った政治だと思います。いまそれらが足りないから、政治に対する不信、政治に対する不安が出てきているんではないかというふうに思います。」

最後に語った。

「わたしの大好きな言葉、相田みつをさんの言葉に『どじょうがさ　金魚のまねすることねんだよなあ』という言葉があります。ルックスはこのとおりです。わたしが仮に総理になっても支持率はすぐ上がらないと思います。だから、解散はしません。どじょうはどじょうの持ち味があります。金魚のまねをしてもできません。赤いべべを着た金魚にはなれません。どじょうですが、泥臭く国民のために汗をかいて働いて、政治を前進させる。円高、デフレ、財政改革、さまざまな課題があります。重たい困難です。重たい困難でありますが、わたしはそれをしょって立ち、この国の政治を全身全霊を傾けて前進させる覚悟であります。どじょうかもしれません。どじょうの政治を、とことんやり抜いていきたいと思います。みなさまのお力の結集を、わたし野田佳彦に賜りますように、政治生命をかけて、命をかけて、みなさまにお願いを申し上げます。」

多くの人たちは、野田の演説を「うまい」と褒める。確かに、演説はうまい。しかし、野田のように、うまく演説ができる議員も他にいる。野田の演説は、ただ「うまい」だけの演説ではないのだ。演説の節々に、ほとばしるような熱さ、ぬくもり、人間性が現れる。そして、言葉の端々に出てくる強みは、他の人には真似ができない。人の心を動かす演説なのだ。

細川元総理は、この演説をテレビで見て思った。

〈この演説で、三、四〇票は増えたな〉

野田の巧みで重みのある演説が、野田自身を押し上げた。このおかげで、野田の票は一〇〇を超えた。前原を抑えこみ、決選投票に進んだ。

絶叫型の小泉純一郎に対して、寡黙な野田の演説は味を感じさせる。

〈熱狂的ではないけれど、心にあたたかい、魂を揺さぶる力強いものを感じさせるのが野田さんの演説だ〉

決選投票のゆくえ

小沢元代表の全面支援を受けた海江田は、民主党マニフェストの見直しに関する民主、自民、公明の三党合意見直しに言及。経産大臣として推進した環太平洋パートナーシップ協定（TPP）についても、「出馬をきっかけに慎重に対応する」と消極姿勢に転じるなど、「小沢傀儡」色をにじませ、党内に「票のためにぶれた」と疑念が広がった。

近藤洋介は、海江田はぶれたことで自滅してしまったと思った。

〈これなら、いける〉

野田も、決選投票直前の演説で語りかけた。

「さまざまなことをなすときに野党と向き合う。三党合意を無視して果たして国会は進むでしょうか、政権は立ち往生しないでしょうか」

海江田の「ぶれ」を印象づけた。

手塚仁雄は、代表選の一回目の集計こそハラハラしていた。

〈前原を越して二位になれるのか〉

自信をもって家を出たはずなのに、緊張感で顔が強張っていた。

投票では、海江田が一四三票、野田が一〇二票、前原が七四票、鹿野が五二票、馬淵が二四票だった。


いっぽう、海江田陣営は、一回目の票が伸び悩んだことを感じていた。小沢一郎元代表の支持グループ議員らが浮動票確保のため、若手らに積極的に接触したことが、逆に「高圧的」という受け止めを招き「浮動層」獲得が進まなかった。

決選投票では、前原に投票した七十四名のうち七十名は野田に入れる。それだけでも一八〇票近くなる。それだけあれば、鹿野道彦票の五二票、馬淵澄夫の二四票のうちの半分が野田に投票すれば、代表の座は獲得できる。


結果として、海江田は、一回目の一四三票にわずか三四票を足した一七七票だった。それに対し、野田は、一〇三票を足した二一五票を獲得した。

細川元総理は、新聞、テレビで野田総理への助言をおこなっている。

小沢一郎元代表への対応についても語っている。

「小沢さん支持の人が一〇〇人以上いる。それ抜きに民主党は動きません。ペコペコすり寄ったらおかしいが、言いたいことは素直に言えばいい。わたしは、細川政権で武村（正義官房長官）さんのクビを切れと言われても、切らなかった。それで機嫌は悪かったけれど、小沢さんもあれからずいぶん苦労されたから、わかってくれると思います。小沢さんの党員資格停止処分の問題もありますが、すぐに解除したら批判も出る。小沢さんもそこはよくわかっていると思います。輿石東幹事長がうまくやるのではないでしょうか」

民主党の下野

小沢の無罪確定

資金管理団体「陸山会」の土地取引を巡り、政治資金規正法違反（虚偽記入）罪で強制起訴された民主党元代表、小沢一郎被告の判決公判が平成二十四年四月二十六日、東京地裁であり、大善文男裁判長は無罪（求刑禁錮三年）を言い渡した。

虚偽記入に関し元代表が元秘書から報告を受け、了承したと認定したが、共謀は認めなかった。また裁判長は検察の捜査を厳しく批判した。

判決を受け、小沢は復権に向けた動きを強める見通し。小沢は消費増税に批判的な発言を繰り返しており、関連法案の成立を目指す野田佳彦首相は難しい政権運営を迫られる。

なお、この年、十一月十二日、検察官役の指定弁護士が控訴をあきらめ、無罪が確定した。

消費税率の引き上げ

民主党の最後の政権となった野田佳彦政権は、消費税率を現行の五％から一〇％まで段階的に引き上げる消費増税関連四法案を含む社会保障・税一体改革関連法案を閣議決定し、自民党、公明党との合意のもとで法案を実現させた。

その後、野田総理は代表選で再選されると、解散総選挙に踏み切り、その結果大敗を喫し、政権を失った。それ以降、日本では自民党の政権がつづいている。

当時の小沢は、野田の推進する消費税増税路線に反対し民主党を離党したが、振り返ってみて、野田政権が政権を失った原因をどのように見ているのか。

「僕らが消費税の増税に反対したのは、平成二十一年の総選挙で掲げたマニフェストに反するものだったからです。そのときのマニフェストでは、決定的に無駄を省いてそこから財源を捻出するから、次期衆院の任期中は消費税を上げないと約束した。わたしも演説でもそれを強調して歩きました。段階を踏んだといっても、突然一〇％を打ち出したわけでしょう。わたしとしては、国民との約束を破るということだけでなく議会政治上あってはならないことだと思っていました」

野田総理が消費税増税を推進するなか、党内の反対派の議員たちの間には、景気が悪化した際に増税を中止するという、経済条項を入れることで妥協点を見出そうとする動きもあった。だが、野田はその仲裁案にも乗らなかった。

小沢がさらに語る。

「あのとき、野田君はその案も蹴とばして、自民党と一緒に消費税を強行した。それで民主党が国民から支持を得られるわけがないんだ」

民主党の歴史的大敗

野田総理は解散に踏み切り政権を失うことになるが、その判断にも野田総理の読み違いがあったと小沢は推察する。

「これは政治的な裏話だけれど、野田君は、おそらく、あんなに国民から批判を受けるとは思わなかったんだろうね。解散したのは、民主党も自民党も過半数が取れずに、結果的に連立になるという判断があったんじゃないかな。実際にはその見立ては外れて、民主党の議席は激減したわけだけれど。やはり、背景には国民との公約を反故にして、消費税増税を強行した国民の反発があった。それを読み間違えたのだと思う。それ以来、民主党側は足腰が立たなくなってしまった」

平成二十四年十二月十六日投開票の衆院選で、民主党は選挙前の二三〇議席から五七議席へと歴史的な大敗を喫した。野党第一党の座はかろうじて保ったが、選挙前に結成され、五三議席を獲得した日本維新の会とはわずか四議席の差であった。

いっぽうの自民党は、選挙前の一一八議席から二九四議席と圧勝した。

実際に野田政権の下野以降、第二次安倍政権、菅政権、岸田政権と自民党政権が十年以上もつづき、野党の勢力は分断される一強多弱ともいえる状況がつづいた。

日本で一番成功した政治家は誰か？

かつて著者が鳩山邦夫に取材した際に、鳩山邦夫は小沢について印象的なことを語った。

「政治家のなかで、田中角栄以後、一番成功したのは誰ですかって訊かれたら、意外と思うかもしれないが、やはり小沢一郎だと思う。親小沢・反小沢で、これだけ騒がれながら長く政治の中心に存在しつづけた人間はいない。総理になってもみんな消えていくが、小沢は総理にならないけれども、ずっと政治の中心にいつづけている。結局、日本で一番成功した政治家なんじゃないか」

小沢が執念を燃やしつづける政権奪取に、もし三度目に成功するなら、文字どおり最も成功した政治家といえよう…。

あとがき

この作品を執筆するにあたって、小沢一郎衆院議員に複数回にわたって、インタビューのご協力をいただきました。

また、達増拓也岩手県知事、原口一博衆院議員、松木謙公衆院議員にもご協力いただきました。

お忙しい中、感謝いたします。

本文中の肩書きは、その当時のもので、敬称は略させていただきました。

なお、わたしのこれまでの著書の『一を以って貫く　人間　小沢一郎』（講談社）、『小沢一郎の最終戦争』（ベストセラーズ）、『小沢一郎と田中角栄』（KADOKAWA）、『小沢一郎はどのように自民党をぶっ壊したか？』（徳間書店）、『陰の総理・仙谷由人VS．小沢一郎』（徳間書店）、『福田VS．小沢　大連立の乱！』（徳間書店）、『したたかな「どじょう」野田佳彦研究』（青志社）、『小沢一郎の政権奪取戦略』（河出書房新社）、『小沢一郎の日本をぶっ壊す』

（幻冬舎）の一部を再録しております。

また、朝日新聞、毎日新聞、読売新聞、産経新聞、日本経済新聞の各紙を参考にいたしました。

今回、この作品の上梓に尽力してくださった東峰書房の鏡渕敬氏に感謝いたします。

令和五年十一月二十五日　大下英治

「政権奪取」小沢一郎、三度目の挑戦
2023年12月27日　初版第1刷発行

著者　大下英治
発行者　鏡渕敬
発行所　株式会社 東峰書房
〒160-0022 東京都新宿区新宿 4-2-20
電話　03-3261-3136　FAX 036682-5979
https://tohoshobo.info/
デザイン　塩飽晴海

ISBN 978-4-88592-232-9
Printed in Japan